Les 7 points clés de la croissance de l'entreprise

avec la Méthode des Cas

Éditions d'Organisation
Groupe Eyrolles

61, bd Saint-Germain
75240 Paris cedex 05

www.editions-organisation.com
www.editions-eyrolles.com

Collection «Avec la Méthode des Cas», dirigée par Raphaël GNANOU,
directeur de la Centrale des Cas et de Médias Pédagogiques.

© Groupe Eyrolles, 2011
ISBN : 978-2-212-55245-4

Franck Brulhart, Gilles Guieu,
Pierre-Xavier Meschi

Les 7 points clés de la croissance de l'entreprise

avec la Méthode des Cas

CCMP
CENTRALE DE
CAS ET DE
MEDIAS
PEDAGOGIQUES
au service de la · Chambre de commerce
et d'industrie de Paris

EYROLLES
Éditions d'Organisation

À Gérard Brulhart

Présentation de la collection : les 7 points clés de… avec la Méthode des Cas

Des manuels conçus pour un double usage pédagogique : manuel de cours ou outil d'auto-apprentissage

Dans le cadre d'un enseignement intégré dans un dispositif de formation, l'enseignant peut utiliser les ouvrages de cette collection comme manuels de cours.

Chaque point clé reprend une définition du ou des concepts académiques abordés, une exposition pratique appuyée sur des exemples concrets de ce qu'il faut savoir sur ce même concept, une série de courts exercices de vérification de la bonne interprétation du concept exposé et de son assimilation par l'étudiant.

Les cas guidés et les pistes de résolution proposées fournissent un matériau pédagogique prêt à l'emploi pour «*faire prendre conscience aux étudiants de la complexité inhérente à toute décision managériale*» (Osborne, 2005). Les cas proposés permettent d'insister sur «*l'analyse et la recherche de solutions de problèmes réels, la gestion de projets, le travail en équipe, le développement des capacités d'organisation, le transfert accéléré d'une expérience appropriée et, en particulier, la prise de responsabilité du gestionnaire ou du futur gestionnaire…* » (Reynolds, 1985).

Dans une situation d'auto-apprentissage, l'étudiant disposera, avec le même ouvrage, de l'ensemble des apports conceptuels et des outils d'illustration et d'application concrets portant sur un point de son référentiel d'apprentissage.

En fonction de son propre mode d'apprentissage, il pourra choisir de commencer par l'exemple concret (le cas) ou par les apports théoriques. Dans les deux situations, l'étudiant trouvera dans ces ouvrages un parcours guidé qui facilitera l'assimilation des concepts présentés.

Enfin, par le choix délibéré de proposer des études de cas de type guidé ou semi-guidé, cette collection constitue un premier pas dans la découverte de la richesse et de la complexité méthodologiques de la Méthode des Cas et un premier tremplin pour aborder les cas de type «ouvert», typiques de la Harvard Business School, créatrice de la Méthode (lire p. 135 *et sq.*).

Des auteurs hautement qualifiés dans leur discipline universitaire, spécialistes confirmés de la Méthode des Cas et praticiens de l'entreprise

Les auteurs des ouvrages de la collection possèdent une triple expertise : ils sont simultanément des universitaires accomplis, des auteurs affirmés dont les cas sont régulièrement publiés par la Centrale des Cas et de Médias Pédagogiques (CCMP) ou l'ecch[1] — les deux centrales de cas les plus importantes — et développent régulièrement des actions en entreprise au titre d'activités de consulting au plus haut niveau.

Leur triple expérience d'enseignant, d'auteur et de consultant garantit la production de contenus pédagogiques aptes à s'adapter parfaitement aux deux situations d'apprentissage mises en œuvre quotidiennement par une majorité d'enseignants :
- une approche inductive, par la découverte de concepts théoriques, avant leur étude formelle par le biais de l'analyse et de la discussion d'une réalité professionnelle exposée dans une étude de cas ;
- une approche déductive, par l'illustration *a posteriori*, au travers d'une étude de cas d'entreprise, de concepts théoriques déjà acquis au cours des enseignements précédents.

Des ouvrages pratiques adaptés à différents scénarios pédagogiques

Chaque ouvrage est structuré pour que l'étude de cas constitue le levier pédagogique sur lequel s'appuie l'enseignant pour faire découvrir les concepts théoriques qui sous-tendent des réalités entrepreneuriales vécues, ou pour que l'enseignant active l'étude de cas *a posteriori*, pour illustrer concrètement des concepts théoriques précédemment étudiés en cours.

Chaque titre de cette collection comprend trois parties distinctes :
- l'historique de la Méthode des Cas, ses spécificités et ses apports en situation de formation ;
- une synthèse « académique pratique » des « 7 points clés » traités dans l'ouvrage, à maîtriser avant d'aborder les cas ;
- une dernière partie rassemblant tous les cas d'illustration de chaque point clé, avec leur guide d'utilisation et les pistes de résolution préconisées.

Le choix délibéré d'organiser le contenu académique des ouvrages autour de sept points clés seulement permet de focaliser la présentation de chaque thème abordé

---

1. European Case Clearing House.

autour des connaissances théoriques à assimiler absolument. Ce choix peut également contribuer, de façon indirecte et pédagogique, à préparer l'étudiant à hiérarchiser les nombreuses informations disponibles et à établir des priorités pour agir de façon pertinente une fois plongé dans la vie professionnelle.

L'illustration de chaque point clé par un cas réel d'entreprise, avec son guide d'utilisation et ses pistes de résolution de la problématique managériale exposée, prépare l'apprenant à : *« résoudre des problèmes non structurés, pour lesquels des approches analytiques ne sont pas directement applicables, situations caractéristiques de la prise de décision en entreprise »* (Besson, Collin, 2002).

En fin d'ouvrage, on trouvera systématiquement un glossaire donnant la définition des principaux termes techniques en rapport avec la discipline présentée ainsi qu'une bibliographie.

Une collection à vocation pluridisciplinaire

Cette nouvelle collection d'ouvrages centrés sur la Méthode des Cas constitue pour la CCMP l'occasion de compléter la très riche offre proposée par les éditeurs du monde entier. Plus de 4 000 références d'ouvrages portant sur les cas, encore couramment appelés « études de cas », sont aujourd'hui disponibles pour les enseignants ou les étudiants. La majorité de ces publications a en commun de présenter une sélection sectorielle ou disciplinaire d'études de cas : stratégie, finance, marketing, etc. Parmi ces milliers de références, seule une minorité centre son propos sur l'approche pédagogique spécifique et originale que constitue la Méthode des Cas :

« La Méthode des Cas est une formule pédagogique qui favorise une meilleure articulation entre la théorie et la pratique et permet de mettre les étudiantes et étudiants en contact avec des réalités professionnelles auxquelles ils n'auraient pas accès autrement. »

S. MATHIEU, « Le Trait d'union express »[2]

Les trois expressions clés qui caractérisent cette méthode dans la définition de S. Mathieu — « formule pédagogique », « réalités professionnelles » et « articulation entre théorie et pratique » — en font un outil pédagogique particulièrement puissant et souple pour aborder la très grande majorité des problématiques rencontrées en entreprise, et ce, quel que soit l'angle d'attaque fonctionnel ou disciplinaire que l'enseignant ou l'étudiant est amené à adopter.

2. Volume 4, n° 3, 1ᵉʳ novembre 2001, université de Sherbrooke, Canada.

Que la situation professionnelle à étudier provienne d'un groupe multinational ou d'une PME, qu'elle se déroule en France, en Chine ou ailleurs dans le monde, qu'elle reflète le point de vue du stratège, du spécialiste en marketing, du financier, du juriste ou de l'ingénieur, l'approche didactique fondée sur la Méthode des Cas est transversale et permet de traiter avec une égale efficacité pédagogique des problématiques professionnelles issues de réalités sectorielles différentes, advenues dans des entreprises de tailles inégales, dans des espaces géographiques plus ou moins éloignés de nos réalités quotidiennes.

Par leur diversité disciplinaire et entrepreneuriale, les ouvrages de cette collection se veulent des exemples de la pertinence de la Méthode des Cas pour aborder toutes les disciplines constituant les sciences de gestion : des problématiques propres au diagnostic stratégique à celles de la gestion des ressources humaines en passant par le juridique, le marketing et l'interculturel…

Raphaël Gnanou
Directeur de la Centrale de Cas et de Médias pédagogiques

Sommaire

Présentation de la collection : les 7 points clés de...
avec la Méthode des Cas.. 5
Des manuels conçus pour un double usage pédagogique :
manuel de cours ou outil d'auto-apprentissage 5
Des auteurs hautement qualifiés dans leur discipline universitaire,
spécialistes confirmés de la Méthode des Cas et praticiens de l'entreprise.......... 6
Des ouvrages pratiques adaptés à différents scénarios pédagogiques 6
Une collection à vocation pluridisciplinaire.................................. 7

Introduction 13

Partie 1 La croissance de l'entreprise : concepts,
modèles et fondements théoriques 17

Chapitre 1 Croissance et spécialisation 19
Définition et contexte d'application.. 19
Ce qu'il faut savoir.. 20
    Stratégies de spécialisation et avantage concurrentiel 20
    Les trajectoires de spécialisation.. 26
    Les modalités de réalisation des stratégies de spécialisation.................... 27
    Les risques de la spécialisation 30

Chapitre 2 Croissance et expansion............................. 37
Définition et contexte d'application.. 37
Ce qu'il faut savoir.. 38
    Caractérisation des stratégies d'expansion 38
    Les leviers des stratégies d'expansion...................................... 43
    Les stratégies d'expansion en contexte 47
    Les modes de réalisation des stratégies d'expansion 51

Chapitre 3 Croissance et diversification 59
Définition et contexte d'application.. 59
Ce qu'il faut savoir.. 59
    Nature et structure de la diversification.................................... 61
    Avantages recherchés et logiques stratégiques de la diversification 65
    Diversification et performance : vers un recentrage des activités? 67
    Le choix de la diversification : un outil d'aide à la décision.................... 70

Chapitre 4 Croissance et internationalisation.................... 75
Définition et contexte d'application.. 75
Ce qu'il faut savoir.. 76
    Diagnostic de la position internationale.................................... 77
    Stratégie d'internationalisation.. 81
    Structure d'internationalisation 88

Chapitre 5   **Croissance et fusion-acquisition** 95
Définition et contexte d'application 95
Ce qu'il faut savoir 96
    Caractérisation et typologie des manœuvres de F/A 96
    Fusion-acquisition : un phénomène évolutif
    amplifié à partir des années 1980 100
    Avantages recherchés et logiques des F/A 104
    La performance contestée des F/A et les facteurs de réussite 109

Chapitre 6   **Croissance et alliances** 115
Définition et contexte d'application 115
Ce qu'il faut savoir 116
    Les objectifs de l'alliance 119
    Critères de choix entre l'alliance et les autres modes de croissance 124
    De la logique d'alliance à celle de portefeuille d'alliances 128

Partie 2   **La croissance de l'entreprise :
une approche pratique par la Méthode des Cas** 135

Chapitre 1   **– Croissance et spécialisation** 137
Cas 1 – Sequana : un géant de papier 137
    Exposé du cas 138
    Consignes d'utilisation et d'analyse du cas 144
    Outils pédagogiques et méthodologiques 144
    Pistes de résolution du cas 147
Cas 2 – Axalto + Gemplus = Gemalto : la fusion de spécialisation 153
    Exposé du cas 154
    Consignes d'utilisation et d'analyse du cas 158
    Outils pédagogiques et méthodologiques 158
    Pistes de résolution du cas 160

Chapitre 2   **– Croissance et expansion** 163
Cas 1 – Porsche ou la sortie victorieuse de la « monoculture 911 » 163
    Exposé du cas 164
    Consignes d'utilisation et d'analyse du cas 171
    Outils pédagogiques et méthodologiques 171
    Pistes de résolution du cas 173
Cas 2 – Laville donne du relief à ses impressions 178
    Exposé du cas 179
    Consignes d'utilisation et d'analyse du cas 184
    Outils pédagogiques et méthodologiques 184
    Pistes de résolution du cas 186

Chapitre 3   **– Croissance et diversification** 191
Cas 1 – Yue Yuen et la course en tête dans la chaussure de sport 191
    Exposé du cas 192
    Consignes d'utilisation et d'analyse du cas 197
    Outils pédagogiques et méthodologiques 197
    Pistes de résolution du cas 200

Cas 2 –   Google à la poursuite du e-leadership 207
          Exposé du cas 208
          Consignes d'utilisation et d'analyse du cas 213
          Outils pédagogiques et méthodologiques 215
          Pistes de résolution du cas 216

Chapitre 4 – Croissance et internationalisation 223

Cas 1 –   L'internationalisation d'Apollo Tyres ou les maharajas au pays de la tulipe . 223
          Exposé du cas 224
          Consignes d'utilisation et d'analyse du cas 230
          Outils pédagogiques et méthodologiques 230
          Pistes de résolution du cas 233

Cas 2 –   L'internationalisation de Gamesa ou la marche forcée à l'international
          d'un challenger de l'éolien 238
          Exposé du cas 239
          Consignes d'utilisation et d'analyse du cas 245
          Outils pédagogiques et méthodologiques 245
          Pistes de résolution du cas 247

Chapitre 5 – Croissance et fusion-acquisition 251

Cas 1 – L'OPA d'AS Watson sur Marionnaud ou la revanche du Sud… 251
          Exposé du cas 252
          Consignes d'utilisation et d'analyse du cas 257
          Outils pédagogiques et méthodologiques 257
          Pistes de résolution du cas 260

Cas 2 – La fusion Carrefour-Promodès ou la recherche
          d'une taille critique mondiale 264
          Exposé du cas 265
          Consignes d'utilisation et d'analyse du cas 271
          Outils pédagogiques et méthodologiques 271
          Pistes de résolution du cas 274

Chapitre 6 – Croissance et alliances 279

Cas 1 – L'alliance avec Apollo Tyres : étape transitoire ou échec
          pour Michelin en Inde 279
          Exposé du cas 280
          Consignes d'utilisation et d'analyse du cas 285
          Outils pédagogiques et méthodologiques 285
          Pistes de résolution du cas 287

Cas 2 – AgustaWestland ou comment utiliser stratégiquement
          un portefeuille d'alliances 291
          Exposé du cas 292
          Consignes d'utilisation et d'analyse du cas 296
          Outils pédagogiques et méthodologiques 296
          Pistes de résolution du cas 298

Bibliographie 305

Index 308

Chapitre 7 – La croissance de l'entreprise .... en téléchargement

Pour obtenir les suppléments Internet de cet ouvrage,
rendez-vous sur le site des Éditions d'Organisation :
http://www.editions-organisation.com

puis tapez le code de l'ouvrage (55245), dans le champ de recherche en haut à gauche.

Une fois sur la fiche de l'ouvrage, vous pouvez télécharger les suppléments
dans la rubrique « Téléchargements » de la colonne de droite.

Introduction

Le grand public assimile souvent la croissance (voire la taille) de l'entreprise à sa performance. De la même façon, les managers, poussés par certaines incitations à court terme, sont parfois tentés de privilégier, au sein de leur vecteur d'objectifs, la croissance du volume d'affaires. Pourtant, en l'absence de rentabilité ou en présence d'une rentabilité insuffisante, la croissance devient destructrice de valeur. La croissance rentable passe selon certains par le recours aux stratégies « océan bleu » (Kim et Mauborgne, 2005) ; l'entreprise devrait en ce sens trouver des relais de croissance en refusant de considérer la définition des secteurs existants comme une donnée établie, en s'appuyant sur des ruptures d'innovation pour inventer de nouveaux marchés à l'interface des secteurs, des offres ou des clients actuels ou encore en modifiant le contenu émotionnel des activités existantes. Certaines entreprises y arrivent, parmi lesquelles Le Cirque du Soleil ou le groupe eBay, et imposent sur ces nouveaux marchés leurs règles du jeu. Pourtant, indépendamment de ces quelques firmes défricheuses, la plupart des entreprises, et notamment des TPE ou des PME en recherche de croissance, ne disposent ni des ressources ni des opportunités environnementales qui leur permettraient de mettre en œuvre de telles options ; les choix de croissance classiques restent ainsi pour elles la seule voie envisageable. C'est pourquoi notre ouvrage fait le choix de présenter l'ensemble des choix de croissance disponibles pour le manager, à la fois en termes de directions possibles et d'organisation concrète de cette croissance.

Cependant, s'il est nécessaire pour le manager de considérer les choix de croissance qui lui sont offerts, il lui est également indispensable d'analyser leur pertinence, en termes de nature et d'intensité, sur la base de leur adéquation aux objectifs, aux ressources et à l'environnement de l'entreprise. C'est cette triple adéquation qui conditionnera sa performance et qui lui permettra de développer une croissance rentable. Dans cette optique, les choix de croissance doivent découler d'une phase de diagnostic stratégique approfondi[3] portant à la fois sur la configuration de l'environnement dans lequel l'entreprise évolue et sur la nature des ressources dont elle peut disposer. Dans un contexte environnemental caractérisé par une turbulence croissante et une volatilité accentuée, seule cette analyse préalable permettra de réduire l'incertitude inhérente à la prise de décision. Les choix du manager seront alors éclairés à la fois en matière de fixation des objectifs et de construction de la

---

3. Pour aller plus loin dans l'analyse et la compréhension de la démarche de diagnostic stratégique, le lecteur pourra consulter avec profit l'ouvrage de Franck Brulhart, publié dans la même collection, *Les 7 points clés du diagnostic stratégique avec la Méthode des Cas*, Eyrolles, 2009.

croissance. L'ouvrage part ainsi de l'idée qu'il n'existe pas de «stratégie de croissance gagnante» ou de «stratégie de croissance perdante» *per se*, tant sur le plan des directions à retenir que des modalités à mobiliser. Au contraire, l'ouvrage insiste sur la nécessité d'une réflexion portant sur l'adéquation entre le contexte vécu par l'entreprise et ses choix de développement, ainsi que sur la recherche d'une harmonie entre les axes et les modalités de croissance permettant de déployer de manière efficace les choix de développement retenus.

Dans cette perspective, nous abordons sept thématiques successives (correspondant aux sept chapitres) qui permettent de nourrir la réflexion relative aux décisions de croissance et de mise en œuvre de cette croissance. Notre objectif ici est de fournir les concepts, les approches théoriques, les outils, les méthodologies et les illustrations propres à alimenter la réflexion du manager ou de l'étudiant. Ces éléments permettent non seulement de mieux appréhender l'éventail des choix de croissance qui sont offerts à la firme, mais également de prendre conscience des avantages, des enjeux, des risques et des conditions de réussite qui sont attachés à ces choix. Ainsi, cet ouvrage vise à présenter les choix stratégiques de développement possibles pour l'entreprise à la fois en termes de directions de la croissance (ou axes de croissance) et de modalités de mise en œuvre et de déploiement de cette croissance. Pour cela, il prend tout d'abord appui sur le modèle du «vecteur de croissance» (Ansoff, 1965), qui organise les directions possibles de la croissance, et développe quatre axes de croissance majeurs : spécialisation, expansion, diversification et internationalisation (voir les chapitres 1 à 4 des parties 1 et 2) ; dans un second temps, l'ouvrage revient sur deux catégories de modalités de croissance, que nous considérons comme particulièrement critiques : croissance par fusion-acquisition et croissance par alliances et portefeuille d'alliances (voir les chapitres 5 et 6 des parties 1 et 2). Enfin, l'exacerbation de la croissance par les stratégies d'hypercroissance est traité dans le chapitre 7, téléchargeable sur le site www.editions-organisations.fr

Le premier thème abordé (chapitre 1 des parties 1 et 2) est celui de la spécialisation ; si cet axe de croissance, fondé sur la consolidation et le confortement d'une activité existante, apparaît souvent comme le moins radical et le moins risqué, il n'est pas pour autant synonyme de passivité de l'entreprise, qui aura pour objectif de développer ses compétences, de faire émerger une expertise et de construire un avantage concurrentiel solide sur cette activité. Le deuxième thème traité (chapitre 2 des parties 1 et 2) concerne les stratégies d'expansion ; à la recherche d'un relais de croissance, l'entreprise optant pour l'expansion va s'appuyer sur des éléments maîtrisés de son activité pour s'en éloigner progressivement et tenter de viser de nouvelles clientèles (expansion mission) ou de proposer de nouvelles offres (expansion métier). Le troisième thème (chapitre 3 des parties 1 et 2) aborde le cas plus critique (et plus radical) de la diversification. Voie de croissance alternative aux manœuvres de spécialisation ou d'expansion, la diversification consiste à étendre le périmètre d'activité de l'entreprise pour s'engager sur une activité radicalement nouvelle. En raison de cet éloignement des compétences et des ressources traditionnellement maîtrisées par l'entreprise, les diversifications sont souvent associées à un risque élevé et à une performance incertaine, ce qui rend indispensable une étude approfondie multicritères préalable permettant d'en évaluer la pertinence. Le quatrième thème (chapitre 4 des parties 1 et 2) traite de la croissance par internationalisation. L'internationalisation renvoie à la volonté de l'entreprise de concevoir et d'organiser son activité non plus seulement à l'intérieur des frontières de son pays d'origine, mais également à l'échelle mondiale. Si l'internationalisation ne figure pas spécifiquement dans la matrice du vecteur de croissance d'Ansoff (1965), qui se concentre sur la spécialisation, l'expansion et la diversification, elle peut cependant être considérée comme une stratégie de croissance à part entière, notamment à la lumière de l'accentuation du phénomène de mondialisation depuis 1970. Le cinquième thème (chapitre 5 des parties 1 et 2) porte sur l'analyse du recours à la croissance externe en tant que modalité de mise en œuvre des choix de développement de l'entreprise ; ici c'est par le biais de la fusion-acquisition que l'entreprise va chercher, à l'extérieur de ses frontières, les ressources nécessaires au déploiement de son choix de croissance (spécialisation, expansion, diversification ou internationalisation). Le sixième thème (chapitre 6 des parties 1 et 2) met en perspective les enjeux du recours à la coopération interentreprises (alliance, partenariat, co-entreprise, réseau d'alliances) dans le contexte d'une entreprise engagée dans une manœuvre de spécialisation, d'expansion, d'internationalisation ou encore de diversification. Enfin, le septième thème traite d'une forme particulière de la croissance : l'hypercroissance.

Cet ouvrage poursuit l'objectif de concilier approches théorique et pratique. Dans cette perspective, il est structuré en deux parties traitant chacune des sept thématiques retenues par le biais d'une approche théorique (partie 1) et d'une approche pratique (partie 2). La partie 1 aborde ainsi les sept thématiques choisies en présentant les modèles existants, les concepts principaux ainsi que les fondements théoriques sous-jacents. Chaque chapitre de cette partie est composé d'un état de l'art des connaissances sur la thématique traitée, d'exemples récents tirés de l'actualité des entreprises, d'une série de questions courtes permettant de tester ses connaissances et sa compréhension et d'un résumé reprenant les points clés du chapitre. La partie 2 revient sur chaque thématique en les illustrant par des études de cas pratiques portant sur des secteurs et des entreprises de taille et de pays différents. Chaque chapitre de la partie 2 comprend deux études de cas, ainsi que des conseils méthodologiques permettant de traiter les questions posées. Chaque cas est également accompagné de propositions de résolution des questions.

Partie 1

La croissance de l'entreprise : concepts, modèles et fondements théoriques

Croissance et spécialisation

Définition et contexte d'application

La spécialisation se définit comme une orientation stratégique visant à renforcer la position de l'entreprise sur ses activités actuelles. Il s'agit ainsi de mettre en œuvre une stratégie de confortement ou de consolidation. En suivant cette stratégie, l'entreprise fonde son développement sur des éléments (ressources, compé-tences, actifs, connaissances, etc.) qu'elle maîtrise déjà. La spécialisation est la tra-jectoire la plus traditionnelle et naturelle de la matrice de croissance développée par Ansoff (voir la figure 1 ci-après). En se spécialisant, l'entreprise reste dans des segments stratégiques (ou secteurs d'acti-vité) connus. De ce point de vue, la spé-cialisation est réputée peu risquée, du fait du bon degré de connaissance de l'entre-prise de ses produits, de ses marchés et de ses clients actuels.

Figure 1 : Matrice de croissance (d'après Ansoff, 1965)

	Offres actuelles	Nouvelles offres
Demandes actuelles	Spécialisation	Expansion métier
Nouvelles demandes	Expansion mission	Diversification

Ce qu'il faut savoir

Les stratégies de spécialisation s'appuient sur le développement et l'exploitation des domaines d'activités existants de l'entreprise. Toutes les stratégies de spécialisation sont ainsi fondées sur l'exploitation du cœur de métier et la poursuite d'un avantage concurrentiel (de coût ou de différenciation) sur ces activités ; le cœur de métier se définit comme l'ensemble des ressources que l'entreprise considère comme stratégiques et sur lesquelles elle s'appuie pour tenter de développer un avantage concurrentiel. Dans ce contexte, l'entreprise parvient à créer de la valeur en développant et en combinant ses ressources de manière à maîtriser les facteurs clés de succès de son activité. Ces ressources stratégiques (humaines, managériales, marketing, industrielles, etc.) sont soit tangibles (ressources financières, installations techniques, etc.), soit intangibles (réputation, image de marque, brevets, etc.) et doivent être à la fois porteuses de valeur, rares, difficilement imitables et difficilement substituables pour être à l'origine d'un avantage concurrentiel durable. En ce sens, le choix de la spécialisation implique de concentrer ses efforts sur une ou plusieurs activités existantes dans le but d'améliorer et de développer son positionnement concurrentiel. Ce choix doit être précédé d'un travail de diagnostic stratégique, visant à la fois à identifier les facteurs clés de succès de l'activité et les sources possibles d'avantage concurrentiel et à déterminer les ressources à consolider et/ou à développer.

— Pour aller plus loin sur les notions d'avantage concurrentiel et de diagnostic stratégique : Brulhart, F., *Les 7 points clés du diagnostic stratégique avec la Méthode des Cas*, Eyrolles, 2009.

Cependant, si la stratégie de spécialisation concentre les efforts de l'entreprise sur une activité existante, elle n'est pas pour autant synonyme de passivité et nécessite le plus souvent des investissements importants pour protéger et renforcer la position de l'entreprise sur son segment.

Stratégies de spécialisation et avantage concurrentiel

Pour l'entreprise, opter pour la spécialisation, c'est optimiser sa position concurrentielle actuelle en continuant à mener ses activités habituelles. Le cœur de métier reste le même, les clients sont identiques, les produits ne changent pas. L'entreprise va simplement chercher, sur ce terrain connu, à rendre plus efficace et/ou plus efficiente son activité.

Depuis 1918, la société américaine Universal Corporation, dont le siège se situe à Richmond, en Virginie, est spécialisée dans une seule activité : le négoce de feuilles de tabac. Universal Corporation partage le marché mondial avec son unique rival, Alliance One International. Universal Corporation rachète et transforme environ 51 % des feuilles de tabac vendues dans le monde. Cette hyperspécialisation en termes de produit s'accompagne d'une totale diversité des sources d'approvisionnement – l'entreprise étant présente sur tous les continents – et des clients – l'entreprise vendant à tous les groupes de l'industrie cigarettière (British American Tobacco, Altria Groupe, Japan Tobacco International, Imperial Tobacco, Altadis, RJR, Korean Tobacco & Ginseng, etc.).

Pour aller plus loin : http://www.unctad.org/infocomm/francais/tabac/societes.htm

La spécialisation consiste à développer l'activité en concentrant les ressources de l'entreprise sur une activité déterminée. Cette stratégie vise à générer un avantage concurrentiel solide, en lui permettant d'être plus efficace que d'éventuels concurrents diversifiés, partageant leurs ressources sur plusieurs activités. En focalisant son énergie et ses ressources sur une seule activité (on parle alors de *pure player*), l'entreprise vise à obtenir un effet de domination du marché et/ou à développer une expertise reconnue et indiscutable (pour devenir une référence du marché). Dans ce cadre, lors de la phase de démarrage du cycle de vie du produit, et plus encore lors de la phase de croissance, l'entreprise visera à imposer et à renforcer sa position au plus vite. En effet, le renforcement de sa présence lui permettra de bénéficier de rendements d'adoption : plus il y aura d'utilisateurs de son produit ou de son service, plus les nouveaux utilisateurs potentiels seront tentés d'opter pour son standard. Cela renvoie à la notion d'externalité de réseau (Arthur, 1989) : plus un service en réseau est diffusé, plus il renforcera sa diffusion au détriment des services concurrents. Le principe est d'amener les individus à faire des choix qui ne correspondent pas nécessairement à leurs préférences intrinsèques : le raisonnement individuel consiste alors à adopter le produit que tout le monde a adopté, même si, individuellement, on aurait opté pour une autre solution (le logiciel A plutôt que le logiciel B, pourtant plus performant, parce que tous les autres ont le logiciel A). Les échanges entre utilisateurs sont favorisés, les services associés sont plus faciles à créer et à rentabiliser, la pérennité du produit est assurée, les prix baissent. Plus un produit ou une technologie est diffusé, plus sa valeur augmentera avec le développement de la communauté des utilisateurs. Cela peut aller jusqu'au *lock in* (ou «verrouillage de marché»), où le standard est à ce point adopté que le choix s'impose (système d'exploitation Windows de Microsoft, réseau social Facebook, etc.).

Sur le marché très spécialisé des études qualitatives en sciences humaines, le logiciel Nvivo, conçu par la société QSR, apparaît largement comme un standard, alors que d'autres solutions offrent plus de possibilités d'analyse et de traitement. Cette adoption est dominante parmi les spécialistes de la recherche en sciences de gestion, car les recherches effectuées grâce au logiciel Nvivo dominent largement les travaux scientifiques publiés. Aussi, pour accroître ses chances d'être publié dans une revue scientifique, mieux vaut utiliser ce logiciel plutôt que les logiciels concurrents.

Une fois le choix de la spécialisation adopté par l'entreprise, celle-ci dispose de trois grandes options stratégiques pour développer un avantage concurrentiel sur l'activité retenue : la domination par les coûts, la différenciation, et la focalisation (Porter, 1980).

La domination par les coûts

La domination par les coûts consiste pour l'entreprise à rechercher, en permanence et sur l'ensemble de sa structure, la réduction de ses coûts. Pour cela, l'entreprise peut chercher à exploiter des avantages liés au volume (économies d'échelle, effets de taille ou économies d'expérience), à la standardisation (économies de variété), à l'externalisation ou encore à la délocalisation.

Les économies d'échelle se définissent comme une diminution du coût unitaire due à l'augmentation du volume de production sur une période donnée (ce phénomène pouvant être attribué à l'étalement des coûts fixes sur un nombre d'unités produites plus important). L'effet de taille renvoie à l'augmentation du pouvoir de négociation de l'entreprise face à ses fournisseurs du fait de son volume d'achat plus important. Les économies d'expérience (ou effet d'apprentissage) désignent la baisse du coût unitaire d'un produit avec l'augmentation de sa production cumulée (du fait de l'amélioration de la productivité du travail liée à l'apprentissage de la main-d'œuvre et à l'amélioration des processus). Les économies de variété désignent les gains

issus de la réduction du nombre de composants, ou de sous-systèmes, différents, nécessaires à la fabrication des produits de l'entreprise. L'externalisation renvoie à la concentration de l'entreprise sur un petit nombre d'opérations en confiant le reste de ses activités à des prestataires extérieurs spécialisés plus compétitifs en termes de coût. Enfin, la délocalisation consiste pour une entreprise à transférer des activités existantes (production de biens ou de services), implantées localement, vers des régions (pays ou zones géographiques) bénéficiant d'un avantage compétitif du fait d'une structure de coûts avantageuse (pays à bas salaire ou pays à bas coût de matières premières, par exemple).

Cette stratégie est particulièrement adaptée dans un système concurrentiel de volume. Dans un tel environnement, l'avantage concurrentiel tient à la capacité de l'entreprise à offrir des produits et des services à des prix inférieurs à ceux de la concurrence (et donc à la capacité de l'entreprise à obtenir ces produits et services à des coûts inférieurs à ceux de la concurrence). L'avantage concurrentiel est durable si les concurrents s'avèrent incapables de répliquer les offres de l'entreprise aux mêmes conditions de coût. La concurrence est frontale et surtout intense (se traduisant fréquemment par une guerre des prix) lorsque plusieurs firmes d'un même marché s'engagent conjointement dans une stratégie de domination par les coûts. En s'inscrivant dans la durée, une telle situation constitue alors une barrière à l'entrée majeure sur le marché concerné.

La différenciation

Parfois, les stratégies fondées sur la réduction des coûts, la course à la taille et les mérites de la courbe d'expérience peuvent s'avérer inadaptées. Les stratégies de différenciation constituent alors un relais intéressant. L'avantage concurrentiel de l'entreprise repose ici sur la spécificité de l'offre, qui permet à l'entreprise de se différencier de ses concurrents, et par là même d'échapper à une guerre des prix et une course — parfois dangereuse — à la réduction des coûts. La différenciation se fait en général « par le haut ». L'entreprise cherche à susciter chez les clients une valeur perçue supérieure à celle des concurrents du même marché. Les attributs du produit sur lesquels le client se fonde pour estimer la valeur sont multiples : image de marque, services associés, modularité, design, qualité de service, garantie, simplicité d'utilisation, etc. Dans ce contexte, l'entreprise va généralement combiner un axe « objectif » de différenciation (fondé sur la qualité ou la performance de son offre) et un axe « marketing » (fondé sur la communication, l'image, la réputation, etc.). En augmentant la valeur perçue de l'offre, la différenciation justifie des prix de vente plus élevés et permet l'obtention de marges supérieures pour l'entreprise. Cette stratégie suppose donc de pouvoir fidéliser la clientèle au travers d'une offre perçue comme particulière. La perception différenciée de l'offre constitue alors non seulement la justification d'un prix plus élevé, mais aussi une barrière à l'entrée durable sur le marché concerné pour des concurrents éventuels. De nombreux secteurs comptent des acteurs opposant des caractéristiques artisanales aux productions industrielles et dont la spécificité leur permet de proposer une offre perçue comme unique : brasseries, lutherie, primeurs, etc. Le prix payé par les clients peut dans de tels cas être bien supérieur au prix pratiqué par les concurrents de grande taille.

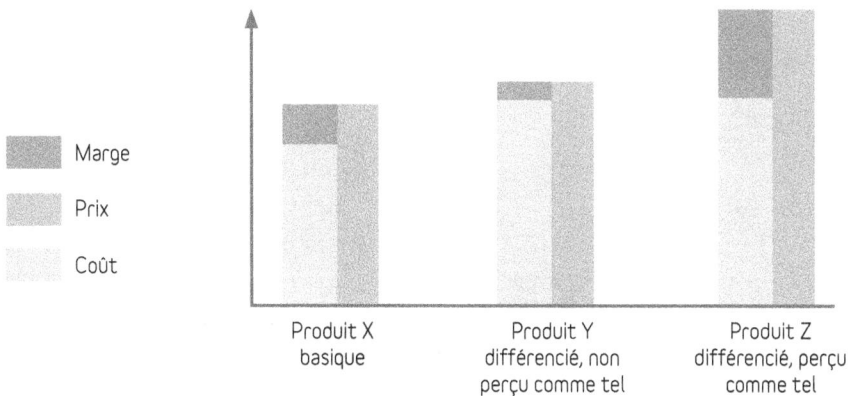

Figure 2 : Relation entre coût de différenciation, valeur perçue, prix de vente et marge

Marge

Prix

Coût

Produit X
basique

Produit Y
différencié, non
perçu comme tel

Produit Z
différencié, perçu
comme tel

Pourtant, pour une entreprise, rechercher la différenciation ne signifie pas nécessairement la trouver... Dans la figure 2, le produit X est le produit de référence du marché. Pour le produit Y, les investissements réalisés pour accroître le potentiel de différenciation du produit ne sont pas perçus par le client, qui ne lui donne pas de valeur significativement différente de celle du produit de référence. Le client ne sera alors pas enclin à payer plus cher un produit considéré comme proche du produit dit «de référence». La marge reste très limitée. En revanche, pour le produit Z, la différence est bien perçue par le client, qui est alors prêt à payer un prix bien supérieur au coût de la différenciation.

'exemple des produits Apple est parlant : ils sont souvent considérés comme ne pouvant être comparés aux autres produits similaires, que ce soit sur les secteurs de l'informatique de bureau, de la téléphonie mobile, des smartphones, des tablettes électroniques, etc. Cette différence de valeur perçue par les consommateurs permet à l'«entreprise à la pomme» de pratiquer des prix bien supérieurs aux solutions équivalentes chez d'autres fabricants et de réaliser des bénéfices conséquents.

La focalisation

La focalisation consiste à limiter l'action de l'entreprise à une partie du secteur. L'entreprise s'intéresse à un segment de marché restreint, une niche, sur lequel elle n'est que peu concurrencée par les autres entreprises du secteur (et plus particulièrement les grandes entreprises). La concurrence n'est alors pas directe, et l'entreprise est en général protégée par sa forte adaptation aux attentes des consommateurs du segment, à des conditions environnementales ou géographiques particulières. La focalisation est une forme exacerbée de différenciation — la plus connue de toutes étant la focalisation par écrémage — visant à proposer aux clients des services et des produits très spécifiques et particulièrement adaptés à leurs attentes, à un prix très élevé. La réussite des entreprises focalisées repose sur leur capacité à s'adapter à un environnement/contexte particulier. Si les entreprises généralistes répondent globalement à la demande d'un secteur en proposant une offre caractérisée par des caractéristiques «moyennes», les entreprises focalisées se concentrent sur la réponse à donner à une «niche» spécifique du marché, proposant de ce fait une offre particulièrement adaptée et porteuse de valeur pour la clientèle relative à cette niche. Dans la figure 3, les deux entreprises focalisées subissent la concurrence de l'entreprise généraliste sur leur segment de marché. Toutefois, leur degré d'adaptation aux contraintes de leur niche rend la concurrence de l'entreprise généraliste peu dangereuse.

a société lyonnaise Syged propose aux études notariales des produits et des services de gestion documentaire particulièrement adaptés à leurs besoins : accessibilité immédiate, niveau de sécurité

Figure 3 : Adaptation des entreprises focalisées et généralistes aux dimensions de leur industrie

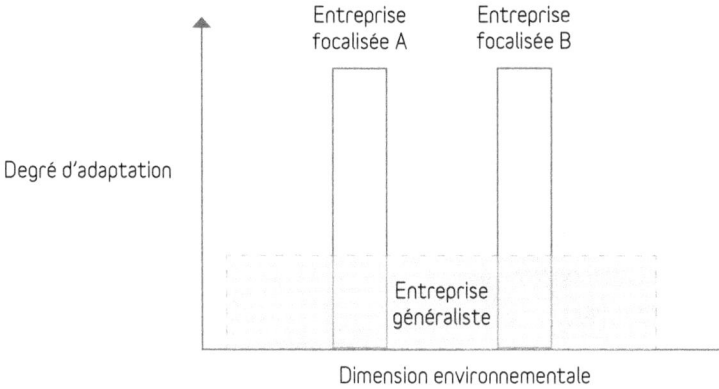

élevé, interconnexion entre les différents actes notariés, etc.

➤ Pour aller plus loin : www.syged.com

Certaines entreprises focalisées accèdent sur leur micro-marché à une taille suffisante pour en être les leaders ou les challengers. Ces «champions cachés» sont rentables, en croissance, et bénéficient d'un environnement à la concurrence limitée.

➤ Pour aller plus loin sur la notion de «champion caché» : Simon, H., *Hidden Champions of the 21st Century*, Springer, 2009.

L'entreprise allemande Beluga Shipping a focalisé son activité sur le transport maritime de matériels surdimensionnés. Ainsi, la société est capable d'acheminer des grues ou des ponts roulants portuaires de près de 400 tonnes, grâce à sa flottille de soixante-dix vaisseaux spécialisés.

➤ Pour aller plus loin : www.beluga-group.com

L'entreprise grenobloise Petzl est le leader mondial de matériel de sécurité (lampes frontales, casques, harnais, etc.) lié à la verticalité, que ce soit pour des activités sportives (escalade, cascade de glace, spéléologie) ou professionnelles (travaux en situation extrême comme les interventions sur des ouvrages d'art, des façades, etc.).

➤ Pour aller plus loin : www.petzl.com

L'entreprise américaine Bobcat produit de petits engins pour l'industrie, le bâtiment et les travaux publics, ou encore l'agriculture. Il en est le leader mondial, au point que sa marque est devenue le nom générique pour les micropelles dans le secteur du BTP.

➤ Pour aller plus loin : www.bobcat.com ou www.asa-bobcat.com

Les trajectoires de spécialisation

Si la spécialisation correspond parfois à un choix de croissance posé dès l'origine de l'entreprise, elle peut également être liée à la volonté de réduire la diversité et/ou l'hétérogénéité des activités qui se sont progressivement développées au sein de l'organisation. Dans ce cadre, la spécialisation est associée aux manœuvres de recentrage ou d'externalisation.

Le recentrage

Bien souvent, les entreprises renforcent leur spécialisation en se repliant sur leur métier de base, en cédant des actifs, en concédant des licences d'exploitation, en fermant des sites de production ou de distribution, en réduisant la gamme de produits vendus ou en externalisant les activités situées hors du cœur de métier. Ainsi, c'est par une stratégie de repli que l'entreprise concentre ses forces en réinvestissant sur l'activité de base les liquidités générées par les processus de recentrage et d'externalisation. Le processus de restructuration conduisant la firme diversifiée à céder des activités pour se concentrer sur son cœur de métier est appelé « recentrage stratégique ». C'est l'une des formes les plus fréquentes de spécialisation opérées ces dernières années par les firmes.

En 1990, le groupe Danone exerçait son activité dans de nombreux secteurs agroalimentaires. Sous la houlette de son nouveau P-DG, à la fin des années 1990, Danone a recentré son activité sur un nombre réduit de domaines d'activités stratégiques en cédant notamment la bière (Kronenbourg), les surgelés (Marie), les conserves alimentaires (William Saurin), les condiments (Amora et Maille), les emballages en verre et les biscuits (Lu). Aujourd'hui, Danone concentre ses efforts sur quatre activités : les produits laitiers frais, les eaux minérales, la nutrition infantile et la nutrition médicale.

Les opérations de recentrage peuvent prendre différentes formes. L'entreprise peut se recentrer en vendant ses actifs à une autre entreprise intéressée par cette activité, en cédant ses parts à son associée dans une alliance dite de « défaisance », ou encore en cessant l'activité sans trouver de repreneur.

La société marseillaise Cybernétix est spécialisée dans la conception, la fabrication et la commercialisation d'équipements et de systèmes robotisés en milieu hostile. Ses principaux marchés sont le démantèlement et la maintenance nucléaire, le monitoring et le contrôle de production pétrolière, le contrôle non destructif (pneumatique, pharmacie, fonderie, etc.), le contrôle des infrastructures (ferroviaire) et la protection (défense). Les années 2007 et 2008 ont été particulièrement difficiles pour Cybernétix. Aussi l'assemblée des actionnaires du 13 mai 2009 a-t-elle décidé, dans le cadre d'un plan d'économie, de filialiser l'activité de la division industrie (dont les principaux clients sont l'automobile et la pharmacie) en une structure autonome, dénommée CyXplus, afin de permettre l'entrée au capital de la filiale de partenaires externes éventuels, voire de céder l'activité si un repreneur était intéressé. Cybernétix a achevé l'année 2010 sur une hausse de 25,6 % de son chiffre d'affaires, à 36,8 millions d'euros. Le recentrage sur le secteur de l'énergie s'est donc avéré gagnant. L'essentiel de la croissance provient de la branche pétrole et gaz. Des discussions sont en cours pour la cession de sa filiale CyXplus.

L'externalisation

L'externalisation consiste à confier une fonction, une étape de la chaîne de valeur ou une mission jusqu'ici réalisée au sein de l'entreprise, à une autre entreprise distincte, qui devient prestataire. En contexte de ressources restreintes, le recours à l'externalisation permet de concentrer les moyens de l'entreprise sur les activités qui sont véritablement à l'origine de son avantage concurrentiel. C'est ainsi parfois par l'externalisation que l'entreprise opérationnalise sa stratégie de spécialisation sur les activités qui constituent son cœur de métier.

La société coopérative bretonne SICA, qui commercialise chaque année 300 000 tonnes de légumes sous la marque Prince de Bretagne, est née en 1961 à Saint-Pol-de-Léon (Finistère). Elle regroupe 1500 agriculteurs coopérateurs, emploie 220 personnes et réalise un chiffre d'affaires de 250 millions d'euros. Premier groupement de producteurs de légumes français, la société exporte 40 % de ses productions et a récemment fait le choix de déléguer la totalité de la fonction commerciale à des négociants. Pierre Bihan-Poudec, président du groupement, affirme (*Le Monde de l'économie*, 25 janvier 2011) : « *Nous avons un large spectre de vente que nous aurions du mal à obtenir si nous avions nos propres vendeurs.* » L'externalisation de cette activité de négoce a ainsi permis à la coopérative de concentrer les forces et de se spécialiser sur l'étape de production de la filière maraîchère.

Pour aller plus loin : www.sicastpol.fr

Les modalités de réalisation des stratégies de spécialisation

Les stratégies de spécialisation peuvent être réalisées suivant trois modes de croissance : la croissance interne (ou organique) consistant à combiner soi-même les facteurs de production, la croissance externe (ou fusions et acquisitions, voir le chapitre 5), et la croissance conjointe (sous forme d'accords ou d'alliances, voir le chapitre 6). Parfois, les trois modalités sont utilisées séquentiellement pour croître.

La spécialisation par croissance organique

La société nantaise GirodMedical, spécialisée dans la vente d'équipements de santé, a procédé à une levée de fonds de 1,25 million d'euros afin de continuer son développement à l'étranger en dupliquant son outil de vente en ligne. L'entreprise affiche un catalogue de trois mille références allant du masque chirurgical au divan d'examen, et a réalisé en 2010 un chiffre d'affaires de 2 millions d'euros. Son site français a déjà été décliné en Allemagne, puis en Espagne, en Belgique, au Royaume-Uni et en Irlande. La société vise l'ouverture de sites en Italie, aux Pays-Bas et en Pologne. En s'implantant localement sans intermédiaire, l'entreprise organise la proximité pour ses acheteurs : à titre d'exemple, « *en Allemagne, un numéro de téléphone allemand, des interlocuteurs qui répondent en allemand, une adresse de retour et un numéro de TVA allemand*», indique Antoine Tresse, 28 ans, cofondateur de GirodMedical en 2004. Jusqu'à aujourd'hui, l'entreprise s'est développée exclusivement par croissance interne sur le seul créneau de la vente en ligne d'équipements de santé. Son fort taux de croissance pourrait cependant lui faire opter à l'avenir pour d'autres modalités de croissance.

Pour aller plus loin : « GirodMedical peaufine sa stratégie de vente», *Les Échos*, 24 février 2011. Voir également : www.girodmedical.com

La spécialisation par fusions et acquisitions

En mars 2011, ZeTurf, le numéro deux en France des paris hippiques sur Internet (derrière PMU qui détient 80 % des parts de marché), prend le contrôle de la société Massecom, jusqu'ici propriété commune du groupe familial Périphériques et Matériels de Contrôle et Serendipity Investment. Massecom organise et gère la mutualisation des enjeux entre différents opérateurs. Massecom propose un accès à toutes les briques technologiques et les ressources nécessaires à l'intégration et à l'exploitation d'une offre de paris hippiques pour un opérateur de jeux. Grâce à cette acquisition, ZeTurf pourra ainsi proposer un trafic d'internautes plus dense aux sociétés de paris, tels Genybet, Betnet, France Pari et Ubinet. Sur le marché très spécialisé du pari hippique en ligne ne subsistent que deux acteurs. Cette opération a en effet été l'occasion pour Serendipity, filiale commune de Bouygues et Artémis, de se désengager de cette activité.

Pour aller plus loin : « Paris hippiques en ligne : ZeTurf s'affirme comme le seul rival du PMU», *Les Échos*, 17 mars 2011.

Fin 2010, le leader mondial des automatismes de volets roulants Somfy (avec un chiffre d'affaires de 852 millions d'euros en 2010) a signé un accord avec le Brésilien Garen Automaçao pour en prendre progressivement le contrôle d'ici 2016. Garen réalise un chiffre d'affaires de 25 à 30 millions d'euros et détient 40 % du marché, en forte croissance, en Amérique du Sud. Le développement des ventes de Somfy est porté par le vieillissement de la population en Europe et les forts besoins de sécurisation des domiciles et des bâtiments dans les pays émergents, notamment au Brésil.

Pour aller plus loin : « Somfy tisse sa toile en Amérique du Sud», *Les Échos*, 28 février 2011. Voir également : www.somfy.com

En février 2011, les groupes Lafarge et Anglo American ont conclu un accord visant à regrouper dans une entreprise commune détenue à 50/50 leurs activités ciment, granulats, béton prêt à l'emploi et enrobés bitumineux au Royaume-Uni. Ces activités étaient précédemment gérées par leurs filiales respectives Lafarge UK et Tarmac UK. Lafarge UK emploie deux mille huit cents salariés sur cinq cimenteries, trente-huit carrières, plus d'une centaine de sites de production de béton et une vingtaine de sites de production d'enrobés; Tarmac UK emploie quatre mille cinq cents salariés au sein de cent dix-huit carrières, une cimenterie, cent quatre-vingts sites de production de béton et soixante-neuf usines d'enrobés. Cette société commune a donné naissance au leader britannique des matériaux de construction. Le chiffre d'affaires combiné s'élève à 1,8 milliard de livres (soit 2,14 milliards d'euros). Cette opération de croissance conjointe permet surtout à Lafarge de renforcer sa position outre-Manche sur les ciments et bétons. À terme, cet accord devrait conduire à la prise de contrôle de l'activité par Lafarge, qui va racheter progressivement les parts encore détenues par Anglo American dans l'entreprise commune.

↪ Pour aller plus loin : www.lafarge.fr

La spécialisation par croissance conjointe

General Electric (ou GE) et Safran ont créé une entreprise commune à parts égales 50/50, Middle River Aircraft Systems/Aircelle, pour développer, produire et assurer le support client des nacelles destinées à de futures applications des moteurs d'avions. Cette *joint-venture* concerne les nacelles complètes et leurs sous-systèmes. Elle puise dans l'expérience de plus de trente-cinq ans de GE et Safran en matière de coopération et de *joint-venture*. Aircelle est un acteur majeur sur le marché mondial des nacelles de moteurs d'avion. Filiale du Groupe Safran, la société emploie environ trois mille personnes réparties sur sept sites en France, au Royaume-Uni et au Maroc. Aircelle est dans le monde le seul intégrateur de nacelles présent sur tous les segments du marché, des avions d'affaires et avions régionaux aux plus gros avions de ligne, dont l'A380. Middle River Aircraft Systems (filiale de General Electric) est l'un des premiers fournisseurs dans le monde d'inverseurs de poussée et systèmes de nacelle pour turboréacteurs. La société produit également différentes structures spécialisées pour de grands avionneurs, dont Boeing et Lockheed Martin, destinées à des avions civils et militaires. Middle River emploie mille personnes sur son site de Baltimore dans le Maryland. Ensemble, Middle River Aircraft Systems et Aircelle regroupent des compétences étendues dans tous les domaines de nacelles, de l'entrée moteur jusqu'à la tuyère d'éjection, dont les inverseurs de poussée, les capots flux froid, le traitement acoustique, la protection thermique et l'antigivrage, les pylônes et les suspensions moteur.

↪ Pour aller plus loin : www.aircelle.com ; www.safran-group.com ; www.ge.com/aviation

La spécialisation par combinaison des modalités de croissance

Les banques éthiques constituent une alternative bancaire en pleine croissance en Europe. Leur stratégie de focalisation est basée sur l'assurance faite aux épargnants d'utiliser de manière transparente et responsable leurs dépôts. Ces établissements voient leur activité — pour l'instant marginale — s'envoler à la faveur des conséquences de la crise financière de 2008. Ils restent de petite taille et progressent en général par croissance organique. La banque GLS fait figure de pionnière. Créée en 1974 dans la Ruhr (Allemagne), elle emploie aujourd'hui 350 personnes, compte 91 000 clients, pour un montant total de dépôts de 1,6 milliard d'euros (en hausse de 39 % en 2010). Sa croissance sur ce marché spécialisé s'est essentiellement concrétisée par des ouvertures d'agences dans les principales villes du nord de l'Allemagne. Mais la banque ne refuse pas les autres formes de croissance : elle a ainsi racheté Ökobank en 2003 et IntegraBank en 2008, ce qui lui a permis l'implantation dans le sud du pays ; GLS a également tissé des liens commerciaux avec des homologues néerlandais (Triodos, 2,9 milliards d'euros de dépôts), français (NEF ou Nouvelle Économie Fraternelle) et italien (Banca Etica).

➤ Pour aller plus loin : www.gls.de ; www.lanef.fr

Les risques de la spécialisation

Les stratégies de spécialisation ne sont pas sans risque. Le problème peut en premier lieu être interne, l'entreprise courant le risque de figer son activité, de restreindre sa vision et de limiter son attention aux signaux de l'environnement ou aux mouvements de ses concurrents. Le problème peut également être externe. Trop spécialisée, l'entreprise peut ne pas bénéficier de niches de croissance disponibles dans les secteurs voisins, alors que son segment vient à s'étioler. Ces deux types de problèmes relèvent de la dépendance de sentier. L'autre type de risque correspond à la difficulté d'opter pour une source d'avantage concurrentiel claire (ou enlisement dans la voie médiane).

La dépendance de sentier

Une entreprise inscrit son développement dans une histoire particulière, suivant un processus propre. Les investissements réalisés, les choix effectués contraignent largement ses choix futurs : les routines mises en place, les modes de décision, les objectifs à viser sont à ce point installés dans la réflexion partagée entre les dirigeants qu'une certaine myopie peut gagner l'équipe. Ses modes de raisonnement l'entraînent vers un avenir contraint. Ces routines sont largement tacites, peu explicitées et donc difficiles à remettre en question pour réorienter l'entreprise en cas de dérive. Le comportement de l'entreprise est ainsi programmé, inscrit dans une réponse éprouvée plutôt qu'issue d'un calcul rationnel ou d'une remise en question. Elle est contrainte par une dépendance de sentier. Les solutions sont bien plus satisfaisantes qu'optimales et peuvent progressivement entraîner l'entreprise vers le déclin. Ce risque est particulièrement élevé en phase de maturité, puis de déclin : la base de clientèle peut s'éroder, l'utilisation du produit se réduire, etc. Lors de ces phases, l'entreprise spécialisée qui n'aura pas su étendre sa gamme, proposer des produits complémentaires, développer ses marchés ou se diversifier, deviendra fortement dépendante du marché, jusqu'à éventuellement se trouver dans une situation d'impasse stratégique.

L'américain Polaroid faisait encore partie des cinquante premières entreprises mondiales en 1995. Pourtant, une rupture technologique l'a fait disparaître. La création permanente de valeur pour le client, jusqu'alors un point fort de Polaroid, qui vendait le seul appareil photo capable de prendre une photo que l'on pouvait instantanément regarder, s'est détériorée. La photo Polaroid offrait un plaisir particulier : créer immédiatement le souvenir du moment partagé. Tous les types de clientèle existaient, mais trois principales ont permis l'essor de Polaroid : les « grands-mères américaines », qui lors d'un passage chez les enfants pouvaient instantanément immortaliser le moment partagé avec les descendants et laisser à leurs enfants et petits-enfants la photo pour ne pas être

oubliées ; les adolescentes, qui jouaient ainsi aux apprentis mannequins ; les photographes professionnels, qui utilisaient le Polaroid pour tester les équilibrages de lumière lors des séances de prise de vue. Seule la technologie de l'impression instantanée des appareils Polaroid permettait cet usage. Ce dernier est désormais possible grâce à la technologie numérique. Polaroid n'a pas su renouveler ses compétences technologiques uniques, ni leur trouver de nouvelles applications suffisamment tôt. L'entreprise a été mise en faillite en décembre 2008 ; le redémarrage de la marque semble cependant s'amorcer actuellement, en relançant la photo instantanée, mais sur la base des technologies numériques.

⟶ Pour aller plus loin : www.polaroid.com

Depuis 1950 environ, l'entreprise LTI (London Taxis International), filiale de Manganese Bronze Holdings, fabrique un véhicule particulier : le taxi londonien, le célèbre *cab*, traditionnellement noir ou rouge. Ce véhicule répond à des normes strictes imposées par le service londonien d'administration des taxis (Public Carriage Office ou PCO), notamment un rayon de braquage inférieur à 7,5 mètres, souvenir du temps où les rues avaient été construites pour les fiacres. Les sociétés de taxis londoniennes se fournissent exclusivement auprès de LTI. Mais en 2008, un nouveau concurrent est apparu avec les Mercedes-Benz Vito, approuvés par le PCO. Fabriqué en Espagne par Mercedes, ce véhicule détient déjà 25 % des ventes de taxis à Londres, son coût étant bien inférieur au traditionnel *cab*, sa consommation limitée à huit litres pour cent kilomètres, contre douze litres, et son confort plus adapté aux demandes actuelles des passagers. LTI, traditionnellement bénéficiaire, ne le sera pas en 2010.

— Pour aller plus loin : *Wall Street Journal*, édition Europe, 6 septembre 2010.

L'une des façons de se prémunir de la dépendance de sentier est de réussir à susciter dans l'entreprise l'innovation permanente. Trois actions peuvent être menées dans cette direction. Première solution, l'intrapreneuriat, qui consiste à faire penser comme des entrepreneurs indépendants l'ensemble des salariés de l'entreprise. Deuxième solution, la mixité de l'équipe de direction, qui obligera les dirigeants à expliciter leurs choix face à leurs homologues dont la culture est différente. Troisième solution, la mise en place d'un conseil d'administration ou d'un conseil de surveillance à forte hétérogénéité, en privilégiant la diversité des trajectoires et des intérêts des administrateurs indépendants.

L'enlisement dans la voie médiane

L'entreprise peut hésiter entre deux choix de positionnement dans le cadre de sa stratégie de spécialisation : ni véritablement différenciée ni vraiment dominante en termes de coûts, elle risque alors de s'enliser dans une voie médiane. En effet, les stratégies suivies doivent être clairement marquées, visant soit à développer des avantages par les coûts, soit à tirer avantage de la différenciation (Michael Porter, 1980). En optant pour une voie médiane, en tentant de jouer à la fois sur les coûts et la différenciation, l'entreprise s'enliserait, car elle serait alors moins compétitive que celles qui joueraient sur le seul volume, et produirait des produits et des services moins attractifs que ceux, clairement différenciés, proposés par les concurrents (voir la figure 4). Pourtant, la conciliation des deux orientations a été tentée avec succès dans de nombreuses activités. Ainsi, les constructeurs automobiles font de la « différenciation retardée », qui consiste à intégrer en bout de chaîne de production les attributs de la différenciation : options extérieures et confort intérieur. La quasi-totalité de la production, donc du coût, d'un véhicule « différencié » est identique à celle d'un produit plus standard. Pourtant, cette option ne permet pas de faire une différenciation complète. Si l'entreprise veut vraiment différencier son produit, elle doit complètement repenser son processus de fabrication et de distribution, élevant alors le coût global. L'écart que fait apparaître Michael Porter lorsqu'il différencie les deux types de stratégie — coût *versus* différenciation — existe donc bel et bien.

Figure 4 : Courbe en U mettant en relation part de marché et rentabilité

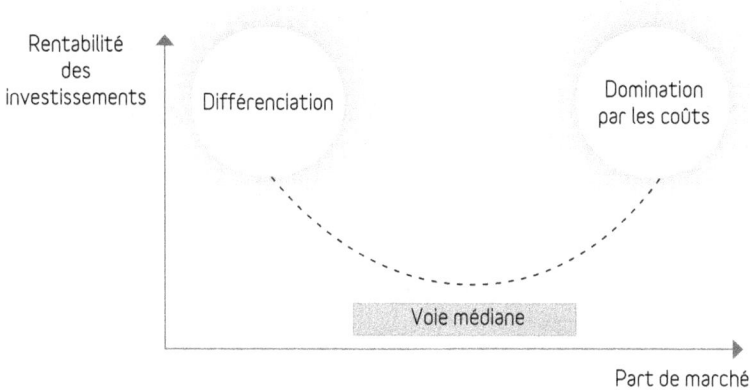

Rentabilité des investissements

Différenciation

Domination par les coûts

Voie médiane

Part de marché

Ce qu'il faut retenir

Les stratégies de spécialisation sont les stratégies les plus traditionnellement adoptées par les entreprises. Elles consistent pour l'entreprise à développer et/ou consolider un avantage concurrentiel sur son activité existante. Pour cela, trois moyens sont possibles : dominer le secteur en jouant sur des coûts plus faibles que la concurrence, focaliser son offre sur une base particulière de clientèle, différencier ses produits par rapport aux offres concurrentes. Stratégie peu risquée, car reposant sur des ressources généralement maîtrisées par l'entreprise, la spécialisation vise pour l'entreprise à développer une expertise dans un domaine en focalisant ses efforts et ses investissements sur un petit nombre de compétences critiques. Toutes les modalités de croissance peuvent être mobilisées pour développer une stratégie de spécialisation (y compris de manière séquentielle) : croissance interne (ou organique), croissance externe (ou fusions et acquisitions), et croissance conjointe (sous forme d'accords ou d'alliances). Se spécialiser comporte néanmoins deux formes de risques : rester trop focalisé sur ses métiers et produits actuels et laisser passer des opportunités d'expansion ou de diversification d'une part, s'enliser dans une voie médiane en refusant de choisir entre la domination par les coûts et la différenciation d'autre part, condamnant ainsi l'espoir de développer un avantage concurrentiel solide.

Tester ses connaissances

1 Laquelle de ces affirmations vous paraît la plus pertinente ?

a) L'objectif de la spécialisation est d'accéder à de nouveaux marchés.

b) L'objectif de la spécialisation est de s'intégrer en amont.

c) L'objectif de la spécialisation est de focaliser son action sur les activités existantes.

d) L'objectif de la spécialisation est de conforter sa position en trouvant de nouvelles clientèles.

2 Laquelle de ces affirmations vous paraît la moins pertinente ?

a) La spécialisation se définit comme la stratégie la plus risquée.

b) Les entreprises qui se spécialisent cherchent à atteindre une taille critique.

c) La focalisation amène l'entreprise à servir des clientèles ciblées.

3 La courbe d'expérience résulte de :

a) L'apprentissage lié à la répétition d'un processus de production.

b) L'amélioration de la productivité du travail.

c) Les deux éléments précédents.

4 Laquelle de ces affirmations est inexacte ?

a) La dépendance de sentier est le résultat d'une politique de diversification.

b) La dépendance de sentier est un risque de la spécialisation.

c) La dépendance de sentier empêche l'entreprise de bénéficier des potentiels de croissance des secteurs voisins.

5 Décrivez la notion d'externalité de réseau.

6 Listez trois avantages principaux traditionnellement associés aux stratégies de spécialisation.

7 Définissez le concept de voie médiane.

Réponses p. 307.

Tester sa compréhension

1 Laquelle de ces affirmations vous paraît la moins pertinente ?

a) Il est possible de mener une stratégie de focalisation sur l'ensemble d'un marché.

b) Il est possible de mener une stratégie de focalisation pour conserver ses clients.

c) Il est possible de mener une stratégie de focalisation sur un segment de clientèle.

2 Laquelle de ces affirmations vous paraît la plus pertinente ?

a) La focalisation consiste à réduire les coûts de production.

b) La différenciation consiste à externaliser les activités connexes.

c) La domination par les coûts consiste à rendre les services vendus plus sophistiqués.

d) Aucune des affirmations précédentes n'est juste.

3 Laquelle de ces affirmations vous paraît la moins pertinente ?

a) L'enlisement dans la voie médiane se traduit par l'accroissement du risque de l'entreprise.

b) L'enlisement dans la voie médiane peut être jugulé par la différenciation retardée.

c) L'enlisement dans la voie médiane consiste à bénéficier des potentiels de croissance des secteurs voisins.

4 Laquelle des affirmations suivantes est inexacte ?

a) Le recentrage consiste à réduire la diversité des activités de l'entreprise.

b) Le recentrage entraîne nécessairement des opérations de revente.

c) Il est possible de se recentrer en cédant ses parts du capital d'une entreprise commune.

d) Le recentrage consiste à se focaliser sur le cœur de métier de l'entreprise.

5 Comment éviter l'écueil de la dépendance de sentier ?

6 Explicitez et discutez la notion de métier dans le contexte de stratégies de spécialisation.

7 Discutez le lien entre le cycle de vie du secteur et les stratégies de spécialisation.

Réponses p. 307.

Croissance et expansion

Définition et contexte d'application

L'expansion consiste pour l'entreprise à fonder son développement sur l'un des deux composants de son/ses métier(s) actuel(s) : les produits ou les clients. Aussi l'expansion peut-elle prendre deux formes. Lorsque l'entreprise développe de nouveaux produits sur ses marchés actuels, on parle d'expansion métier, qui se traduit par l'extension de gamme ou le développement de produits. Pour cela, elle mobilise ses compétences existantes pour proposer de nouvelles offres à ses clientèles habituelles. Lorsque l'entreprise développe de nouveaux marchés pour ses produits actuels, on parle d'expansion mission, qui se traduit par l'expansion de marché ou le développement de marchés. L'entreprise y investit de nouveaux segments de clientèle. Ces stratégies sont identifiées dans la matrice de croissance (voir la figure 1).

Les stratégies d'expansion prennent appui sur tout ou partie d'un domaine d'activité existant en modifiant partiellement le cadre des activités de l'entreprise, puisque celle-ci va alors viser de nouvelles offres ou de nouvelles demandes. La nouveauté ne porte que sur un volet de l'activité et n'est donc pas aussi radicale que dans les stratégies de diversification (voir le chapitre 3). Elle constitue en revanche un prolongement possible des stratégies de spécialisation (voir le chapitre 1) pour une entreprise à la recherche d'un relais de croissance.

Figure 1 : Matrice de croissance (d'après Ansoff, 1965)

	Offres actuelles	Nouvelles offres
Demandes actuelles	Spécialisation	**Expansion métier** Extension de gamme Développement de produits
Nouvelles demandes	**Expansion mission** Expansion de marché Développement de marché	Diversification

Ce qu'il faut savoir

Souvent, l'entreprise ne peut se contenter pour croître de rester cantonnée à ses activités du moment. Elle mène alors des stratégies d'expansion qui s'appuient sur une partie des éléments maîtrisés : soit les produits existants, soit les marchés existants. Lorsque l'entreprise vend ses produits existants sur un nouveau marché, auprès d'une clientèle nouvelle, on parle d'expansion mission. Lorsque l'entreprise développe sur ses marchés existants de nouveaux produits, on parle d'expansion métier. La combinaison des deux types est possible. Plusieurs principes justifient une stratégie d'expansion : recherche de taille critique, d'économies de champ, constitution de grappes technologiques, ou encore volonté de réplication. Nous verrons également que les stratégies d'expansion peuvent être réalisées dans des contextes variés, suivant des modalités diverses : acquisition, croissance ou alliance.

Caractérisation des stratégies d'expansion

Stratégie d'expansion mission

La stratégie d'expansion mission vise à accroître la taille et la rentabilité de l'entreprise en offrant les produits et les services existants à de nouveaux clients. Elle s'inscrit souvent dans le prolongement d'une stratégie de spécialisation. Face à un marché mature, la firme spécialisée cherche à trouver des relais de croissance en gagnant de nouveaux clients. Cette recherche peut se faire dans une même zone géographique, en explorant de nouvelles clientèles (du professionnel au grand public, des marchés privés aux grands comptes privés, des adolescents aux jeunes, etc.). Les trois exemples qui suivent montrent respectivement l'expansion, dans un cadre géographique déterminé, à un nouveau type d'applications (imprimerie Laville) et à un nouveau type de clientèle (Carlsberg et Vertolety Rossii).

L'imprimerie Laville a été rachetée en 2003 par Pierre Fustier, consultant reconverti par passion dans le métier d'imprimeur. Anciennement spécialisée dans l'impression de cartes de visite et de papiers à en-tête haut de gamme, l'entreprise a su, grâce à l'inventivité de son dirigeant, utiliser ses machines d'impression en thermo-relief pour investir le marché du braille et développer la transposition graphique tactile en direction des personnes malvoyantes ou non voyantes. Un nombre croissant d'institutionnels (ministères, SCNF, musées, etc.) sont soucieux d'ouvrir leurs productions écrites à ce public, et se tournent donc vers cet imprimeur, qui, malgré son positionnement de niche, imprime désormais en grandes quantités.

➥ Pour en savoir plus :
www.imprimerielaville.com

Le brasseur danois Carlsberg développe depuis quelques années des produits pour une clientèle féminine à partir de ses boissons à base de bière ou de cidre. Pour cela, il applique ses recettes de brasserie à des produits plus légers en alcool, sans amertume, plus fruités, plus festifs. Par exemple, la bière Ève, brassée par Feldschlösschen, filiale suisse du groupe, est aromatisée au lychee, à l'ananas ou au fruit de la passion. Cette bière blonde, présentée dans une bouteille dorée, est positionnée sur le marché rentable des jeunes femmes urbaines actives. Elle est disponible en Suisse, au Danemark, au Royaume-Uni, en Ukraine et en Russie.

➥ Pour en savoir plus :
www.carlsberggroup.com

En 2006, le groupe russe Vertolety Rossii (« Hélicoptères de Russie ») a été constitué à partir de l'ancien complexe militaro-industriel soviétique de fabrication d'hélicoptères militaires en regroupant les usines Mil, Kamov et Kazan. Afin de gagner de nouvelles parts de marché à l'export, cette firme d'État a alors investi dans le développement d'hélicoptères pour le marché civil. La nouvelle version du Mi-26 est l'illustration de la reconversion du militaire en civil effectuée par Vertolety Rossii. Fabriqué en série depuis 1985 par Mil, c'est l'hélicoptère de transport de troupe le plus lourd au monde avec un poids pouvant atteindre cinquante-six tonnes (avec une capacité maximale de quatre-vingts passagers). Aujourd'hui, Vertolety Rossii en propose une version civile destinée à des activités humanitaires, de sauvetage et de levage de charges de béton, d'acier ou d'autres matériaux de construction.

➥ Pour en savoir plus : www.rus-helicopters.ru

L'expansion de marché peut également se faire en direction de cibles similaires aux cibles actuelles, mais dans une nouvelle zone géographique : autre ville ou autre région. Le stade ultime en est l'expansion par internationalisation (le lecteur trouvera une analyse complète et détaillée des stratégies d'internationalisation dans le chapitre 4).

Le hard-discounteur allemand Aldi compte aujourd'hui environ sept mille magasins en Europe et huit cents aux États-Unis. L'assortiment est très contrôlé, les produits d'épicerie sont dominants, et l'accent est mis sur les prix, de 10 à 20 % moins chers que chez les concurrents. Aldi a une politique d'expansion géographique qui suit un modèle de grappe, les magasins étant des grains autour d'un centre logistique les desservant. Ce principe de développement est le même dans tous les pays où Aldi est désormais présent. Ainsi, la chaîne Supermercados Aldi continue sa politique d'expansion en Espagne, où le groupe dispose désormais de plus de deux cent vingt points de vente. Les ouvertures sont prévues à un rythme soutenu, afin de dupliquer les magasins sur tout le territoire. Ces magasins sont approvisionnés depuis le nouveau centre logistique de Masquefa, situé près de Barcelone. Cette plate-forme alimente les treize régions espagnoles et portugaises où Aldi est présent.

Stratégie d'expansion métier

Pour renforcer sa croissance et sa rentabilité, l'entreprise peut recourir à des stratégies d'expansion métier (ou extension de gamme). Ces stratégies consistent à développer de nouveaux produits et services pour compléter l'offre existante. La base de clientèle reste la même, les nouveaux produits et services étant proposés à la clientèle actuelle. Aussi cette stratégie nécessite-t-elle une bonne connaissance de ses clients, de ses comportements et de ses attentes.

Les stratégies d'extension de gamme s'appuient sur deux logiques complémentaires : la volonté d'extension et l'obligation d'extension. Le plus «simple»

pour une entreprise est de continuer à faire dans le futur ce qu'elle a fait dans le passé. Mener une stratégie d'expansion, c'est *vouloir* s'étendre hors du cœur de métier. Or, souvent, l'entreprise veut continuer à exploiter les mêmes couples produits-marchés et se spécialiser, afin d'éviter les risques inhérents à l'innovation, limiter l'investissement, réduire l'incertitude liée à la nouveauté, etc. (voir le chapitre 1). Dans de tels cas, on voit bien que c'est la volonté du dirigeant de sortir du cœur de métier qui génère la stratégie d'expansion. Dans d'autres cas, l'entreprise peut être confrontée à une nécessaire évolution de son offre, notamment dans des marchés soumis à des effets de mode. Dans ce cas, l'extension de gamme apparaît comme un *devoir*. C'est en effet la stratégie la plus sûre pour renouveler les sources de croissance et de rentabilité. L'immobilité serait ici coûteuse.

Eurocopter et Lego, dans des secteurs bien différents, suivent des stratégies d'extension de gamme fondées sur ces deux logiques : volonté de développement de l'offre et nécessité d'évolution des produits et services. En 2008, le leader mondial des hélicoptères a racheté la société allemande Motorflug afin de compléter son offre d'hélicoptères par des services de maintenance, de révision et de réparation. Le Danois Lego a fait évoluer ses produits traditionnels (briques plastiques de construction) en y intégrant des innovations technologiques (nouvelle gamme Lego Mindstorm avec des briques associées à un microprocesseur). Lego développe aussi les produits sous licence (gammes Lego Prince of Persia, Lego Star Wars et Lego Harry Potter).

L'extension de gamme se traduit généralement par des investissements en conséquence, tant matériels (nouvelle ligne de production, amélioration des lignes actuelles) qu'immatériels (achat de marques sous licence, investissement en R&D, etc.) Le mode de croissance privilégié est souvent la croissance interne (ou organique) même si, comme nous le verrons plus loin, les autres modalités de croissance se prêtent également à la mise en œuvre des stratégies d'expansion.

La PME familiale Henri Raffin, spécialiste des salaisons implantée en Savoie, est présente sur quatre familles de produits : les saucissons secs, le jambon sec, les terrines et les saucisses à cuire ou à griller. Avec un chiffre d'affaires de 22 millions d'euros et un effectif de cent salariés, Henri Raffin est le troisième fabricant national de saucissons secs entiers. L'histoire récente de l'entreprise familiale est une succession d'opérations de croissance interne depuis 1993, date à laquelle Georges Raffin, qui représente la quatrième génération, prend les commandes de la société. En 1997, une nouvelle usine de 4 000 m² marque le point de départ d'un fort développement régional qui s'étend au national. En 2005, l'entreprise s'agrandit encore de 1 700 m², et investit dans son outil de production, sa structure commerciale et marketing. La croissance se poursuit en 2008 avec plusieurs opérations successives : le développement de

nouveaux débouchés commerciaux comme l'export ou les chaînes de magasins spécialisés ; la construction d'une station de traitement des eaux usées ; le lancement du concept « Le Galibier », gamme de frais emballé de qualité qui remporte un grand succès. En février 2010, la société investit encore 3,5 millions d'euros sur son site de La Rochette. L'investissement a pour objectif une extension de 2 800 m² pour une plate-forme logistique, l'agrandissement des capacités de réception et de séchage des marchandises, ainsi que l'augmentation des capacités de stockage et d'étuvage. Cet investissement devrait également permettre à l'entreprise de renforcer sa gamme premium « Le Galibier ». La marque savoyarde a également lancé, début 2011, une gamme éco à 1 euro, composée de jambon cru, de rosette pur porc et de bacon.

— Pour aller plus loin : *AGRA alimentation*, 25 février 2010, n° 2099-2100. Voir également www.raffin.com

La combinaison alternée nouveaux clients/nouveaux produits

L'élargissement de la base de clientèle (expansion mission) amène l'entreprise à concevoir des produits légèrement différents pour cette clientèle. Peu à peu, l'offre de produits de l'entreprise est alors modifiée. S'ensuivent alors l'identification de besoins propres à cette nouvelle clientèle, puis la fabrication de nouveaux produits (expansion métier). Ainsi, les stratégies d'expansion de marché et d'extension de gamme peuvent être combinées par l'entreprise pour continuer à croître. Ce mode de progression est assez fréquent et permet de se développer de proche en proche par sauts successifs (voir la figure 2) en évitant les risques de la diversification, liés à un éloignement radical et brutal des compétences de l'entreprise (voir le chapitre 3). Dans cette figure, on voit la progression d'une entreprise à l'origine spécialisée dans la vente du produit A. Son premier mouvement B est une extension de gamme, l'entreprise proposant une nouvelle offre B à sa clientèle actuelle. Elle va ensuite réaliser une opération d'extension de marché en proposant ce nouveau produit B à une nouvelle demande C. Le mouvement se poursuit en proposant un nouveau produit (D) aux clientèles actuelles A et C. D'autres mouvements peuvent suivre (mouvement E par exemple).

Les mouvements successifs de l'entreprise lyonnaise Syged, spécialisée dans la gestion électronique de documents (GED), illustrent ce type de trajectoire. Fondée en 1999 par Michel Vulin, ingénieur en informatique, Syged commercialise aujourd'hui des solutions et des services de gestion électronique de documents, permettant la numérisation, l'indexation, la recherche, la gestion de tout type de documents. Elle s'est étendue en adaptant progressivement un produit de base aux attentes de différents types de clientèles aux métiers bien spécifiques. L'entreprise a développé le logiciel de GED Sysdoc, puis créé des versions spécialisées métier qui s'adaptent aux spécificités de chaque secteur d'activité (expansion mission). Le secteur d'activité le mieux servi, sur lequel l'entreprise a fondé sa croissance, est le secteur notarial. Un produit propre est proposé : Sysdoc Not. Les autres secteurs clients sont des activités nécessitant, comme les notaires, une gestion optimale des documents pour mieux servir les usagers : à titre d'exemple, les secteurs de l'assurance (clients, sinistres, cautions, etc.), de l'immobilier, de la gestion des ressources humaines (gestion de «can-

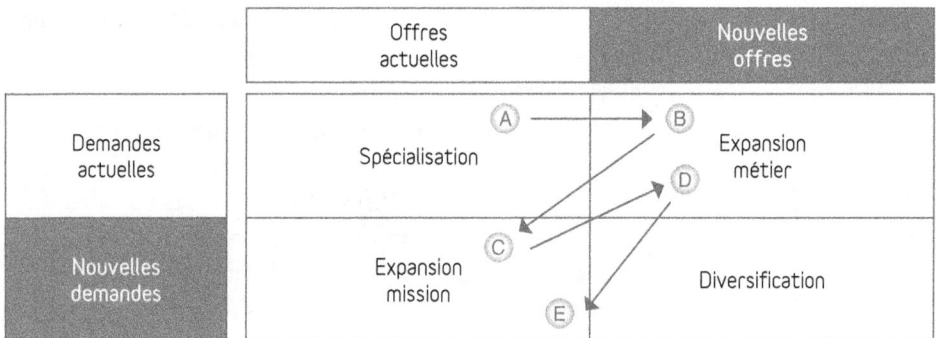

Figure 2 : Combinaison extension de gamme – expansion de marché

didathèque »), de la logistique (informations de stockage et de circulation), mais aussi des services publics, qui sont également confrontés aux problématiques de foisonnement de documents (services de préfecture, caisses primaires d'assurance-maladie, centres de gestion de la fonction publique territoriale, etc.). Sur cette base de clientèle élargie, Syged a ensuite étendu sa gamme de produits en proposant des fonctionnalités nouvelles aux secteurs clients, cohérentes avec des attentes spécifiques, mais souvent identiques d'un secteur à l'autre (expansion métier) : organisation des flux de documents, traitement du contenu, numérisation, sauvegarde externalisée. Ces activités complémentaires permettent au client de largement externaliser la gestion de ses documents, que ce soit un office notarial ou une mairie. Au final, on voit le double mouvement opéré par Syged à partir d'une situation à l'origine très focalisée : expansion de marché (expansion mission) et extension de gamme (expansion métier), sur la base d'un panel de compétences et de produits bien définis, et des clients aux attentes relativement homogènes.

↗ Pour aller plus loin : www.syged.com

Les leviers des stratégies d'expansion

Les entreprises réussissent dans leurs stratégies d'expansion grâce à l'activation de leviers, comme la recherche de la taille critique, les économies de champ, les grappes technologiques et les tactiques de réplication. Souvent, les effets de ces facteurs sont combinés.

La recherche de la taille critique

La taille critique est la taille qu'une entreprise doit atteindre pour survivre ou se développer dans un secteur d'activité. Cette taille critique facilite non seulement la défense de l'entreprise, mais aussi son expansion. Elle permet en effet de renforcer le pouvoir de négociation vis-à-vis des fournisseurs et des clients, de mieux amortir les coûts (qu'ils soient fixes ou variables), de mieux dissuader l'arrivée de nouveaux entrants, de réduire le risque d'attaque de la part d'un concurrent et de mieux contrer ses actions éventuelles. Dans de nombreux secteurs industriels ou commerciaux, la taille critique est considérée comme nécessaire pour accéder au marché, compte tenu des coûts importants à amortir, tant en termes de R&D (conception de satellites et développement pharmaceutique), d'extension de réseau (franchises commerciales et réseau de téléphonie mobile) que de ticket d'entrée en grande distribution (produits de consommation courante). La plupart du temps, c'est par des stratégies d'expansion métier ou mission que l'entreprise réussit à atteindre une taille critique lui permettant de gagner des marges de manœuvre sur ses marchés. La taille permet également d'accroître la compétitivité de l'entreprise par deux effets : le pouvoir de marché et le pouvoir de négociation.

Le pouvoir de marché consiste à modifier les mécanismes de prix en limitant la concurrence, parfois en formant des ententes illicites au détriment du consommateur.

Selon un rapport de la DGCCRF (Direction générale de la concurrence, de la consommation et de la répression des fraudes), les trois opérateurs mobiles (Orange, SFR et Bouygues Télécom) se seraient entendus pour se partager le marché de la téléphonie mobile entre 1997 et 2003. Le 30 novembre 2005, le Conseil de la concurrence a condamné Orange France à une amende de 256 millions d'euros, SFR à 220 millions d'euros et Bouygues Télécom à 58 millions d'euros. Les trois opérateurs ont fait appel. Initiée en 2002, cette action a trouvé un terme en mai 2008, quand la chambre commerciale de la Cour de cassation a confirmé la condamnation des trois opérateurs à une amende de 442 millions d'euros pour « entente illicite » sur les prix de 2000 à 2002.

Plus globalement, et de manière licite, le pouvoir de négociation permet à une entreprise de faire plus facilement pression sur ses fournisseurs et ses clients pour obtenir des prix et des conditions plus avantageux. L'accession à la taille critique est souvent réalisée par les groupes par des opérations de rapprochement par fusion-acquisition ou par alliance (voir les chapitres 5 et 6). Même s'ils comportent des risques et sont parfois coûteux, ces modes de croissance sont des moyens rapides pour faire grossir de manière quasi instantanée l'entreprise dans une double logique d'expansion mission ou d'expansion métier : les gammes de produits et de services sont complétées par les apports de l'entreprise rachetée ou alliée, les marchés et clients servis également. L'entreprise est alors plus solide par cette adjonction de taille.

En octobre 2006, le groupe *Le Monde* a lancé une opération baptisée « Pôle Sud », qui consiste à rapprocher les quotidiens régionaux du groupe (*Midi libre, L'Indépendant, Centre Presse,* et le gratuit *Montpellier Plus*) de ceux de Hachette (*La Provence, Nice-Matin, Var-Matin, Corse-Matin,* ainsi que le gratuit *Marseille Plus*) dans une filiale contrôlée à 51 % par *Le Monde* et à 49 % par Hachette. Voici le commentaire de Jean-Marie Colombani, directeur du journal *Le Monde* : « *Plusieurs éléments m'ont convaincu que cette opération était nécessaire. D'abord notre groupe Journaux du Midi (Midi Libre, L'Indépendant et Centre Presse) était enclavé. À un moment où la presse régionale se restructure, il m'a paru essentiel d'élargir leur assise. Cela permettra à tous les quotidiens de ce nouvel ensemble de se développer. Ensuite, nous avons toujours recherché pour le groupe* Le Monde *la taille critique.*

Nous y sommes presque puisque ce nouvel ensemble pèsera plus de 900 millions d'euros. Cette taille critique va nous permettre de gagner du temps. En 2007, nous aurons retrouvé l'équilibre. Mais cela ne suffit pas. Nous avons besoin de marges de manœuvre pour investir, notamment sur le Net où nous avons une position de leader et où nous lancerons de nouvelles offres. Sans cette opération, nous aurions dû attendre plusieurs années avant de retrouver ces marges de manœuvre[4].» La taille critique générée par le regroupement permet au groupe *Le Monde* de développer son assise régionale en trouvant de nouveaux lecteurs et annonceurs (expansion mission) et de développer ses nouvelles activités électroniques en proposant une gamme plus large de quotidiens sur la Toile (expansion métier).

La taille critique est également évoquée dans les opérations de décroissance ou d'externalisation (voir le chapitre 1), l'entreprise délaissant l'activité car la taille critique requise pour s'y maintenir n'est pas atteinte.

Dans le secteur de la distribution du papier, on note un renforcement de la position des distributeurs dominants. Des éléments tels que la mondialisation de l'économie, donc des usages, la recherche de la taille critique pour rendre le rapport de force favorable dans les négociations tarifaires, ont conduit les distributeurs de papier à construire des ensembles puissants et cohérents. En Europe, les sept premiers distributeurs représentent 75 % du marché. À l'inverse, des papetiers qui avaient une activité de distribution l'ont externalisée du fait de leur trop petite taille.

Les économies de champ

Les réductions de coûts qui proviennent des synergies s'appellent des économies de champ (ou économies d'envergure) qui désignent un cas particulier des économies d'échelle, n'apparaissant pas sur le produit complet, mais sur des composants ou des sous-ensembles de produits différents. À titre d'exemple, les constructeurs automobiles montent sur les mêmes châssis plusieurs types de véhicule. Cette utilisation du même châssis pour plusieurs produits finaux constitue une économie de champ substantielle pour les constructeurs, puisque les coûts de fabrication du châssis et les investissements réalisés sont répartis sur plusieurs produits. Les entreprises vont donc chercher à développer de nouveaux produits à partir des sous-ensembles qui constituent leurs produits actuels. Ainsi, les économies de champ permettent de justifier et de valoriser les stratégies d'expansion. L'entreprise va alors utiliser la même ressource (compétence, technologie, capacité de production, réseau de vente, etc.) pour plusieurs segments d'activités.

---

4. Source : *Libération*, 3 octobre 2006, p. 21.

La société Lisi Aerospace fabrique des fixations à base d'acier, de nickel, de titane, etc. Avec près de 15 % de part de marché, Lisi Aerospace est numéro trois mondial du marché de la fixation aéronautique et détient en particulier des positions fortes chez Airbus et chez les motoristes européens. Aux États-Unis, Lisi Aerospace est historiquement présent dans les fixations de structure, et consolide ses positions chez Boeing. Dans le marché « niche » des fixations et composants d'assemblage destinés à la compétition automobile qui partage avec le monde aéronautique les matériaux et des process de haute technologie, Lisi Aerospace est devenu le numéro un mondial avec l'acquisition de la société américaine A-1. Ainsi Lisi Aerospace mobilise-t-elle les mêmes compétences, les mêmes outils et les mêmes matériaux pour servir deux grands marchés aux caractéristiques communes. Lisi Aerospace est fournisseur de rang 1 à la fois pour l'industrie aéronautique (Airbus, Boeing, Embraer, Bombardier, Dassault, Eurocopter, etc.) et pour les écuries automobiles Ferrari, Renault Sport, BMW, Toyota Racing Division, etc.

— Pour aller plus loin :
www.lisi-aerospace.com

Les grappes technologiques

Les stratégies d'expansion sont souvent fondées sur des stratégies de développement technologique. Ces stratégies visent à exploiter de façon large les technologies maîtrisées. À partir de la même techno-logie, l'entreprise va bâtir de multiples couples produits-marchés pour soutenir ces stratégies d'expansion. Certaines conditions sont requises pour mener une stratégie de développement technologique. En premier lieu, la recherche et développement de l'entreprise doit être de première qualité, capable de décliner la technologie sur de nombreux secteurs d'application ; en second lieu, à côté de ses capacités technologiques, l'entreprise doit disposer d'un marketing efficace, capable de transformer les technologies en produits et de leur trouver une clientèle. Ainsi, la seule dimension technologique ne suffit pas à mener une stratégie d'expansion sur la base de développements technologiques. C'est bien la combinaison des compétences technologies et des compétences marchés qui peut assurer le succès.

L'entreprise Bretagne Bâches, située à Nort-sur-Erdre, fabrique traditionnellement des bâches pour camions. En 1974, la chute des immatriculations a sensiblement réduit son activité. En 1990, l'entreprise est devenue le groupe BHD et a développé son activité en exerçant un effet de levier sur ses compétences. Le groupe a grossi pour atteindre un chiffre d'affaires de 45 millions d'euros en 2009. il a su tirer profit des synergies possibles à chaque expansion, réalisée par croissance organique ou par rachat. Le groupe est spécialiste de la transformation des tissus textiles techniques, qu'il décline « sur mesure » sur différents marchés et auprès de différentes clientèles. Il compte aujourd'hui vingt sociétés servant huit domaines d'activités, après être successivement entré dans les marchés de l'événementiel (tentes de réception et chapiteaux de cirque), de l'industrie (bâches de protection de produits et d'échafaudage) et de l'agriculture (tunnels). Depuis 2000, BHD est entré sur les marchés de l'environnement (membranes de réserves d'eau et barrières antipollution), du sport (couvertures des terrains de tennis de Roland-Garros), de l'architecture textile (couvertures des tribunes des stades de football), et enfin du confinement et du traitement de l'air.

Pour aller plus loin : www.bhd.fr

La réplication

Souvent, les groupes optent pour des développements fondés sur une même forme de croissance. Ainsi McDonald's, Starbucks ou Novotel sont-ils fondés sur des stratégies de spécialisation par réplication. Cette stratégie consiste à multiplier les lieux de production d'un service identique, clairement identifié et attendu de la part des consommateurs. La couverture géographique est alors fondée sur la rapidité de réplication. En s'étendant géographiquement, l'entreprise transfère ses connaissances et ses modes d'exécution, ce qui suppose une extrême codification des procédures utilisées sur les sites pionniers. Au-delà des chaînes développées sur la base des stratégies de réplication, qui reproduisent les mêmes lieux, les mêmes produits, les mêmes ambiances, certaines entreprises mènent

des stratégies d'expansion en répliquant un concept sur plusieurs champs d'activités.

L'entrepreneur anglo-chypriote Sir Stelios Haji-Ioannou a constitué via sa holding EasyGroup Holdings Limited un groupe apparemment hétéroclite autour d'une idée centrale : la simplicité. Les mêmes recettes sont utilisées dans plusieurs activités low-cost : simplicité, voire dénuement, faible coût de production, contrôle important des coûts, et taux de remplissage élevé. La société la plus connue est Easyjet, compagnie aérienne low-cost créée en 2000. Mais d'autres activités similaires aux prestations minimales ont été développées : les hôtels Easyhotel (dont l'hôtel londonien propose des chambres à 20 euros… sans fenêtres), les cosmétiques Easy4men, les pizzas Easypizza, les montres Easywatch, les locations Easycar, les croisières Easycruise, etc.

Les stratégies d'expansion en contexte

Si les principes sont relativement stables, la réussite d'une stratégie d'expansion dépend du type d'entreprise, ainsi que du contexte sectoriel. Quatre contextes d'application des stratégies d'expansion sont présentés ici : les entreprises artisanales, les entreprises de taille intermédiaire, les grands marchés nationaux et les secteurs en croissance.

Artisanat et expansion

La stratégie d'expansion est de nature à modifier les savoir-faire de l'entreprise artisanale. Les entreprises artisanales représentent 920 000 entreprises en France, employant trois millions de personnes. Elles se caractérisent par leur faible taille et une activité de production, de transformation, de réparation ou de prestation de service répertoriée dans le répertoire des métiers. Le dirigeant est face à deux possibilités : croître ou ne pas croître. La plupart du temps, la croissance passe par une stratégie d'expansion, car l'artisan doit aller trouver des contrats auprès de nouveaux types de clientèle, et/ou dans des activités additionnelles.

Les stratégies d'expansion apparaissent souvent délicates pour l'artisan : l'augmentation du volume d'activité s'accompagne de changements d'effectifs et de méthodes de travail, et entraîne une multiplication des activités. L'organisation nécessite une plus grande structuration et un remaniement des tâches. Qui plus est, l'artisan, fortement engagé dans l'activité productive, voit son rôle se détacher progressivement des tâches de production et doit alors devenir manager, ce qui explique que nombre d'entre eux ne souhaitent pas développer leur activité. Pour la petite entreprise, la stratégie d'expansion n'est donc possible qu'avec la farouche volonté de son dirigeant d'accepter le changement d'organisation et de compétences. Le risque est de voir se dissoudre les compétences qui ont fait le succès de l'entreprise. En effet, ces compétences sont largement attachées au dirigeant, désormais occupé à d'autres tâches (contacts avec les clients, négociations avec les fournisseurs, gestion du personnel, etc.).

Pour éviter cette dilution liée à l'expansion, c'est parfois le choix de la croissance externalisée qui est fait. Dans ce cadre, l'activité de l'entreprise se développe grâce à une expansion partenariale. Le portefeuille de services du réseau est élargi, tout comme le portefeuille de clients du réseau, mais finalement l'artisan reste concentré sur son activité originelle. C'est donc au niveau du réseau que se pratiquent alors l'expansion métier et l'expansion mission. Le réseau est constitué par des ententes ponctuelles sans formalisation (le cas le plus fréquent) ou par l'intermédiaire d'alliances (voir le chapitre 6). Ce dernier mode de rapprochement est moins prisé du fait de la méfiance des artisans vis-à-vis du caractère contractualisé du partenariat et de leur crainte de captation de savoir-faire par un associé-concurrent.

➤ Pour aller plus loin : Marion Polge, «Les stratégies entrepreneuriales de développement. Le cas de l'entreprise artisanale», *Revue Française de Gestion*, 2008, n° 185, pp. 125-140.

Entreprise de taille intermédiaire (ETI) et expansion

Les ETI sont des entreprises indépendantes dont l'effectif est compris entre deux cent cinquante et cinq mille salariés, le chiffre d'affaires inférieur à 1,5 milliard d'euros et le total de bilan inférieur à 2 milliards d'euros. Du fait de leur taille, justement qualifiée d'intermédiaire, elles sont fréquemment leaders de segments de marché qu'elles sont parvenues à exploiter, et parfois à créer. Leur bonne maîtrise des facteurs clés de succès de marchés restreints (savoir-faire, technologie, relations avec les clients, etc.) leur permet de se développer *via* des stratégies d'expansion. Après avoir mené des stratégies de spécialisation, l'atteinte d'une taille plus importante passe par la réalisation d'extension de gamme ou d'expansion de marché, allant la plupart du temps jusqu'à l'internationalisation. Ainsi, la taille intermédiaire de l'ETI est atteinte par des opérations successives d'expansion, qu'elles soient de marché ou de gamme.

L'entreprise stéphanoise Thuasne s'est développée sur la base de la maîtrise des techniques du textile élastique étroit, technologie qu'elle a su appliquer à des clientèles variées (médical, sport et esthétique), sur divers marchés géographiques (France, Europe, Japon et États-Unis). Implantée depuis 1847 dans la région stéphanoise, l'entreprise familiale Thuasne (120 millions d'euros de chiffre d'affaires pour un effectif de mille deux cents salariés), dirigée par l'arrière-petite-fille du fondateur, a acquis la maîtrise des techniques du textile élastique étroit. Plusieurs tournants stratégiques ont marqué l'histoire de l'entreprise. Le premier virage a été pris dans les années 1930, lorsque l'entreprise a délaissé la fabrique de rubans pour jarretières et bretelles. Le directeur industriel de l'époque pensait en effet que la concurrence des pays à faible coût de production devait

amener l'entreprise à appliquer son savoir-faire dans les textiles élastiques étroits à des produits à plus forte valeur ajoutée. Puis un tournant stratégique majeur a été pris dès 1950 lorsque l'entreprise s'est transformée en industrie de produits finis techniques médicaux à forte valeur ajoutée : les produits de la contention élastique. Thuasne a alors mis sur le marché des bandes de compression médicales, puis les premières ceintures médicales. Plusieurs gammes complètes d'orthèses médicales (chevillères, genouillères, poignets, etc.) ont alors été développées avec le concours des spécialistes de l'orthopédie. Les premières orthèses de protection sportive ont vu le jour en 1968. Le marché du sport et de la reprise d'activités s'est véritablement développé dans les années 1980. S'y sont ajoutées les gammes pour la compression veineuse. Thuasne, qui a toujours privilégié la qualité de fabrication et la collaboration avec les prescripteurs, est aujourd'hui leader sur le marché du textile à usage médical et sportif.

À partir de sa position de leader français, Thuasne a entrepris des développements internationaux à partir de 1990 pour parvenir en quinze ans à une implantation systématique dans toute l'Europe. L'internationalisation de l'entreprise a représenté alors un troisième tournant majeur pour le groupe. L'entreprise s'est implantée aux États-Unis à partir de 2001. Thuasne réalise aujourd'hui 40 % de son chiffre d'affaires à l'étranger. À partir de sa maîtrise technologique des textiles élastiques médicaux, Thuasne s'est récemment développée sur les marchés de la thérapie esthétique : prothèses mammaires et vêtements de compression postopératoire en chirurgie esthétique. Enfin, à partir de 1997, bien implantée auprès des prescripteurs médicaux, Thuasne a développé une gamme de produits d'assistance à domicile. Le développement du marché du maintien à domicile ne constitue pas un développement sur la base de sa maîtrise technologique, mais sur les clientèles habituelles du groupe. Les produits vendus sont des lits, des matériels de transfert et de déplacement (chariots, brancards, déambulateurs, etc.) et d'aide à la vie quotidienne à domicile. Afin d'accélérer son développement sur ce marché en forte croissance et très solvable, Thuasne a racheté en 2000 un groupe néerlandais spécialisé dans les produits de maintien à domicile.

▬ Pour aller plus loin : www.thuasne.com

Taille du marché et expansion

Les stratégies d'expansion semblent naturelles sur les grands marchés. En 2010, les chercheurs Bang et Joshi ont identifié sur les marchés indiens et chinois les composantes principales pour réussir une stratégie d'expansion. La progression d'un produit ou d'un service sur des marchés de très grande taille prend un temps important et représente des investissements énormes. Aussi, afin d'assurer ce développement, l'entreprise ne peut se contenter d'un coup d'éclat et d'un lancement fracassant. C'est sur

la durée qu'elle réussira à asseoir sa présence. Sur ce type de marché, l'un des facteurs de succès essentiels consiste à rendre le produit disponible durablement pour le consommateur. Ainsi, c'est la régularité qui semble être le facteur clé de succès central des stratégies d'expansion sur les grands marchés. Dans le cadre de développements de marché (expansion mission), les nouveaux types de clientèle ne s'approprient que progressivement le produit ; dans le cadre d'extensions de gamme (expansion marché), les produits complémentaires à la gamme d'origine n'entrent que progressivement en usage.

▬ Pour aller plus loin : Bang, V., Joshi, S., «Market expansion strategy performance relationship», *Journal of International Marketing Strategy*, 2010, vol. 18, n° 1, pp. 57-75.

Croissance du marché et expansion

Sur les marchés à forte croissance, la rapidité d'expansion est cruciale afin de profiter de l'arrivée de nouveaux clients et de suivre, voire de susciter, l'évolution des besoins, au fur et à mesure que la base de clientèle apprend elle-même sur les nouveaux usages du produit ou du service. Sur des marchés aussi variés que la téléphonie mobile, le «tuning» automobile ou l'hébergement collectif pour personnes âgées, les entreprises ont conçu les produits et les services en accompagnant les attentes des consommateurs. Elles étendent simultanément leurs activités dans les deux directions des stratégies d'expansion : extension de gamme (nouveaux produits) et développement de marché (nouvelles clientèles).

L e groupe Medica, spécialiste de l'hébergement pour personnes dépendantes, affiche depuis dix ans une croissance annuelle moyenne de 24 %. Pourtant, la demande d'équipements reste supérieure à l'offre. Un des leviers de cette croissance est le vieillissement de la population qui conduit une demande en hébergement et en soins pour les personnes âgées en progression continue. En 2010, 1,5 million de Français avaient plus de quatre-vingt-cinq ans, population qui passera à 2,1 millions en 2020, et à 4,2 millions en 2050. Medica rachète et crée de nouveaux établissements pour asseoir son expansion géographique en France (expansion mission) et développe ses prestations sur la base de l'analyse de la diversité de la prise en charge de la dépendance en France (expansion métier). Ce marché compte trois secteurs : le secteur EHPAD (Établissements d'Hébergement pour Personnes Âgées Dépendantes) — secteur d'origine couvrant 70 % du chiffre d'affaires de Medica —, le secteur sanitaire, traitant la prise en charge des personnes en état de dépendance temporaire (représentant pour Medica une expansion mission couvrant aujourd'hui 30 % du chiffre d'affaires), enfin le secteur des soins à domicile sur lequel Medica n'est pas présent. Medica a ouvert ou repris environ quarante établissements depuis 2006, portant l'ensemble à cent soixante-quatre établissements gérés. Les savoir-faire développés dans les EHPAD s'appliquent en grande partie aux établissements du secteur sanitaire (gestion immobilière, soins médicaux, procédures de prise en charge, etc.).

➤ Pour aller plus loin :
www.groupemedica.com

Les modes de réalisation des stratégies d'expansion

Les stratégies d'expansion peuvent être réalisées suivant trois modes de croissance : la croissance interne (ou organique) consistant à combiner soi-même les facteurs de production, la croissance externe (ou fusions et acquisitions, voir le chapitre 5), la croissance conjointe (sous forme d'alliances, voir le chapitre 6).

L'expansion par croissance organique

P icard, le leader français des surgelés est en constante croissance par développement de marché et extension de gamme. En France, le succès de Picard lui permet de prévoir l'ouverture de trois cents nouveaux magasins d'ici dix ans, en s'implantant dans des villes dites secondaires. Picard compte à la fois dynamiser ses ventes en adoptant une attitude plus ciblée sur les spécialités locales (horaires d'ouverture, adaptation des plats, etc.) et développer la livraison à domicile et la vente sur Internet (expansion mission). La proximité du client lui permet d'être plus efficace que les réseaux de grande distribution. L'expansion métier passe par la création permanente de nouvelles gammes de produits. Dernièrement est apparue une gamme de compléments alimentaires aux extraits actifs de plantes et de fruits sans conservateur ni colorant. La présentation est également nouvelle : sous forme de glaçons dans un berlingot à diluer dans un verre d'eau.

— Pour aller plus loin : www.picard.fr

Weight Watchers propose des gammes de plats cuisinés allégés en matières grasses destinées aux personnes (essentiellement une clientèle féminine) en surpoids, et propose aussi des animations de réunion à ses clientes. À l'heure de la « malbouffe » (*junkfood*), les produits Weight Watchers gagnent du terrain en grandes et moyennes surfaces grâce à leurs prix, leur packaging, leur qualité. Les concurrents sont Gerblé, Natur House, Gayelord Hauser, et des marques de distributeurs, telles que « Ligne » de Leclerc. Weight Watchers a lancé à l'automne 2010 une déclinaison de ses plats cuisinés en conserves. L'entreprise touche ainsi une clientèle plus large, menant conjointement une opération d'expansion en rayon frais, surgelés et conserves (produits pour un même usage), et une opération de lancement de nouveaux produits (nouvelles recettes sucrées et salées).

— Pour aller plus loin : « Weight Watchers se lance dans la conserve », *Les Échos*, 15-16 octobre 2010.

L'entreprise Under Armour, spécialisée dans le sportswear haut de gamme, a été créée en 1996. Grâce à sa stratégie de développement de produits et d'expansion de marché, assise sur une solide politique marketing et de sponsoring, Under Armour a multiplié son chiffre d'affaires par trois entre 2005 et 2009, passant de 281 à 856 millions de dollars. Elle est aujourd'hui numéro deux aux États-Unis avec 10,8 % du marché fin 2009 et est exposée à une forte concurrence de la part de Nike, Adidas et Reebok. Si sa clientèle principale est plutôt haut de gamme, elle vend également aux équipes et écoles de sport. La fidélité de sa clientèle lui permet de gagner des parts de marché, notamment aux dépens du leader Nike.

En 2006, l'entreprise a choisi de développer ses activités dans l'équipement de football américain et la chaussure de sport. En lançant de nouveaux produits, elle a étendu sa gamme fondée sur la volonté de concilier élitisme et grand public, en offrant des produits destinés à des activités individuelles, alors que l'entreprise était positionnée sur les sports collectifs (expansion métier, car de nouveaux produits ont été alors proposés, expansion mission, car de nouvelles clientèles ont été trouvées). Aujourd'hui, les produits Under Armour sont classés par sports (course à pied, football, etc.), mais aussi par lignes de vêtements ou accessoires aux caractéristiques communes : techniques, sportives ou tout simplement purement marketing. Dans la ligne « UA Green », les tissus sont réalisés à partir de matériaux recyclés. La ligne «ColdGear» est dédiée aux sports de neige, tandis que la ligne «HeatGear» est composée de vêtements légers (t-shirts, shorts, etc.) pour la pratique du sport par temps chaud ou en salle. Under Armour dispose également d'un catalogue militaire (Tactical), destiné aux membres des forces armées ou de police, comprenant des t-shirts, polos, gants, chemises ou vestes répondant aux normes de ce secteur tout en conservant les caractéristiques des produits sportifs de la marque (expansion mission).

➤ Pour aller plus loin :
www.underarmour.com

L'expansion par fusions et acquisitions

En février 2010, le géant américain de l'agroalimentaire Kraft Foods a racheté le Britannique Cadbury, spécialisé dans les chocolats et la confiserie, lui permettant d'étendre ses gammes de produits. Cette acquisition marque la poursuite des opérations de croissance externe du groupe : Kraft a déjà racheté la totalité de la branche biscuits de Danone (dont la marque Lu). Kraft Foods réalise un chiffre d'affaires de 50 milliards de dollars avec les marques de biscuits Nabisco et Lu, les chocolats Milka et Cadbury, les cafés Jacobs et Maxwell, etc. Après ces opérations, Kraft est devenu le n° 2 mondial de l'alimentation.

➤ Pour aller plus loin :
www.kraftfoodscompany.com

L'expansion par croissance conjointe

Les stratégies d'expansion internationale sont souvent réalisées *via* des opérations de croissance conjointe, comme dans le cas de la création d'une entreprise commune ou d'un accord avec un partenaire local. La création d'alliances peut également permettre d'expérimenter de nouvelles missions ou des services associés aux activités actuelles de l'entreprise.

En mars 2011, Sol Meliá, le leader espagnol de l'hôtellerie, et Jin Jiang International Hotel Company, le deuxième groupe d'agence de voyages de Chine, ont signé un accord d'alliance stratégique en matière de marketing, de ventes, d'opérations et de développement qui devrait permettre aux deux chaînes de développer leur marque de manière réciproque sur leurs marchés respectifs. L'accord est basé à long terme sur une coopération pour la commercialisation, les systèmes de réservation et les programmes de fidélisation. En termes concrets, l'échange s'effectuera entre six hôtels chinois, d'une part, et six établissements espagnols, d'une autre. Des équipes mixtes seront formées pour assurer l'adaptation culturelle. Sol Meliá a commencé son expansion internationale à Bali en 1985 et a profité depuis de l'essor du tourisme européen en Asie. Depuis 2010 et l'inauguration d'un hôtel de la chaîne à Shanghai, Sol Meliá a mis en place un plan d'expansion en Chine et souhaite par la même occasion stimuler le tourisme chinois vers ses hôtels en Espagne et en Europe. Cette alliance stratégique internationale est une alliance d'expansion mission.

— Pour aller plus loin : www.solmelia.com ou www.jinjianghotels.com

Treize enseignes de distribution françaises (dont Auchan, Boulanger, Castorama, Décathlon, Leroy Merlin, Okaïdi, Pimkie, Norauto et Jules), avec l'appui du pôle de compétitivité des industries du commerce (Picom), ont créé un consortium pour mener une première expérience de « commerce ubiquitaire », pour l'instant limitée au sein du centre commercial d'Englos, dans la métropole lilloise. « ZeGroom – Mon assistant personnel » est une application gratuite fonctionnant sur iPhone et Android, qui permet au consommateur de découvrir les enseignes, de les géolocaliser, de recevoir des offres personnalisées après avoir indiqué ses centres d'intérêt, d'y déma-

térialiser ses cartes de fidélité, voire de retrouver sa voiture sur le parking. En facilitant les courses du consommateur, les enseignes cherchent à générer du trafic commercial, à le fluidifier, et à fidéliser les clients. Les évolutions de ZeGroom devraient proposer le paiement *via* le mobile (grâce à la technologie sans contact NFC) et le téléchargement de coupons. Si l'expérience réussit, les distributeurs engagés dans le projet souhaitent le déployer sur l'ensemble des zones commerciales, puis l'adapter aux commerces de centre-ville. Cette opération conjointe vise plutôt une expansion mission, car elle permettra aux différentes enseignes d'élargir leur clientèle en renforçant leur pénétration auprès de la clientèle pionnière en équipements mobiles.

— Pour aller plus loin : www.zegroom.fr ou www.picom.fr

Ce qu'il faut retenir

Les stratégies d'expansion passent par la valorisation des produits et services actuels sur un nouveau marché géographique ou un nouveau type de clientèle (expansion de marché, dite également expansion mission), et par l'adjonction de produits nouveaux, proches des produits existants, que l'on va servir à la clientèle existante (extension de gamme, dite également expansion métier). Toutes ces opérations sont des opérations d'expansion dite horizontale. L'expansion permet à l'entreprise de trouver des relais à la croissance. L'entreprise peut également combiner l'expansion mission et l'expansion métier par alternance. Les ressorts de la performance sont fonction des différentes stratégies d'expansion. Croissance et rentabilité sont assurées par l'activation de leviers : la recherche de la taille critique et la constitution de grappes technologiques, sur la base d'économies de champ et de réplication. Les stratégies d'extension de gamme et d'expansion de marché sont déclinables dans de nombreux contextes : marchés en forte croissance, marchés de petite ou de grande taille. Loin d'être réservées aux groupes de grande taille, ces stratégies sont également menées par les artisans et les TPE, souvent en partenariat. Les PME et les entreprises de taille intermédiaire pratiquent également l'expansion, en alternant expansion métier et expansion mission pour croître par sauts successifs. Les modalités de réalisation des choix d'expansion sont multiples : la croissance interne, la croissance externe ou la croissance conjointe peuvent toutes trois permettre de mener des stratégies d'expansion.

Tester ses connaissances

1 Laquelle de ces affirmations vous paraît erronée ?

a) L'objectif de l'expansion est de diversifier les activités de l'entreprise.

b) L'objectif de l'expansion est d'accéder à de nouveaux marchés.

c) L'objectif de l'expansion est de lancer de nouveaux produits.

d) L'objectif de l'expansion est d'utiliser ses compétences pour croître.

2 Laquelle de ces affirmations vous paraît la plus pertinente ?

a) La pénétration de nouveaux marchés se définit comme une stratégie de diversification.

b) L'extension de gamme est assise sur les économies de champ.

c) Le développement de marché amène l'entreprise à intégrer la production de ses fournisseurs.

3 L'arrivée des produits actuels d'une entreprise auprès d'un nouveau type de clientèle se définit comme :

a) Une diversification conglomérale.

b) Un développement de marché.

c) Ni l'un ni l'autre.

4 Les intérêts de l'accès à la taille critique sont :

a) De modifier en faveur de l'entreprise les conditions de négociation avec les fournisseurs.

b) De réduire le risque d'arrivée d'un nouvel entrant sur le marché.

c) De réduire sa part de marché afin de ne pas subir les attaques des entreprises concurrentes.

5 Listez les moteurs des stratégies d'expansion.

6 Définissez le concept d'économie de champ.

7 Décrivez les stratégies d'expansion menées par les ETI.

Réponses p. 307.

Tester sa compréhension

1 Laquelle de ces affirmations vous paraît la moins pertinente ?

a) Mener une stratégie d'expansion consiste à viser de nouvelles clientèles.

b) Mener une stratégie d'expansion consiste à concevoir de nouveaux services.

c) Mener une stratégie d'expansion consiste à viser de nouvelles clientèles en concevant de nouveaux services.

d) Mener une stratégie d'expansion consiste à racheter l'un de ses fournisseurs.

2 Laquelle de ces affirmations vous paraît la plus pertinente ?

a) Les barrières à l'entrée dans un secteur peuvent être contournées grâce à la taille critique.

b) Les économies d'envergure sont l'équivalent des économies d'échelle.

c) Les grappes technologiques ne concernent que les activités de high-tech.

d) Aucune des affirmations précédentes n'est juste.

3 La taille critique permet :

a) De renforcer son pouvoir de négociation vis-à-vis de ses fournisseurs.

b) D'amortir des coûts de R&D sur une plus grande diffusion des produits.

c) De contrer la jurisprudence sur la concentration d'entreprises en remportant les procès.

d) De mieux valoriser son positionnement en linéaire de grande distribution.

4 Pour chacune des affirmations suivantes, répondez par vrai ou faux. Justifiez vos réponses.

a) La recherche de la taille critique n'est possible que pour les grands groupes.

b) La création d'une filiale à l'étranger relève d'une stratégie de développement de marché.

c) Lorsque l'entreprise mène une stratégie d'extension de gamme, l'investissement est minime.

d) Du fait de sa petite taille, l'entreprise artisanale ne peut pas mener de stratégie de développement de marché, ni d'extension de gamme.

5 Explicitez et discutez la notion de métier dans le contexte de stratégies d'expansion.

6 Listez et discutez les intérêts de se développer par une stratégie de développement de marché. Appliquez ces intérêts à un exemple concret.

7 Identifiez les risques des stratégies d'expansion.

Réponses p. 307.

Croissance et diversification

Définition et contexte d'application

La diversification se définit comme une manœuvre de croissance de la firme visant à s'engager sur une activité (ou un secteur d'activité) sur laquelle elle n'est pas encore implantée. Elle consiste pour l'entreprise à ajouter un nouveau métier à son ou ses métiers de base et conduit celle-ci à travailler sur la maîtrise de nouveaux facteurs clés de succès. Cet axe de croissance s'inscrit ainsi comme une voie de développement alternative aux manœuvres de spécialisation ou d'expansion (voir le chapitre 1), mais il apparaît à la fois plus radical et plus risqué. En effet, si les formes de la diversification sont multiples (diversification verticale vers l'amont ou l'aval du système de valeur ou diversification horizontale vers des activités concurrentes, complémentaires ou sans aucun lien) tout comme les motivations qui sont à l'origine de ce choix stratégique (exploitation de compétences existantes dans un nouveau secteur, répartition des risques, etc.), il faut souligner les liens ambigus qui rattachent cette manœuvre à la performance économique de l'entreprise et les facteurs de contingence qui influent sur cette relation ; c'est d'ailleurs cette ambiguïté qui pousse les entreprises à remettre en cause les stratégies de diversification au travers du mouvement de recentrage entamé dans les années 1980 et qui se poursuit encore aujourd'hui. C'est pourquoi la décision de se diversifier doit être mûrement réfléchie par l'entreprise qui a tout intérêt à mettre en place une démarche rationnelle d'analyse multicritères de ses projets de diversification.

Ce qu'il faut savoir

La diversification s'apparente à une extension du périmètre d'activité de l'entreprise à de nouveaux segments stratégiques (ou Domaines d'Activités Stratégiques, dits DAS) afin de satisfaire son objectif de croissance. Elle consiste ainsi à développer des activités correspondant à la fois à de nouvelles offres (c'est-à-dire impliquant de nouveaux métiers, de nouveaux produits et/ou de nouvelles technologies) et à de nouvelles demandes (c'est-à-dire visant de nouvelles attentes, de nouveaux clients et/ou de nouvelles fonctions). De ce fait, la diversification va nécessiter la maîtrise de nouveaux facteurs clés de succès correspondant aux domaines d'activités stratégiques sur lesquels l'entreprise souhaite se développer.

➤ Pour aller plus loin et sur les notions de segments stratégiques et de facteur clé de succès on pourra consulter le chapitre 1 de l'ouvrage *Les 7 points clés du diagnostic stratégique avec la méthode des cas, op. cit.*

La diversification s'apparente ainsi à la trajectoire la plus radicale de la matrice de croissance développée par Ansoff (voir la figure 1). En effet, si les manœuvres de spécialisation et d'expansion prennent appui sur tout ou partie d'un domaine d'activité existant (voir le chapitre 1), la diversification induit l'entrée dans un segment stratégique (ou secteur d'activité) radicalement nouveau.

Leader français du prêt-à-porter pour enfant, Ïdgroup est né en 2005 du regroupement des marques Okaïdi (lancée en 2000 et visant les 0-14 ans) et Obaïdi (lancée en 2002 pour les 0-5 ans), ainsi que du rachat en 2005 de Jacadi (centrée sur les 0-12 ans) et de Véronique Delachaux (prêt-à-porter pour femmes enceintes) à Marcel Frydman (ancien fondateur et propriétaire de Marionnaud). Aujourd'hui, le groupe réalise plus de 420 millions d'euros de chiffre d'affaires avec près de 900 boutiques implantées dans cinquante-cinq pays. Fort de son succès dans le prêt-à-porter, Ïdgroup a décidé en 2008 de se diversifier dans

Figure 1 : Matrice de croissance (d'après Ansoff, 1965)

	Offres actuelles	Nouvelles offres
Demandes actuelles	Spécialisation	Expansion métier
Nouvelles demandes	Expansion mission	Diversification

un autre secteur d'activité : celui des jouets ludo-éducatifs avec le rachat d'une petite entreprise de jouets (Oxybul). Cette volonté s'est poursuivie et renforcée en 2010 sous la forme de négociations avec la Fnac (filiale du groupe Pinault Printemps La Redoute) pour le rachat des quarante et une boutiques de Fnac Éveil & Jeux et du site de vente en ligne qui leur est attaché, témoignant de la volonté claire et affirmée des dirigeants d'Îdgroup de se lancer dans ce nouveau secteur d'activité.

➤ Pour aller plus loin : www.idgroup.com

Cependant, la diversification peut renvoyer à des réalités très différentes en termes de nature, de structure, d'avantages recherchés ou de niveaux de performance.

Nature et structure de la diversification

Si la diversification s'apparente pour l'entreprise à un changement de DAS, celui-ci peut s'opérer dans deux directions, soit verticalement, soit horizontalement. La diversification verticale renvoie au développement d'une nouvelle activité en amont du système de valeur dans le secteur de ses fournisseurs (diversification verticale amont) ou dans le secteur de ses clients en aval du système de valeur (diversification verticale aval). La diversification verticale correspond ainsi à une manœuvre d'intégration.

En avril 2010, Microsoft a annoncé le lancement de deux modèles de smartphones à sa marque : les « kin ». La stratégie du groupe est claire : s'appuyer sur ses nombreuses offres de logiciels destinés aux terminaux mobiles (son système d'exploitation Windows Phone 7, sa discothèque numérique, son portail MSN, son moteur de recherche Bing, etc.) pour s'intégrer verticalement vers l'aval et profiter de la croissance permanente du marché de la téléphonie mobile. Cependant, en juillet 2010, devant un succès très mitigé aux États-Unis et les nombreuses critiques émises sur ses produits en termes de fonctionnalité et de facilité d'utilisation, Microsoft a décidé de se retirer de cette activité et de se concentrer finalement sur son système d'exploitation mobile Windows Phone 7.

Dans le secteur de la sidérurgie, le groupe Arcelor Mittal est l'un des rares acteurs à s'être intégré verticalement dans l'exploitation de minerai de fer et de charbon à coke de manière significative (il assure ainsi en interne plus des deux tiers de ses approvisionnements). Cette diversification verticale amont lui permet de réduire sa dépendance vis-à-vis de ses fournisseurs critiques dans un contexte où la tension sur le marché des matières premières conduit à une augmentation notable des prix.

➤ Pour aller plus loin : www.microsoft.com et www.arcelormittal.com

À l'inverse, la diversification horizontale renvoie à un développement de l'entreprise vers de nouveaux DAS sans que celle-ci soit fournisseur ou client de ces secteurs.

Le groupe Armor, installé à Nantes, produit des consommables d'impression et propose une très large gamme de cartouches d'imprimantes ou de fax (laser, jet d'encre, transfert thermique, etc.) couvrant plus de 95 % du parc d'imprimantes français. En juin 2010, cette PME a annoncé sa volonté de se diversifier dans la fabrication de cellules photovoltaïques organiques à l'horizon 2014. Pour cela, le groupe s'appuie sur un programme d'investissement de 50 millions d'euros réparti sur quatre ans, ainsi que sur des partenariats multiples avec des organismes privés et publics : OSEO pour le financement, l'Institut national de l'énergie solaire et le laboratoire de chimie des polymères organiques de l'université de Bordeaux pour la recherche et développement, les entreprises Plasto ou Amcor pour les aspects d'industrialisation. Fondées sur une nouvelle technologie, les cellules photovoltaïques organiques (films solaires réalisés à partir de la chimie du carbone) présentent l'avantage de ne pas nécessiter de silicium ou de métaux lourds plus coûteux.

Pour aller plus loin : www.armor-group.com

Si l'entreprise peut se développer vers des activités très éloignées de son métier et sans aucun rapport avec son activité de base, il est cependant plus fréquent qu'elle s'oriente vers des activités dans le cadre desquelles elle va tenter d'exploiter des compétences ou des savoir-faire déjà existants au sein de l'organisation. L'entreprise va alors chercher à mobiliser des effets de synergie[5]. Dans ce cas précis, la synergie renvoie à la recherche d'effets de complémentarité entre l'activité principale et l'activité de diversification ; l'entreprise vise à obtenir une performance combinée supérieure à la somme des performances issues de la gestion indépendante de ces deux activités.

Autrement dit, l'entreprise va utiliser certaines des compétences existantes pour les mobiliser dans le cadre de son activité de diversification.

Dans ce contexte, il est nécessaire de distinguer les diversifications dites « reliées » (ou « concentriques »), caractérisées par l'existence de compétences communes (ou « compétences pivots ») partagées par l'activité de base et l'activité de diversification au sein de leur chaîne de valeur respective, et les diversifications dites « non reliées » (ou conglomérales), caractérisées par l'absence de compétences communes au sein de leur chaîne de valeur respective.

---

5. Les effets de synergie renvoient traditionnellement à une situation où le regroupement de ressources, compétences ou actifs au sein de la même structure va permettre de générer un gain supérieur au gain cumulé qui serait issu de la gestion indépendante de ces ressources, compétences ou actifs.

→ Pour aller plus loin et sur la notion de chaîne de valeur on pourra consulter le chapitre 5 de l'ouvrage *Les 7 points clés du diagnostic stratégique avec la méthode des cas, op. cit.*

Ainsi, dans le cas de la diversification reliée, si l'on définit un DAS comme une combinaison unique de facteurs clés de succès, c'est en s'appuyant sur des « compétences pivots » (ayant de ce fait la maîtrise de certains des facteurs clés de succès) que l'entreprise qui se diversifie va pouvoir se développer dans une nouvelle activité. Dans ce contexte, les pivots peuvent être soit de nature technologique (maîtrise d'un procédé industriel commun entre l'activité de base et l'activité de diversification, par exemple), soit de nature commerciale (utilisation d'un même canal de distribution pour les produits de l'activité de base et pour les produits de l'activité de diversification, par exemple).

L'histoire de Zodiac est particulièrement révélatrice d'une trajectoire de croissance fondée sur la diversification reliée. Issue de la société UAF (Union Aéronautique de France), Zodiac est née en 1908 (Société de ballons dirigeables et d'aviation Zodiac) et construit des ballons dirigeables de tourisme. La crise qui a touché ce secteur d'activité dans les années 1930 (du fait du fort caractère de dangerosité des dirigeables et du développement de l'aviation) a poussé l'entreprise à se diversifier ; celle-ci s'est alors dirigée vers les bateaux pneumatiques (notamment destinés au marché militaire), puis dans les années 1950 vers les équipements de sau-

vetage pour la Marine (gilets de sauvetage par exemple). Ce pôle « marine » a été renforcé dans les années 1980 par les rachats successifs des activités de Bombard, Sevylor ou Hurricane et élargi au secteur de la piscine hors sol (d'abord souple gonflable, avec le rachat de Muskin en 1991, puis rigide). En parallèle et dans les années 1970, l'entreprise (dont la dénomination sociale est devenue « Zodiac » en 1965) a opéré une nouvelle diversification, cette fois dans le secteur de l'aéronautique, en devenant un équipementier de premier plan (fabrication de gilets de sauvetage, de radeaux de survie, de toboggans d'évacuation, de barrières d'arrêt d'urgence) par le biais du rachat d'Aerazur et d'EFA. La fin des années 1980 a marqué une nouvelle étape de cette diversification dans le secteur de l'aéronautique avec l'entrée (par le biais des rachats d'Air Cruisers, Sicma Aeroseats, Weber Aircraft, C&D Aerospace, etc.) dans le segment des systèmes et équipements pour avions : compacteurs de déchets, sièges, systèmes de ravitaillement en vol, systèmes de conditionnement d'air, respirateurs, etc. En 2007, le groupe s'est organisé en quatre pôles : pôle marine (bateaux, piscines, équipements de loisirs nautiques), pôle sécurité (systèmes de sécurité aéronautiques), pôle équipements (équipements intérieurs des avions et hélicoptères), pôle systèmes (systèmes et composants pour avions et hélicoptères). Fin 2007, le groupe a finalisé la vente du pôle marine au fonds d'investissement Carlyle (qui détient 69 % de l'entité « Zodiac Marine and Pool » ainsi créée). Le reste des activités a été regroupé dans une nouvelle organisation «Zodiac Aerospace» qui comprend désormais six activités : sécurité et technologie, systèmes aéronautiques, sièges, «galleys» (cuisine et containers), aménagement de cabines et services. Au cours de son développement et de ses diversifications successives, l'entreprise s'est systématiquement appuyée sur des compétences pivots (technologiques ou commerciales) pour lancer ses nouvelles activités : pivot technologique fondé sur ses compétences en matière de matériaux composites souples et de structures gonflables pour passer des ballons dirigeables aux canots pneumatiques puis aux piscines hors sol puis aux équipements de sécurité (gilets ou toboggans d'évacuation), pivot commercial fondé sur son accès privilégié aux clients de l'industrie aéronautique pour passer des équipements de sécurité aéronautiques (gilets, radeaux, réservoirs souples) aux systèmes (circulation de carburant, conditionnement d'air, systèmes hydrauliques, systèmes électriques), à l'aménagement des cabines ou aux sièges.

━━ Pour aller plus loin : www.zodiac.com et www.zodiacaerospace.com

À l'inverse des diversifications reliées, les diversifications «conglomérales» sont caractérisées par une absence totale de liens entre activité de base et activité de diversification.

Deux principaux indicateurs sont traditionnellement mobilisés pour évaluer la structure (c'est-à-dire le niveau et le type) de diversification d'une entreprise (Rumelt, 1974) : le ratio de spécialisation et le ratio de liaison. Le calcul de ces ratios s'effectue en classifiant les différents DAS de l'entreprise : en distinguant tout d'abord l'activité principale de l'entreprise (celle qui génère le chiffre d'affaires le plus important) et les activités secondaires, puis en séparant les activités reliées (c'est-à-dire les DAS qui partagent des synergies ou des complémentarités d'ordre commercial ou technologique) des activités non reliées (qui ne présentent pas de «points communs» ou de «parenté» au sein de leur chaîne de valeur). Le ratio de spécialisation (RS) donne une indication sur la diversité des activités présentes au sein de l'entreprise, il se calcule en divisant le chiffre d'affaires de l'activité principale par le chiffre d'affaires total.

Ainsi, pour le RS, le seuil de 0,7 permet de distinguer les entreprises spécialisées (RS > 0,7) des entreprises diversifiées (RS < 0,7). Dans le cas où l'entreprise est diversifiée, le ratio de liaison (RL) donne une indication sur la nature de la diversification au sein de l'entreprise. Il se calcule en divisant le chiffre d'affaires total réalisé par l'ensemble des activités reliées du portefeuille de l'entreprise par le chiffre d'affaires total.

Ainsi, pour le RL, ce seuil de 0,7 permet de distinguer les entreprises caractérisées par une diversification reliée (RL > 0,7) des entreprises caractérisées par une diversification non reliée (RL < 0,7). Cependant, si ces deux indicateurs permettent de préciser la structure de diversification de l'entreprise en distinguant le niveau (c'est-à-dire le degré) et le type (reliée/non reliée) de la diversification, certaines études ont montré qu'ils étaient fortement corrélés, c'est-à-dire que les entreprises qui présentent le degré de diversification le plus élevé seraient également celles qui présentent la plus forte diversité des activités (c'est-à-dire la diversification la moins reliée).

Autrement dit, une entreprise qui présente un RS faible sera généralement également caractérisée par un RL faible, et inversement.

Avantages recherchés et logiques stratégiques de la diversification

Les avantages recherchés par les entreprises qui prennent la décision de diversifier leur portefeuille d'activités sont multiples : réduction et répartition du risque (en diminuant sa dépendance par rapport à un secteur d'activité donné et à une conjoncture particulière), baisse des coûts (en exploitant les effets de synergie et les complémentarités de compétences existant entre les DAS du portefeuille), contrôles qualitatif et quantitatif des approvisionnements (dans le cas d'une diversification verticale amont), contrôle de la distribution (dans le cas d'une diversification verticale aval), accès au capital (si les entreprises mono-activité ont un accès le plus souvent limité aux sources externes de financement *via* le recours à la dette et à l'augmentation de capital, en revanche, les entreprises diversifiées peuvent, par le biais des subventions croisées, mobiliser les liquidités d'une de leurs activités pour satisfaire les besoins de financement d'une autre ; les

ressources obtenues le sont alors très souvent à moindre coût), avantage concurrentiel (la possibilité de subventions croisées entre les activités peut permettre de compenser, momentanément et à court terme, le sacrifice de la rentabilité sur une des activités, ce qui permet de mener une stratégie commerciale très agressive, d'éliminer la concurrence et d'accéder à une position dominante à moyen terme) ; en outre, la qualité et la complétude de l'information interne dont disposent les dirigeants sur les différentes activités leur permettent d'optimiser leurs choix d'allocation de ressources en les rendant plus efficaces et plus rentables.

→ Pour aller plus loin et sur la notion de portefeuille d'activités on pourra consulter le chapitre 7 de l'ouvrage *Les 7 points clés du diagnostic stratégique avec la méthode des cas*, op. cit.

Plus généralement, il est possible de proposer une typologie visant à décrire les logiques de diversification sous la forme d'une matrice croisant d'une part la cause à l'origine de la décision de diversification, et d'autre part le type d'avantage recherché par l'entreprise qui se diversifie (Calori et Harvatopoulos, 1988). Ainsi, en ce qui concerne la cause de la diversification, il est nécessaire de distinguer les logiques défensives (l'entreprise décide de se diversifier pour compenser une situation défavorable ou insatisfaisante dans son activité principale) des logiques offensives (l'entreprise décide de se diversifier pour saisir une opportunité et viser une amélioration de sa performance ou de sa situation) ;

en outre, il est également nécessaire de classifier les avantages poursuivis : soit l'entreprise cherche à exploiter des effets de complémentarité ou de synergie en se diversifiant dans une activité reliée, soit l'entreprise cherche simplement à optimiser le couple rentabilité/risque moyen à l'échelle de son portefeuille d'activités en y ajoutant une activité qui est plus rentable (à niveau de risque équivalent) ou moins risquée (à niveau de rentabilité équivalent). Le croisement de ces deux dimensions (voir la figure 2) conduit à identifier quatre catégories de logiques de diversification : l'extension, le déploiement, le relais et le redéploiement.

Dans la seconde partie des années 2000, Geox est devenue une entreprise florissante. Douze ans après sa création, à Trévise en Italie, l'entreprise a vendu plus de vingt-deux millions de paires de ses chaussures à « semelles respirantes » dans le monde et dispose de près de mille points de vente dans les soixante-huit pays où elle est installée. En France par exemple, l'entreprise connaît une croissance annuelle de plus de 50 %. Fort de ce succès, Geox a alors décidé de s'appuyer sur sa technologie brevetée pour se diversifier dans le vêtement et commercialiser dans ses boutiques des vestes, des parkas ou des blousons conçus à partir du même concept d'évacuation de l'humidité par des filtres implantés dans les vêtements. Cette stratégie de conquête offensive fondée sur une technologie maîtrisée relève d'une « diversification d'extension ».

En 2010, Aon, le leader mondial du courtage en assurances, a décidé de se lancer dans le conseil en ressources humaines et en « outsourcing » en rachetant Hewitt pour près de 4 milliards d'euros. Selon le directeur général d'Aon, cette stratégie procède de la volonté de l'entreprise de multiplier ses sources de revenus et de trouver de nouvelles sources de croissance

Figure 2 : Matrice des logiques de diversification (d'après Calori et Harvatopoulos, 1988)

| | | Avantages recherchés | |
		Exploitation des compétences existantes	Optimisation du couple rentabilité/risque
Causes de la diversification	Logique offensive	Extension	Déploiement
	Logique défensive	Relais	Redéploiement

au-delà du secteur du courtage. Cette stratégie clairement offensive vise à dynamiser la croissance du groupe et la création de valeur en élargissant le portefeuille de produits et de services à un tout nouveau secteur d'activité. C'est pourquoi cette manœuvre peut être qualifiée de « diversification de déploiement ».

À la fin des années 2000, STX Cabin, filiale des anciens « Chantiers de l'Atlantique » et spécialiste de l'aménagement des cabines de paquebot, a fait face à un ralentissement notable de son activité. Sa réaction défensive a consisté à se diversifier dans le recyclage et l'aménagement de conteneurs de vingt ou quarante pieds en valorisant ses ressources. L'entreprise s'est en effet appuyée sur ses compétences en matière d'architecture intérieure (bureau d'étude) ainsi que sur ses capacités et son savoir-faire industriel (lignes de production) pour transformer des conteneurs en studios de 13 ou 26 m² (découpage du conteneur pour former portes et fenêtres, isolation, aménagement intérieur). Ces éléments immobiliers modulaires pourront alors servir de logements saisonniers, de logements d'urgence ou de logements étudiants (une cité universitaire composée de ces logements a d'ailleurs été réalisée dans le port de Saint-Nazaire). Cette stratégie défensive fondée sur les compétences de l'entreprise peut ainsi être qualifiée de « diversification de relais ».

En 2009, Total a annoncé une prise de participation majoritaire dans une entreprise américaine spécialisée dans la fabrication de cellules photovoltaïques organiques : Konarka. Confrontée à des critiques toujours plus nombreuses portant sur l'impact écologique de l'industrie pétrolière et à la menace d'une raréfaction des ressources mondiales en matières premières, l'entreprise française a décidé d'investir dans cette nouvelle énergie prometteuse, susceptible de constituer un relais de croissance particulièrement rentable à moyen/long terme (les analystes évaluent à 5 % l'apport de l'énergie solaire à la consommation mondiale en 2040). C'est pourquoi cette manœuvre s'apparente à une « diversification de redéploiement ».

Cependant, malgré ces nombreux avantages traditionnellement associés aux manœuvres de diversification, il n'existe pas véritablement de consensus établi sur le lien entre diversification et performance de l'entreprise.

Diversification et performance : vers un recentrage des activités ?

Depuis la fin des années 1970, les chercheurs travaillent sur le lien existant entre diversification et performance, mais les débats se poursuivent pour déterminer dans quelles conditions et sous quelle forme la diversification peut contribuer à générer un avantage concurrentiel solide pour l'entreprise. Si plusieurs modèles concurrents s'affrontent, il semble cependant que, sur le long terme, la diversification soit positivement corrélée à la performance lorsque le niveau/degré de diversification varie entre « faible » et « moyen » et qu'elle est négativement corrélée à la performance lorsque le niveau/degré de diversification varie entre « moyen » et « fort ».

Autrement dit, les entreprises diversifiées de manière reliée présentent une performance supérieure aux entreprises focalisées (spécialisées sur un nombre très réduit d'activités principales) et aux entreprises diversifiées de manière conglomérale (non reliée).

L'étude de Palich, Cardinal et Miller (2000), qui s'appuie sur plus de quatre-vingts études antérieures réalisées entre 1970 et 2000, montre ainsi qu'il existe une relation en U inversé entre le niveau/degré de diversification et la performance (voir la figure 3). Les pratiques des entreprises semblent s'inscrire en cohérence avec ces résultats.

En effet, après une phase de diversification intensive tous azimuts dans les années 1960 et 1970, les entreprises ont entamé un mouvement de recentrage à partir des années 1980, poursuivi dans les années 1990 et 2000. Le recentrage se définit comme une manœuvre de rationalisation du portefeuille d'activités de la firme diversifiée qui prend la décision de se spécialiser sur un nombre plus réduit de DAS en abandonnant certaines de ses activités jugées trop éloignées de ses compétences centrales. Cette tendance au recentrage est issue de plusieurs facteurs principaux (Batsch, 2003). Elle est liée à la volonté de ne pas disperser les ressources de la firme dans des activités trop nombreuses ou trop différentes, mais au contraire de les focaliser sur un nombre limité de technologies ou de compétences associées à son activité principale ; ceci dans le but de développer une expertise permettant de construire un avantage concurrentiel et d'améliorer la rentabilité.

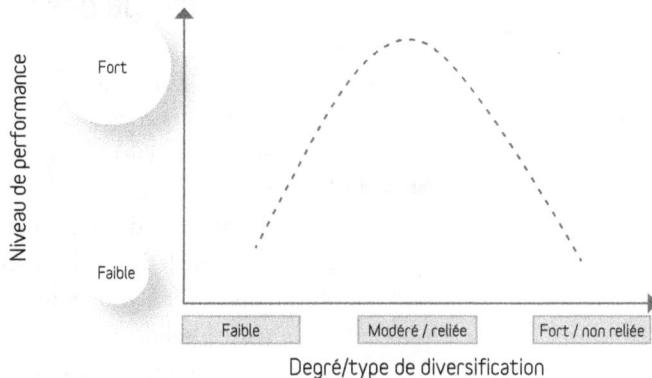

Figure 3 : Schématisation du lien diversification/performance

Autrement dit, les entreprises, pour poursuivre un objectif de domination économique dans les activités sur lesquelles elles sont installées, décident d'en réduire le nombre («faire moins, mais mieux»).

Ensuite, les entreprises ont pris conscience, avec la sophistication du marché financier, que le rôle du dirigeant n'est pas de réduire le risque sectoriel en diversifiant ses activités dans des secteurs à conjoncture non corrélée (ce que les gestionnaires de fonds peuvent faire de manière plus efficace et moins coûteuse), mais de limiter son propre risque (risque intrinsèque ou fondamental) en travaillant sur le développement de ses compétences.

Autrement dit, le rôle des dirigeants n'est pas de diversifier les risques à la place de l'investisseur, mais d'optimiser pour l'entreprise le couple rentabilité/risque en contrôlant son marché et son activité.

Enfin, le recentrage est issu de la difficulté à mettre en œuvre des mécanismes d'incitation de contrôle efficace dans des structures caractérisées par leur très grande taille et leur extrême diversité. Au final, si ce phénomène témoigne effectivement de la volonté des entreprises de réduire la diversité de leur activité et de poursuivre un objectif de cohérence stratégique au sein de leur portefeuille d'activités, il ne faut cependant pas confondre recentrage et stratégie de spécialisation (Batsch, 2003) ; en effet, selon la situa-

tion d'origine de l'entreprise, le recentrage n'est en aucun cas incompatible avec la mise en œuvre d'une stratégie de diversification reliée.

L'exemple de Danone est particulièrement révélateur de cette coexistence : alternance entre stratégies de recentrage et de diversification reliée. En effet, le groupe a pris, en 1997, la décision d'abandonner plusieurs activités jugées périphériques, pour se recentrer et mettre en œuvre une stratégie de focalisation sur trois activités principales : les produits laitiers frais, les boissons, les biscuits et produits céréaliers. Au cours des années qui ont suivi, le groupe a multiplié les cessions (verre creux, épicerie, confiserie, bières, etc.) pour concentrer ses ressources sur ces trois métiers principaux avec une seule ambition : atteindre le leadership mondial sur chacune des activités. Cette stratégie va se poursuivre en 2007, avec la cession du pôle « biscuit » à l'Américain Kraft Foods; cette seconde étape du recentrage s'explique d'une part par la prise de conscience de la difficulté à développer une position mondiale dominante sur ce segment et d'autre part par la volonté de rendre plus cohérente son image en focalisant ses efforts sur des produits à forte composante nutrition/santé. C'est d'ailleurs dans cette optique que le groupe a décidé la même année d'ajouter un nouveau troisième DAS à ses activités « boissons » et « produits laitiers » par le biais du rachat de NUMICO (qui constitue l'acquisition la plus importante jamais réalisée par le groupe), devenant ainsi l'un des leaders mondiaux de la nutrition infantile et de la nutrition médicale. Depuis, Danone n'a cessé de renforcer son activité «nutrition infantile et santé» (rachetant par exemple Medical Nutrition USA en 2010, spécialiste des compléments protéiniques et compléments destinés aux personnes alitées).

Le choix de la diversification : un outil d'aide à la décision

Au final, la diversification apparaît comme une manœuvre contestée à l'issue souvent incertaine du fait de sa dépendance au contexte. Dans une optique d'aide à la décision managériale, il est cependant possible de proposer une matrice multicritère d'évaluation des projets de diversification (Atamer et Calori, 2003). Celle-ci s'appuie sur

le croisement de deux dimensions (voir la figure 4) : le degré de cohérence entre les compétences de l'entreprise et les facteurs clés de succès de l'activité visée par la diversification d'une part et l'attractivité intrinsèque (c'est-à-dire la valeur) de l'activité visée. Chacune de ces deux dimensions devra être mesurée sur la base de plusieurs critères adaptés aux objectifs de l'entreprise et à sa logique de diversification.

Ainsi, pour évaluer l'axe d'attrait on pourra par exemple mobiliser des indicateurs de taux de croissance et/ou de rentabilité moyenne de l'activité, des indicateurs liés à la concurrence (nombre, taille et puissance des concurrents), mais aussi des indicateurs de complémentarité par rapport à la gamme de produits existante ou au risque technologique (degré de turbulence technologique, importance des normes, possibilité de protéger les innovations, etc.).

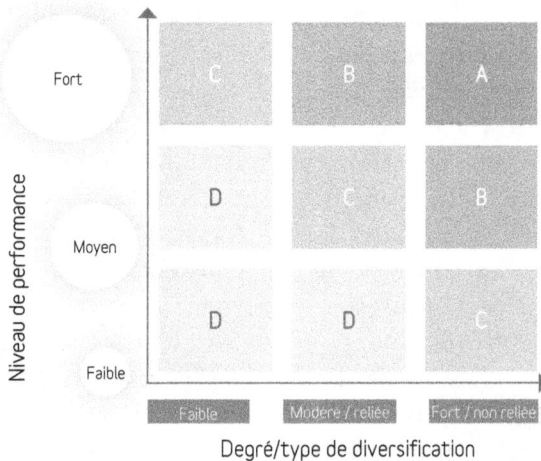

Figure 4 : Matrice d'évaluation des projets de diversification (Atamer et Calori, 2003)

Pour évaluer l'axe de cohérence, il est nécessaire d'évaluer l'adéquation entre les différents facteurs clés de succès de l'activité visée et le profil de compétence de l'entreprise. Cette procédure permet ainsi, au final, de faire émerger un « score » sur chacun des deux axes de la matrice (les critères mobilisés pouvant être pondérés le cas échéant).

La combinaison de ces deux axes permet de former une matrice à neuf cases, ramenées à quatre zones correspondant à différentes préconisations stratégiques.

Les projets figurant dans la zone A apparaissent comme des priorités à mettre en œuvre. Les projets de la zone B nécessitent un complément d'information et peuvent être envisagés s'il n'existe pas de projet alternatif en zone A. Si aucun des projets envisagés ne figure en zone A ou B, les projets de la zone C doivent déclencher également un complément d'information qui débouchera sur une élimination sélective ou totale. Enfin, les projets figurant en zone D doivent être éliminés.

Comme toujours, appliquées de manière trop mécanique ou automatique, ces prescriptions pourraient conduire à des erreurs de jugement. C'est pourquoi il peut parfois s'avérer nécessaire de nuancer les résultats de la matrice ; il est intéressant par exemple de fixer des scores minimums sur certains critères, contributifs de chaque axe, jugés essentiels ou critiques, seuils en deçà desquels le projet devra être éliminé.

Ce qu'il faut retenir

La diversification se définit comme une manœuvre de croissance de l'entreprise visant à ajouter une nouvelle activité aux activités déjà existantes. Cette décision induit de ce fait la mobilisation et la mise en œuvre de nouveaux savoir-faire, correspondant aux facteurs clés de succès de la nouvelle activité (ce qui en fait une stratégie radicale et risquée). La diversification peut s'opérer dans deux directions : soit verticalement, soit horizontalement ; la diversification verticale renvoie au développement d'une entreprise dans le secteur de ses fournisseurs (diversification verticale amont) ou dans le secteur de ses clients (diversification verticale aval). La diversification horizontale renvoie à un développement de l'entreprise vers de nouveaux DAS sans que celle-ci soit fournisseur ou client de ces secteurs. Cependant, l'entreprise qui se diversifie peut chercher à s'appuyer sur des compétences existantes communes à son activité de base et à son activité de diversification (appelées alors «compétences pivots») ; ces compétences peuvent être de nature technique, managériale ou commerciale. Les diversifications fondées sur une proximité de compétences entre l'activité de base et l'activité de diversification sont appelées «diversifications reliées» par opposition aux «diversifications non reliées». Dans ce contexte, les entreprises diversifiées de manière reliée semblent présenter une performance supérieure aux entreprises focalisées (spécialisées sur un nombre très réduit d'activités principales) et aux entreprises diversifiées de manière non reliée. Enfin, si les diversifications sont souvent associées à un risque élevé et à une performance incertaine, il existe néanmoins des méthodes d'aide à la décision permettant d'évaluer la pertinence d'un projet de diversification (matrice multicritère).

Tester ses connaissances

1 Laquelle de ces affirmations vous paraît la moins pertinente?

a) La diversification se définit comme une manœuvre de croissance de l'entreprise visant à s'engager sur un domaine d'activité stratégique dans lequel elle n'est pas encore présente.

b) La diversification se définit comme une stratégie visant à proposer une offre perçue comme « unique » par le client.

c) La diversification consiste pour l'entreprise à ajouter un nouveau métier à son ou ses métiers de base.

d) La diversification consiste à développer une activité correspondant à la fois à une nouvelle offre et à une nouvelle demande.

2 Laquelle de ces affirmations vous paraît la plus logique?

a) La diversification vers une nouvelle activité peut s'appuyer sur des compétences existant au préalable dans l'entreprise.

b) La diversification vers une nouvelle activité doit obligatoirement s'appuyer sur des compétences existant au préalable dans l'entreprise.

c) La diversification vers une nouvelle activité ne peut pas s'appuyer sur des compétences existant au préalable dans l'entreprise.

d) Aucune des affirmations précédentes n'est pertinente.

3 Laquelle de ces affirmations vous paraît la moins pertinente?

a) L'objectif de la diversification est de répartir les risques pour l'entreprise.

b) L'objectif de la diversification est de contrôler les approvisionnements de l'entreprise.

c) L'objectif de la diversification est de compenser la saisonnalité d'une activité.

d) L'objectif de la diversification est de développer l'expertise de l'entreprise en concentrant la totalité de ses ressources sur une seule activité.

4 Laquelle de ces affirmations vous paraît la plus pertinente?

a) Le ratio de liaison (RL) donne une indication sur le degré de diversification de l'entreprise (peu diversifiée/très diversifiée).

b) Le ratio de spécialisation (RS) donne une indication sur le type de diversification de l'entreprise (reliée/non reliée).

c) Le ratio de spécialisation (RS) donne une indication sur le degré de diversification de l'entreprise (peu diversifiée/très diversifiée).

d) Aucune des affirmations précédentes n'est pertinente.

5 Listez quatre avantages principaux traditionnellement associés à la diversification. Discutez leur applicabilité à la diversification reliée et à la diversification non reliée.

6 Explicitez la notion d'effets de synergie dans le contexte d'une stratégie de diversification.

7 Définissez le concept de diversification « conglomérale ».

Réponses p. 307.

Tester sa compréhension

1 Une entreprise présente un ratio de spécialisation (RS) égal à 0,3 et un ratio de liaison (RL) égal à 0,85. Nous pouvons donc en déduire que :
a) Il s'agit d'une entreprise peu diversifiée.
b) Il s'agit d'une entreprise diversifiée de manière reliée.
c) Il s'agit d'une entreprise diversifiée de manière non reliée.

2 Laquelle de ces affirmations vous paraît la plus pertinente ?
a) Le recentrage est compatible avec une stratégie de diversification reliée.
b) Le recentrage est compatible avec une stratégie de diversification non reliée.
c) Le recentrage désigne une manœuvre stratégique de l'entreprise qui décide de se spécialiser sur une cible clientèle étroite.
d) Le recentrage désigne une manœuvre stratégique de l'entreprise qui décide de se spécialiser sur un nombre plus important d'activités en développant des activités situées en périphérie de son métier de base.

3 Le groupe Cauval (literie Treca et Dunlo-pillo, cuisines Mondial Kit, meubles Steiner, etc.) a connu à la fin des années 2000 des difficultés importantes au sein de plusieurs de ses sociétés (problèmes de trésorerie, de surendettement, procédure de redressement judiciaire). En 2010, sa filiale Treca décide de lancer une ligne de mobilier contemporain haut de gamme « Treca Interiors ».
a) Cette diversification s'apparente plutôt à une diversification d'extension.
b) Cette diversification s'apparente plutôt à une diversification de déploiement.
c) Cette diversification s'apparente plutôt à une diversification relais.
d) Cette diversification s'apparente plutôt à une diversification de redéploiement.

4 Laquelle de ces affirmations vous paraît la plus logique ?
a) La performance de la diversification est corrélée au degré de diversité des activités concernées.
b) La performance de la diversification est inversement corrélée au degré de diversité des activités concernées.
c) Il est impossible de conclure à une relation linéaire entre diversification et performance.

5 McDonald's souhaite se diversifier dans la fabrication et la vente de pizzas. Proposez et appliquez une méthodologie détaillée permettant d'évaluer le bien-fondé de ce projet.

6 Listez et commentez les arguments plaidant en faveur du choix d'une diversification non reliée.

7 En 2008, Bic, entreprise bien connue pour ses stylos, ses briquets et ses rasoirs, a signé un accord avec l'opérateur Orange pour lancer un « Bic Phone ». Destiné aux consommateurs à la recherche d'une offre basique et bon marché, ce terminal bibande concentre ses fonctionnalités sur les appels et les SMS. Commercialisé en grandes surfaces, en bureaux de tabac et commerces de proximité à moins de 30 euros, il est prêt à l'emploi (carte SIM, batterie chargée et trente minutes de communication). Deux ans après le lancement du premier « Bic Phone », la diversification apparaît comme un succès. Proposez des éléments d'analyse permettant d'expliquer la réussite de cette manœuvre.

Réponses p. 307.

Croissance et internationalisation

Définition et contexte d'application

L'internationalisation, aussi appelée «expansion internationale», se définit comme une manœuvre de croissance de l'entreprise visant à se développer dans des pays ou dans des zones géographiques où elle n'est pas encore présente. L'internationalisation constitue une stratégie de croissance à part entière, au même titre que la spécialisation ou la diversification. Comme n'importe quelle stratégie de croissance, elle requiert un diagnostic de la position de l'entreprise. Ce diagnostic de la position internationale établit les zones géographiques couvertes d'un point de vue commercial et/ou industriel par l'entreprise. Ce diagnostic permet de savoir où en est l'entreprise et de la situer à l'intérieur d'un cycle d'internationalisation allant d'une position purement locale à celle d'une firme totalement mondialisée. À partir de ce diagnostic, il s'agit de déterminer comment l'entreprise va passer d'une position internationale à une autre à l'intérieur de ce cycle. Cette manœuvre renvoie à des questions importantes dont la réponse permet de définir une stratégie d'internationalisation : quels sont les pays à cibler ? Comment et quand s'implanter dans ces pays ? Faut-il adapter localement les produits ? Faut-il se développer dans un grand nombre de pays de manière à bénéficier rapidement d'économies d'échelle globales ? Quelle structure organisationnelle mettre en place pour contrôler et coordonner le portefeuille de pays et de zones géographiques de la firme ? Plusieurs réponses sont possibles pour une même question et dessinent les contours de différentes stratégies d'internationalisation : stratégie d'export, stratégie globale, stratégie multidomestique ou multinationale, et stratégie transnationale.

Ce qu'il faut savoir

L'internationalisation concerne les entreprises de toutes tailles, de la plus petite PME à la plus grande multinationale. Ces firmes ont en commun la volonté d'étendre géographiquement leur périmètre d'activité. Dans la matrice de croissance d'Ansoff (voir la figure 1), l'internationalisation est un cas spécifique d'expansion de marchés (ou expansion mission) où l'entreprise propose son offre actuelle (correspondant à un ensemble de métiers, de produits et/ou de technologies qui sont exploités actuellement par l'entreprise) à de nouvelles demandes (correspondant à de nouvelles attentes, de nouveaux clients et/ou de nouvelles fonctions d'usage). Ces nouvelles demandes s'inscrivent dans des zones géographiques particulières; c'est le point essentiel qui différencie l'internationalisation des autres manœuvres d'expansion de marchés (voir le chapitre 2). L'internationalisation est souvent la suite logique d'une manœuvre de spécialisation qui a été menée à son terme. C'est l'occasion pour l'entreprise de trouver de nouveaux débouchés et de bénéficier d'économies d'échelle additionnelles. C'est une manœuvre qui a l'avantage de relancer le cycle de vie de ses produits sans devoir prendre les risques élevés inhérents à une diversification (voir le chapitre 3).

Créée en 1973 à Pertuis dans le Vaucluse, la société Pellenc s'est spécialisée dans le matériel mécanique destiné à la viticulture. Ses premiers produits ont été les sécateurs, puis elle a élargi sa gamme de produits avec les pré-tailleuses, les palisseuses, les trieuses et les machines à vendanger. La société pertuisienne a connu un développement très rapide dans les régions viticoles du sud de la France. Ses produits sont de grande

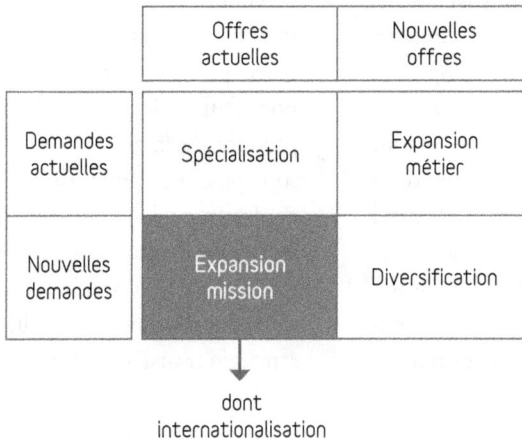

Figure 1 : Expansion internationale et matrice de croissance (d'après Ansoff, 1965)

	Offres actuelles	Nouvelles offres
Demandes actuelles	Spécialisation	Expansion métier
Nouvelles demandes	Expansion mission	Diversification

dont internationalisation

qualité et surtout très innovants. Elle les a ainsi fait évoluer en intégrant différentes sources d'énergie : hydraulique (1976), électrique (1987), électronique (2004), batterie ion-lithium (2004), batterie ultra-lithium (2007) et batterie lithium polymère (2010). La société gagne régulièrement des prix dans les salons de viticulture : par exemple, elle a remporté la médaille d'or Sitevi une année sur deux entre 1987 et aujourd'hui. Fort de son succès dans l'ensemble des régions viticoles françaises, Pellenc a décidé en 1991 de se développer dans un autre grand marché viticole, l'Espagne, avec la création de la filiale Pellenc Iberica. Avec l'implantation en 1997 de Pellenc en Italie, la société domine désormais les principaux marchés viticoles européens et devient de fait le leader mondial de ce secteur d'activité.

↪ Pour aller plus loin : www.pellenc.com

L'analyse de l'internationalisation d'une entreprise nécessite tout d'abord d'établir sa position internationale au sein du cycle d'internationalisation.

Diagnostic de la position internationale

Deux méthodes permettent de faire un diagnostic de la position internationale de l'entreprise : celle de Rugman et Verbeke (2004) et celle de Lasserre (2003). La méthode de Rugman et Verbeke classe les firmes en fonction de seuils de répartition des ventes dans différentes régions du monde. Celle de Lasserre propose une approche relative de classification des firmes en comparant le niveau de mondialisation de leurs ventes à celui de leur marché respectif.

La méthode de Rugman et Verbeke distingue quatre positions internationales. La première position, « firme de région d'origine », correspond à des entreprises qui réalisent plus de 50 % de leurs ventes dans leur région d'origine. Il s'agit souvent d'entreprises à périmètre d'activité local ou ayant une expansion internationale limitée aux pays proches. La deuxième position, « firme bi-régionale », correspond à des entreprises fortement actives dans deux régions du monde avec une répartition comprise entre 20 et 50 % de leurs ventes dans ces deux régions. La troisième position, « firme de région d'accueil », renvoie à des entreprises dont la part des ventes dans une région distincte de leur région d'origine dépasse 50 % des ventes totales. La dernière position, « firme globale », correspond à des entreprises très actives dans trois régions du monde. Celles-ci réalisent entre 20 et 50 % de leurs ventes dans chacune de ces trois régions.

La méthode de Lasserre vérifie si la répartition mondiale des ventes des entreprises d'un marché spécifique est identique ou pas à celle de la répartition mondiale des ventes au niveau de l'ensemble de ce marché. De la même manière que la méthode de Rugman et Verbeke, celle-ci distingue quatre positions internationales (voir la figure 2). La première position, « exportateur ou pas d'expansion internationale », correspond à des entreprises ayant un périmètre d'activité purement local ou élargi à quelques pays grâce à de simples opérations d'export. La deuxième position, «acteur régional», correspond à des entreprises qui se sont développées commercialement et industriellement dans plusieurs pays appartenant à une même région du monde (par exemple, l'Europe, l'Asie-Pacifique, ou encore l'Amérique du Nord). La troisième position, «acteur dominant régional», est très proche de la précédente. Elle renvoie à des entreprises qui ont réussi à établir une position concurrentielle dominante dans une région spécifique du monde. Cette position concurrentielle dominante se matérialise par une forte part de marché ou par la reconnaissance par les clients de cette région d'une forte différenciation (technologique et/ou marketing) des produits de ces acteurs dominants régionaux. La dernière position, «acteur mondial», correspond à des entreprises qui sont présentes dans les principales régions du monde. Ces acteurs mondiaux exercent une position concurrentielle dominante dans certaines de ces régions ou sur l'ensemble de celles-ci.

À cette typologie des positions internationales s'ajoute une procédure de calcul (proposée par Lasserre) d'un indice de mondialisation des ventes (*IMV*) permettant de situer précisément l'entreprise au sein du cycle d'internationalisation. Cet indice se calcule de la manière suivante pour une firme i :

$$IMV_i = \Sigma\, I_n[CumV_{in} + (CumV - V)_{in}]$$

Où I_n représente la répartition des ventes de l'industrie I dans chaque région n (toutes firmes confondues), V_{in} représente la répartition des ventes de l'entreprise i dans chaque région n et $CumV_{in}$ représente les ventes cumulées par ordre croissant de l'entreprise i pour l'ensemble des régions. Cette procédure de calcul donne un indice compris entre 0 et 100. La correspondance entre cet indice et le diagnostic de la position internationale

---

Figure 2 : Diagnostic de la position internationale (d'après Lasserre, 2003)

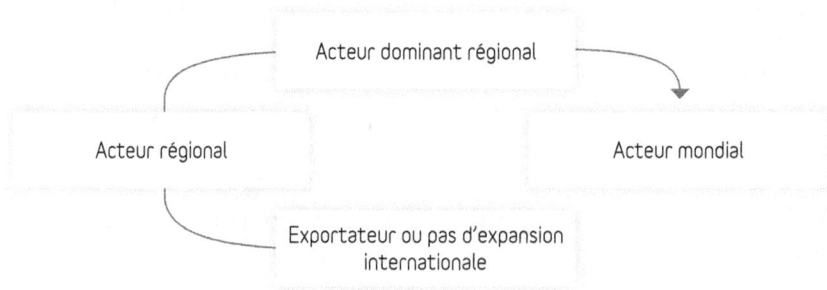

se fait de la manière suivante : la position d'« exportateur ou pas d'expansion internationale » correspond à un indice compris entre 0 et 25, celle d'« acteur régional » à un indice compris entre 25 et 50, celle d'« acteur dominant régional » à un indice compris entre 50 et 75 et celle d'« acteur mondial » à un indice compris entre 75 et 100.

Le marché mondial de la bijouterie de luxe en 2009 se répartit en quatre régions selon les informations produites par *Datamonitor* : l'Europe (incluant l'Europe centrale et de l'Est) avec 20,3 % des ventes totales, les Amériques (incluant l'Amérique latine) avec 34,8 %, le Japon avec 10,9 % et l'Asie-Pacifique (avec ses deux marchés principaux : la Chine et l'Inde) avec 34,9 %. Au sein de ce segment de l'industrie du luxe, deux acteurs occupent une position concurrentielle forte : la société américaine Tiffany et le groupe de luxe suisse Richemont. Créée en 1837 à New York par Charles Lewis Tiffany, la société éponyme est spécialisée dans la fabrication et la vente de produits de joaillerie haut de gamme (90 % du chiffre d'affaires de la société en 2009). Fortement implantée aux États-Unis, Tiffany s'est engagée au début des années 2000 dans une forte expansion internationale qui s'appuie aujourd'hui sur un réseau de deux cent vingt boutiques gérées en propre aux États-Unis et dans le reste du monde. Le groupe Richemont, lui, a un profil plus diversifié avec une présence dans les principaux métiers du luxe (joaillerie, mais également prêt-à-porter, maroquinerie, cosmétiques et parfumerie). La joaillerie reste néanmoins la principale activité du groupe avec des ventes qui représentent environ 50 % du chiffre d'affaires total. Cette activité s'appuie sur la marque phare du groupe : Cartier. La répartition géographique des ventes de Tiffany et de Richemont en 2009 est présentée dans le tableau suivant :

Régions	Tiffany	Richemont
Europe	10,6 %	40,7 %
Amérique	50,0 %	13,7 %
Japon	22,6 %	12,0 %
Asie-Pacifique	16,8 %	33,6 %

'application de la méthode de Rugman et Verbeke permet de conclure que Tiffany et Richemont peuvent être définies comme deux firmes bi-régionales. Le calcul de l'indice de mondialisation des ventes (méthode de Lasserre) pour ces deux entreprises se fait de la manière suivante :

Tiffany	Europe	Asie-Pacifique	Japon	Amérique
I_n	0,203	0,349	0,109	0,348
V_n	0,106	0,168	0,226	0,500
$CumV_n$	0,106	0,274	0,500	1,000
$(CumV-V)_n$	0,000	0,106	0,274	0,500
$CumV_n + (CumV-V)_n$	0,106	0,380	0,774	1,500
$I_n[CumV_n + (CumV-V)_n]$	2,1 %	13,2 %	8,4 %	52,2 %
IMV	75,9			

Richemont	Japon	Amérique	Asie-Pacifique	Europe
I_n	0,109	0,348	0,349	0,203
V_n	0,120	0,137	0,336	0,407
$CumV_n$	0,120	0,257	0,593	1,000
$(CumV-V)_n$	0,000	0,120	0,257	0,593
$CumV_n + (CumV-V)_n$	0,120	0,377	0,850	1,593
$I_n[CumV_n + (CumV-V)_n]$	1,3 %	13,1 %	29,6 %	32,3 %
IMV	76,3			

Les indices de mondialisation des ventes de Tiffany (75,9) et de Richemont (76,3) confirment les résultats de la méthode de Rugman et Verbeke. Plus précisément, ces indices montrent que les deux acteurs se trouvent dans une situation proche et intermédiaire dans le cycle d'internationalisation. Ils indiquent que Tiffany et Richemont passent d'une position d'acteur dominant régional à celle d'acteur mondial. Il est intéressant de noter également que les régions dans lesquelles ces entreprises exercent une position dominante sont distinctes : il s'agit des Amériques et de l'Asie pour Tiffany et de l'Europe et de l'Asie-Pacifique pour Richemont.

➝ Pour aller plus loin : www.tiffany.com et www.richemont.com

Après la définition de la position internationale au sein du cycle d'internationalisation, il s'agit de présenter les différentes options stratégiques qui s'offrent à l'entreprise pour assurer son expansion internationale.

Stratégie d'internationalisation

D'une manière générale, la stratégie d'internationalisation correspond à un ensemble de choix et d'actions visant à étendre le périmètre géographique des activités de l'entreprise. Une stratégie d'internationalisation se conçoit en apportant une réponse aux trois questions suivantes (voir la figure 3).

Quand s'internationaliser ?

Cette question renvoie au rythme de l'expansion internationale. Ce rythme peut être rapide avec des firmes qui cherchent à exploiter un maximum d'opportunités de croissance à l'international. Cela les conduit à enchaîner, de manière soutenue, les implantations commerciales et/ou industrielles dans différentes régions du monde. Ce rythme rapide d'internationalisation s'observe chez certaines start-ups ou jeunes entreprises technologiques qui, en l'espace de quelques années, présentent une répartition géographique de leurs ventes qui est identique à celle des plus grandes multinationales. On a l'habitude de qualifier ces entreprises de « *born globals* ». Ce rythme peut être plus lent pour des entreprises qui privilégient une internationalisation pas à pas. Dans ce cas, les entreprises cherchent avant tout à réduire les risques de l'expansion internationale (méconnaissance des clients et des réseaux de distribution locaux, distance culturelle, risque pays, etc.). Les entreprises s'implantant dans un nouveau pays vont y consacrer du temps et des investissements importants, car elles cherchent à apprendre et à retirer un maximum d'expérience de leur implantation. Ainsi, chaque nouvelle implantation à l'étranger capitalise sur les expériences cumulées des précédentes implantations.

Où s'internationaliser ?

Il s'agit là de s'interroger sur la zone géographique à cibler. L'approche de l'internationalisation proposée par l'école suédoise d'Uppsala considère qu'un critère important du choix du pays est la distance psychique. Celle-ci correspond à l'écart entre les contextes économique, social, institutionnel, réglementaire et culturel du pays d'origine de l'entreprise et du pays cible. Cette approche défend l'idée que le processus d'internationalisation a plus de chances d'être un succès si l'entreprise privilégie en priorité les pays à faible distance psychique.

Comment s'internationaliser ?

Cette question correspond au choix du mode d'investissement ou d'entrée dans le pays cible. Tout d'abord, l'entreprise doit arbitrer entre deux grandes catégories de mode d'entrée : les modes non capitalistiques et capitalistiques. Les modes non capitalistiques sont des formes d'implantation à l'étranger qui ne requièrent pas d'investissements en capitaux : cela concerne les opérations d'export, les accords de distribution, les franchises, ou encore les bureaux de représentation. Au contraire, les modes capitalistiques s'accompagnent d'investissements en capitaux : il s'agit notamment de l'acquisition d'une firme locale, de la formation d'une filiale commune (ou coentreprise) avec une firme locale, ou de la création d'une filiale locale gérée en propre (c'est-à-dire détenue à 100 % par l'investisseur étranger). En ce qui concerne spécifiquement les modes capitalistiques, plusieurs critères peuvent être utilisés pour choisir celui qui est le plus adapté à la stratégie et aux valeurs de l'entreprise.

➤ Pour aller plus loin sur les critères de choix du mode d'entrée, on pourra consulter le chapitre 6 « Croissance et alliances » de cet ouvrage (parties 1 et 2).

Figure 3 : Définition d'une stratégie d'internationalisation

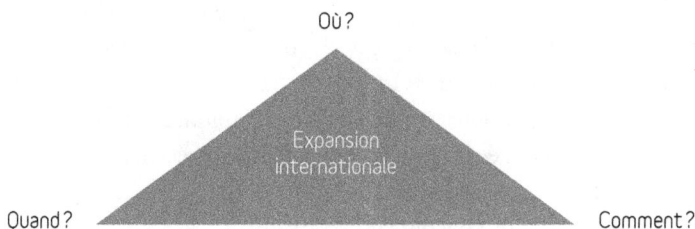

À partir des réponses à ces questions (où, quand et comment s'internationaliser ?), plusieurs stratégies peuvent être conçues par l'entreprise en quête d'expansion internationale. Celles-ci sont synthétisées dans le modèle des étapes de l'expansion internationale proposé par Stopford et Wells (1972). Quatre stratégies d'internationalisation sont définies dans ce modèle : stratégie d'export, stratégie globale, stratégie multidomestique ou multinationale, et stratégie transnationale. Ces stratégies sont conçues dans une optique d'adéquation à l'environnement des pays ou des zones géographiques cibles. En effet, la stratégie d'internationalisation découle d'un processus d'analyse élargie de l'environnement : dans un premier temps, l'entreprise doit mettre en évidence la structure du marché ou de l'industrie dans le pays considéré. Cela passe par l'identification des segments, des facteurs clés de succès, des systèmes concurrentiels et des forces concurrentielles propres à ce marché. L'objectif principal à ce niveau d'analyse est de détecter si le marché du pays cible favorise les produits standardisés et présentant un bon rapport qualité/prix ou, au contraire, s'il privilégie les produits plus différenciés et présentant des caractéristiques distinctives (comme une image de marque, une largeur de gamme, des services associés, et/ou une technologie unique).

➤ Pour aller plus loin et sur le diagnostic de la structure d'un marché ou d'une industrie, on pourra consulter dans la même collection l'ouvrage *Les 7 points clés du diagnostic stratégique avec la méthode des cas, op. cit.*

Dans un second temps, l'identification de ces caractéristiques générales du marché doit être complétée par une analyse des spécificités locales. Il s'agit de savoir s'il y a une influence forte de la culture du pays cible sur les modes et les habitudes de consommation et d'achat. Une influence culturelle forte a pour conséquence de rendre les attentes des clients locaux fortement spécifiques. Au contraire, les attentes des clients locaux se distingueront nettement moins de celles des clients des autres zones géographiques (et notamment de celles des clients des pays occidentaux) si cette influence culturelle est faible.

Ces deux niveaux d'analyse de l'environnement des pays ou des zones géographiques cibles correspondent aux deux dimensions clés permettant de définir une stratégie d'internationalisation (voir la figure 4) : l'efficacité globale et l'adaptation locale.

En d'autres termes, une entreprise engagée dans un processus d'expansion à l'étranger doit concevoir une stratégie tenant compte à la fois du besoin d'efficacité globale et de celui d'adaptation locale qui découlent des pays ou des zones géographiques cibles.

L'efficacité globale fait référence à la nécessité pour l'entreprise de dégager des effets de taille et des économies d'échelle au niveau de ses marchés internationaux. Cela renvoie au besoin d'industrialiser et/ou de commercialiser dans différents pays des produits soumis à une forte concurrence sur les prix de vente et les coûts de revient. Dans la figure 4, l'efficacité globale (ou *global effectiveness*) se mesure à partir de la part des ventes réalisées à l'étranger par rapport aux ventes totales. Plus ce pourcentage est important, plus les économies d'échelle réalisées au niveau international sont fortes, plus le niveau d'efficacité globale est élevé, et inversement. L'adaptation locale fait référence à la nécessité pour l'entreprise de proposer des produits adaptés aux attentes spécifiques des clients locaux. Cette adaptation locale peut passer par le développement d'une marque, d'un emballage, de services associés, voire de nouveaux produits spécifiques au pays cible. Dans la figure 4, l'adaptation locale (ou *local responsiveness*) se mesure à partir de la diversité des produits vendus à l'étranger. Elle se mesure en évaluant le nombre de produits (ou de marques) développés spécifiquement pour chaque pays ou zone géographique. Plus cette diversité est importante dans le portefeuille des produits et des marques de la firme, plus le niveau d'adaptation locale est élevé, et inversement. À partir des dimensions de l'efficacité globale et de l'adaptation locale, il est possible de décrire les quatre stratégies d'internationalisation de la manière suivante.

Stratégie d'export

C'est la première manœuvre d'internationalisation. Elle correspond à des niveaux d'efficacité globale et d'adaptation locale qui restent faibles. Il s'agit d'entreprises qui se lancent sur quelques marchés étrangers en proposant des produits quasi identiques à ceux commercialisés sur leur marché domestique. Les marchés étrangers visés sont souvent géographiquement et culturellement proches du pays d'origine de ces entreprises. Ces dernières s'appuient sur des modes d'entrée peu capitalistiques qui sont essentiellement axés sur des opérations de vente et de distribution (accords de distribution avec des firmes locales, bureaux de représentation commerciale, ou opérations d'export).

Autrement dit, la stratégie d'export renvoie à une expansion dans des pays géographiquement proches où l'entreprise ne recherche ni efficacité globale ni adaptation locale.

Stratégie globale

Cette manœuvre d'internationalisation s'inscrit dans le prolongement d'une stratégie d'export qui a été exploitée au maximum. Dans ce cas, le développement d'une stratégie globale concerne des firmes qui vont privilégier la recherche d'efficacité globale au détriment de celle d'adaptation locale. Cette quête d'un effet de taille et d'économies d'échelle au niveau des marchés étrangers pousse les firmes à s'implanter rapidement dans un grand nombre de pays en proposant une gamme de produits relativement standardisés et peu adaptés localement. Ces firmes s'appuient sur des filiales gérées en collaboration avec des firmes locales (filiales communes ou coentreprises) et des filiales détenues en propre pour distribuer des marques mondiales ou assembler (*via* des usines-tournevis) des produits standardisés.

Autrement dit, la stratégie globale renvoie à une expansion internationale où la firme privilégie l'efficacité globale à l'adaptation locale.

Stratégie multidomestique ou multinationale

Pour les firmes qui ont exploité au maximum la stratégie d'export, l'alternative à la stratégie globale est la poursuite d'une stratégie favorisant l'adaptation aux attentes spécifiques des clients locaux. Cette stratégie qualifiée de multidomestique ou multinationale consiste à cibler quelques pays dans lesquels les firmes vont s'implanter lentement et durablement. L'investissement initial et les coûts de fonctionnement induits par ces implantations sont élevés, car les firmes développent, fabriquent et distribuent localement des produits spécifiques dont la marque est promue à l'échelle régionale, voire uniquement locale. Pour les firmes engagées dans une stratégie multinationale, l'objectif ultime est d'être perçues par les clients de leurs différents marchés étrangers comme autant d'entités locales agissant indépendamment les unes des autres.

Autrement dit, la stratégie multinationale renvoie à une expansion internationale où la firme privilégie l'adaptation locale à l'efficacité globale.

Stratégie transnationale

Cette dernière manœuvre d'internationalisation concerne les firmes qui ont atteint les limites des stratégies globale et multinationale. Celles-ci sont incitées à favoriser conjointement les deux dimensions des stratégies d'internationalisation, l'efficacité globale et l'adaptation locale. Cette recherche conjointe d'une forte efficacité globale et adaptation locale conduit à qualifier cette dernière stratégie de transnationale ou « glocale ». Dans le cas d'une stratégie multinationale poussée à son maximum, la multiplication des implantations favorisant une adaptation locale est très coûteuse et pose des problèmes de coordination et d'articulation de portefeuilles de produits et de marques qui deviennent trop complexes. À partir d'un certain seuil de multinationalisation, la firme doit envisager des actions de rationalisation de son portefeuille de produits et de restructuration de ses filiales dans le monde, et cela afin de réduire ses coûts et de pouvoir bénéficier de certaines économies d'échelle au niveau de ses marchés internationaux. Dans le cas d'une stratégie globale poussée à son maximum, la trop forte standardisation des produits pose des problèmes de rejet par certains clients des différents marchés étrangers. Cela peut également conduire à des pressions plus ou moins fortes des gouvernements locaux sur les firmes étrangères globales pour que celles-ci adaptent davantage leurs produits et transfèrent dans le pays des activités à plus forte valeur ajoutée (que celles d'assemblage et de distribution). À partir d'un certain seuil de globalisation, la firme doit envisager des investissements additionnels et des transferts de compétences et de connaissances dans ses filiales à travers le monde, et cela afin d'accroître ses ventes internationales et de continuer ainsi à bénéficier d'économies d'échelle au niveau de ses marchés internationaux.

Autrement dit, la **stratégie transnationale** renvoie à une expansion internationale où la firme combine à la fois efficacité globale et adaptation locale.

'expansion internationale du groupe agroalimentaire français Danone est un exemple de firme poursuivant une stratégie transnationale. Ce groupe est présent dans trois activités principales : les «boissons», les «produits laitiers» et la «nutrition infantile et médicale» (cette dernière activité s'est substituée à celle des «biscuits», suite à la cession de Lu à Kraft Foods et à l'acquisition de Numico). Au niveau de ses marchés étrangers, Danone se développe grâce à quelques marques mondiales (telles qu'Évian dans les eaux minérales, Danone dans les produits laitiers et Nutricia dans la nutrition infantile et médicale) et régionales (telles que Dannon au niveau de l'Amérique du Nord et de l'Amérique du Sud, de Bledina et de Volvic en Europe), mais aussi

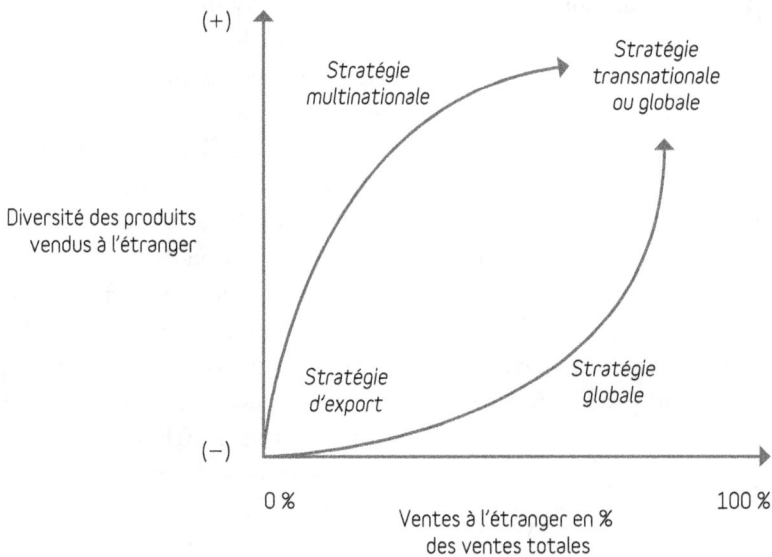

Figure 4 : Les stratégies d'internationalisation (d'après Stopford et Wells, 1972)

grâce à de multiples marques locales (telles que Pureza Aga dans les eaux minérales au Mexique, La Serenisima dans les produits laitiers en Argentine, Aqua dans les eaux minérales en Indonésie, Stonyfield Farm dans les produits laitiers aux États-Unis). Danone recherche ainsi une forte adaptation locale pour ses produits tout en faisant émerger au moins une marque de renommée mondiale sur chacune de ses activités. L'exemple du développement de la marque Activia dans le monde reflète la préoccupation de Danone de s'adapter aux attentes spécifiques des clients locaux : « *Actif à l'intérieur, et ça se voit à l'extérieur : c'est sur ce slogan qu'Activia a bâti sa réputation. Décliné dans plus de vingt-cinq pays, ce lait fermenté au bifidus actif aide à réguler le transit intestinal dans le cadre d'une consommation quotidienne. Quatre études cliniques l'ont démontré. Autre particularité du produit, son adaptation au gré des goûts et habitudes alimentaires des consommateurs : des États-Unis à la Pologne en passant par l'Argentine, l'Algérie, l'Afrique du Sud ou la Chine, etc. Aussi, on trouvera des parfums aussi originaux qu'aubépine en Chine ou herbes en Italie ou en Espagne; des yaourts à boire aux Pays-Bas, des formats en sachets de 1 kg en Argentine, et des gammes qui allient tradition alimentaire locale et modernité comme Activia Laban en Arabie Saoudite ou Activia Kéfir lancé par Danone en Russie. Boisson traditionnelle russe issue de la fermentation de lait et de grains de kéfir, le kéfir fait partie intégrante du patrimoine nutritionnel du pays. L'originalité d'Activia Kéfir est d'avoir su associer la saveur du kéfir aux bénéfices santé du bifidus d'Activia. Le développement d'Activia Kéfir a nécessité plusieurs mois d'étroite collaboration entre les équipes R&D et marketing de Danone et Danone Russie[6].* »

Danone présente, dans chaque pays où il est implanté, un portefeuille de marques dans lequel se retrouvent à la fois des marques locales, régionales et mondiales. Ainsi, au Mexique, Danone commercialise Évian (marque mondiale) et Pureza Aga (marque locale) pour ses eaux minérales et Dannon Activia (marque régionale présente dans toute l'Amérique du Nord et du Sud) pour ses produits laitiers. Danone a une gestion active de son portefeuille de marques qui se caractérise par l'ajout régulier de nouvelles marques locales et la transformation des plus prometteuses en marques régionales, voire mondiales. C'est le cas de la marque Stonyfield Farm dans les yaourts bio, qui, après un succès commercial aux États-Unis, a été lancée récemment en Europe. Au total, Danone gère plus d'une trentaine de marques différentes à l'international pour un chiffre d'affaires hors Europe qui représente 62,6 % du chiffre d'affaires total.

— Pour aller plus loin : www.danone.com

6.   www.danone.com/fr/marques/histoires-des-marques.html, consultation du 21 janvier 2011.

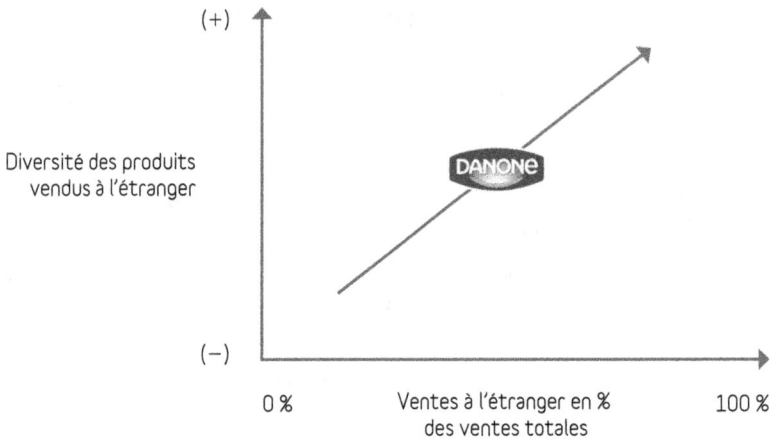

Figure 5 : La stratégie d'internationalisation de Danone

Structure d'internationalisation

Chaque stratégie d'internationalisation s'appuie sur une structure organisationnelle spécifique. Une structure organisationnelle en lien avec une stratégie d'internationalisation articule, contrôle et coordonne les différentes filiales étrangères d'une firme. Les différentes structures organisationnelles se distinguent selon deux dimensions principales : l'allocation en ressources des filiales étrangères et la nature du contrôle exercé par la maison mère sur chaque filiale.

À partir de ces deux dimensions, il est possible de décrire trois structures organisationnelles de la manière suivante.

Structure globale[7]

C'est la structure organisationnelle qui permet de déployer une stratégie privilégiant la recherche d'efficacité globale (stratégie globale). Les différentes filiales étrangères sont des filiales communes et des filiales gérées en propre pour lesquelles la maison mère n'a transféré que peu de ressources stratégiques. Ce transfert de ressources de la maison mère vers les filiales ne concerne que des actifs de distribution et/ou de production permettant de réaliser localement des opérations d'assemblage. Dans tous les cas, il s'agit d'actifs à faible valeur ajoutée. La maison mère centralise l'essentiel des ressources stratégiques de la firme (en l'occurrence la R&D et l'industrialisation). La maison mère exerce un contrôle étroit sur

7. Voir la figure 6.

Figure 6 : La structure globale (d'après Bartlett et Goshal, 1989)

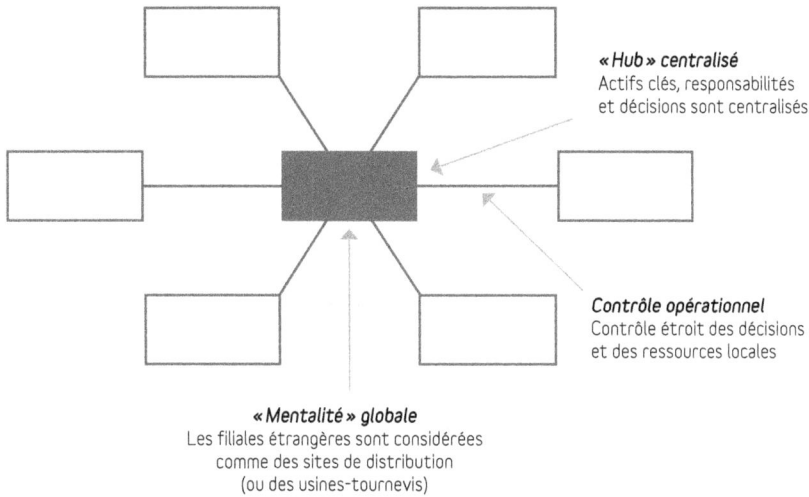

« Hub » centralisé
Actifs clés, responsabilités
et décisions sont centralisés

Contrôle opérationnel
Contrôle étroit des décisions
et des ressources locales

« Mentalité » globale
Les filiales étrangères sont considérées
comme des sites de distribution
(ou des usines-tournevis)

les filiales à l'aide de procédures d'audit qui sont répétées plusieurs fois dans l'année. Ce contrôle porte sur l'essentiel des décisions prises par la filiale. Ainsi, la filiale doit obtenir l'aval de la maison mère pour ses décisions stratégiques (par exemple, pour l'acquisition d'une firme locale), pour ses décisions tactiques (par exemple, pour le lancement d'une campagne de publicité dans le pays), ainsi que pour ses décisions opérationnelles (par exemple, pour le recrutement de personnel). L'objectif de ce contrôle est de s'assurer que toutes les décisions vont dans le sens d'une forte standardisation des procédures de management et d'une réduction du coût des produits commercialisés au niveau de chaque filiale. Le risque principal associé à une telle structure est l'impossibilité pour les filiales étrangères de saisir des opportunités de développement de marchés et d'apprentissage au niveau local.

Autrement dit, la structure globale centralise les ressources stratégiques au niveau de la maison mère et exerce un contrôle étroit et élargi à l'ensemble des décisions des filiales étrangères.

Structure multinationale[8]

C'est la structure organisationnelle qui permet de déployer une stratégie privilégiant une forte adaptation locale

8. Voir la figure 7.

Figure 7 : La structure multinationale (d'après Bartlett et Goshal, 1989)

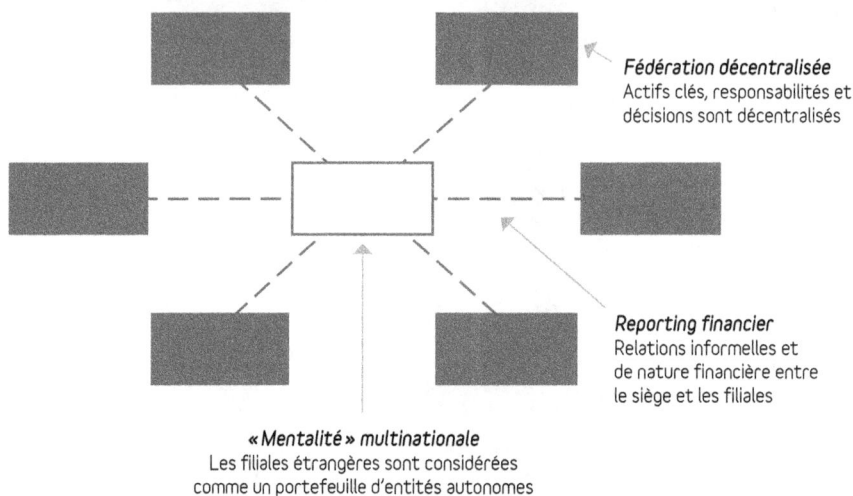

Fédération décentralisée
Actifs clés, responsabilités et
décisions sont décentralisés

Reporting financier
Relations informelles et
de nature financière entre
le siège et les filiales

« Mentalité » multinationale
Les filiales étrangères sont considérées
comme un portefeuille d'entités autonomes

(stratégie multinationale). Dans une telle configuration organisationnelle, il y a un transfert important de ressources stratégiques de la maison mère vers ses filiales étrangères. Il s'agit d'actifs à forte valeur ajoutée (R&D, industrialisation et distribution) permettant à chaque filiale de fonctionner comme une firme locale à part entière, indépendamment de la maison mère. Celle-ci ne conserve en son sein que des actifs de support tels que le management de la qualité, les finances, ou encore le management des ressources humaines. Le contrôle de la maison mère sur les filiales repose sur des procédures de *reporting* financier qui sont conduites en fin d'année afin de vérifier si les objectifs financiers assignés à chaque filiale ont été réalisés. Il n'y a pratiquement pas de contrôle sur les décisions prises par chaque filiale. Celles-ci restent libres de leurs décisions (opérationnelles, tactiques et stratégiques) locales à la condition que les objectifs financiers négociés avec la maison mère soient respectés en fin d'exercice. L'objectif d'une telle décentralisation des actifs et des responsabilités au niveau local est de permettre à chaque filiale de concevoir, fabriquer et distribuer des produits adaptés aux attentes spécifiques des clients locaux. Le risque principal associé à une telle structure est de créer des « baronnies » locales sur lesquelles la maison mère n'aura plus prise et de conduire à des redondances et des incohérences qui seront préjudiciables à la structure des coûts de la firme.

Autrement dit, la structure multinationale décentralise les ressources stratégiques au niveau des filiales étrangères et exerce un contrôle allégé de type *reporting* financier.

Structure transnationale[9]

C'est la structure organisationnelle qui permet de déployer une stratégie combinant à la fois efficacité globale et adaptation locale (stratégie transnationale). Dans la structure transnationale, on observe un équilibre dans l'allocation des ressources stratégiques entre la maison mère et ses filiales étrangères. De la même manière que pour la structure multinationale, il s'agit de donner une forte autonomie aux filiales étrangères. Cependant, le contrôle de la maison mère sur les filiales est plus élaboré que dans la structure multinationale sans être aussi étroit que dans la structure globale. Il s'appuie à la fois sur des procédures de *reporting* financier et des échanges d'informations et de connaissances. Ces échanges d'informations et de connaissances prennent souvent la forme de partages de *best practices* non seulement entre la maison mère et ses filiales, mais aussi entre les filiales elles-mêmes. Cette mise en réseau des filiales entre elles permet d'assurer la cohérence de la structure transnationale.

Autrement dit, la structure transnationale équilibre l'allocation des ressources stratégiques entre la maison mère et ses filiales étrangères et exerce un contrôle combinant un *reporting* financier et des partages d'informations et de connaissances au sein d'un réseau de filiales étrangères.

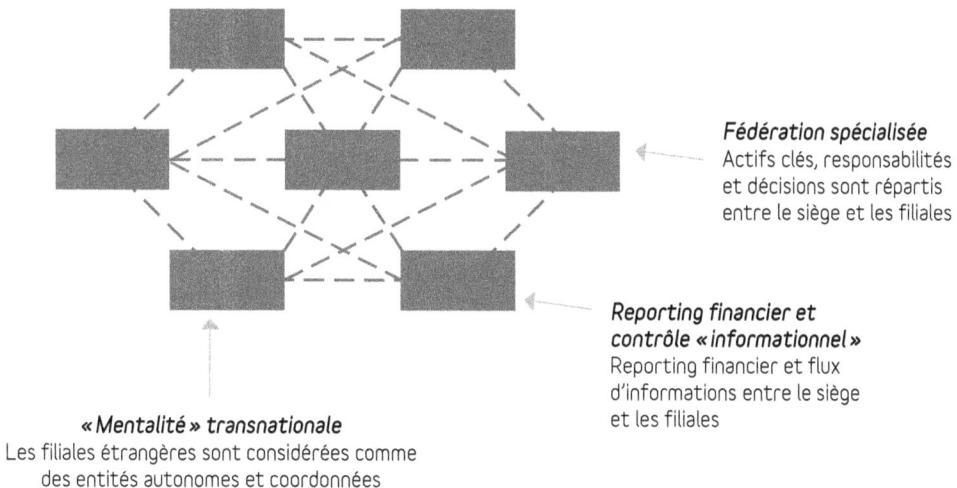

Figure 8 : La structure transnationale (d'après Bartlett et Goshal, 1989)

Fédération spécialisée
Actifs clés, responsabilités et décisions sont répartis entre le siège et les filiales

Reporting financier et contrôle « informationnel »
Reporting financier et flux d'informations entre le siège et les filiales

« Mentalité » transnationale
Les filiales étrangères sont considérées comme des entités autonomes et coordonnées

9.   Voir la figure 8.

Ce qu'il faut retenir

L'internationalisation se définit comme une manœuvre de croissance de la firme visant à se développer dans des pays ou des zones géographiques où elle n'est pas encore présente. Une telle décision stratégique nécessite tout d'abord de réaliser un diagnostic de la position actuelle de la firme au sein du cycle d'internationalisation. Une fois cette position établie, il s'agit ensuite de déterminer où, quand et comment la firme va se développer géographiquement. En fonction des réponses à ces trois questions, quatre stratégies peuvent être conçues par la firme en quête d'expansion internationale : la stratégie d'export, la stratégie globale, la stratégie multinationale ou la stratégie transnationale. Ces quatre stratégies se définissent à partir de la combinaison de deux dimensions qui sont l'efficacité globale et l'adaptation locale. La stratégie d'export renvoie à une expansion dans des pays géographiquement proches où la firme ne recherche ni efficacité globale ni adaptation locale. La stratégie globale renvoie à une expansion internationale où la firme privilégie l'efficacité globale sur l'adaptation locale. La stratégie multinationale renvoie à une expansion internationale où la firme privilégie l'adaptation locale sur l'efficacité globale. La stratégie transnationale enfin renvoie à une expansion internationale où la firme combine à la fois efficacité globale et adaptation locale. À chacune de ces stratégies correspond une structure organisationnelle spécifique : la structure globale, la structure multinationale et la structure transnationale. Ces trois structures d'internationalisation se définissent à partir de la combinaison de deux dimensions qui sont l'allocation en ressources stratégiques des filiales étrangères et la nature du contrôle exercé par la maison mère sur chaque filiale. La structure globale centralise les ressources stratégiques au niveau de la maison mère et exerce un contrôle étroit et élargi à l'ensemble des décisions des filiales étrangères. La structure multinationale décentralise les ressources stratégiques au niveau des filiales étrangères et exerce un contrôle allégé de type *reporting* financier. La structure transnationale équilibre l'allocation des ressources stratégiques entre la maison mère et ses filiales étrangères et exerce un contrôle combinant un *reporting* financier et des partages d'informations et de connaissances au sein d'un réseau de filiales étrangères.

Tester ses connaissances

1 Laquelle de ces affirmations vous paraît la plus pertinente ?

a) L'internationalisation consiste pour la firme à ajouter un nouveau métier à son ou ses métiers de base.

b) L'internationalisation se définit comme une manœuvre de croissance de la firme visant à développer géographiquement son périmètre d'activité.

c) L'internationalisation consiste pour la firme à proposer de nouveaux produits à sa clientèle existante.

d) L'internationalisation se définit comme un mode d'entrée dans des pays ou des zones géographiques où la firme n'est pas présente.

2 Laquelle de ces affirmations vous paraît la moins pertinente ?

a) Une stratégie d'expansion internationale se décrit à partir des critères d'efficacité globale et d'adaptation locale.

b) Une stratégie d'expansion internationale se décrit uniquement à partir du critère d'adaptation locale.

c) Une stratégie d'expansion internationale se décrit uniquement à partir du critère d'efficacité globale.

d) Une stratégie d'expansion internationale se décrit à partir de la nature du contrôle exercé par la maison mère sur ses filiales étrangères.

3 Laquelle de ces affirmations vous paraît la plus pertinente ?

a) La stratégie globale renvoie à une expansion internationale où la firme ne privilégie ni l'efficacité globale ni l'adaptation locale.

b) La stratégie globale renvoie à une expansion internationale où la firme privilégie l'adaptation locale sur l'efficacité globale.

c) La stratégie globale renvoie à une expansion internationale où la firme combine adaptation locale et efficacité globale.

d) La stratégie globale renvoie à une expansion internationale où la firme privilégie l'efficacité globale sur l'adaptation locale.

4 Laquelle de ces affirmations vous paraît la plus pertinente ?

a) L'indice de mondialisation des ventes (IMV) donne une indication sur la stratégie d'internationalisation de la firme.

b) L'indice de mondialisation des ventes (IMV) donne une indication sur la position internationale de la firme.

c) L'indice de mondialisation des ventes (IMV) donne une indication sur la structure d'internationalisation de la firme.

d) Aucune des affirmations précédentes n'est pertinente.

5 Présentez les principaux avantages et risques associés à une structure globale. Répétez cette analyse pour la structure multinationale.

6 Listez les critères utilisés dans la méthode de diagnostic de la position internationale proposée par Lasserre.

7 Définissez ce qu'est un « acteur dominant régional ».

Réponses p. 307.

Tester sa compréhension

1 Une entreprise présente un indice de mondialisation des ventes (IMV) égal à 60. Nous pouvons donc en déduire que :
a) Il s'agit d'une entreprise exclusivement locale.
b) Il s'agit d'un acteur mondial.
c) Il s'agit d'un acteur dominant régional.
d) Il s'agit d'un acteur régional.

2 Laquelle de ces affirmations vous paraît la plus pertinente ?
a) Une structure organisationnelle avec un contrôle de type *reporting* financier est compatible avec une stratégie globale.
b) Une structure organisationnelle avec un contrôle de type *reporting* financier est compatible avec une stratégie d'export.
c) Une structure organisationnelle avec un contrôle de type *reporting* financier est compatible avec une stratégie multinationale.
d) Aucune des affirmations précédentes n'est pertinente.

3 En avril 2009, le groupe français de luxe Hermès a lancé une nouvelle marque en Chine : Sang Xia. Cette marque est destinée uniquement au marché chinois. Elle sera utilisée pour fabriquer et commercialiser du prêt-à-porter et des produits de décoration intérieure directement inspirés de la culture et de l'artisanat traditionnel chinois.
a) Cette manœuvre d'expansion internationale vise à accroître l'adaptation locale du groupe Hermès.
b) Cette manœuvre d'expansion internationale vise à accroître l'efficacité globale du groupe Hermès.
c) Cette manœuvre d'expansion internationale vise à accroître la différenciation du groupe Hermès.
d) Cette manœuvre d'expansion internationale vise à accroître la diversification du groupe Hermès.

4 Une firme française réalise 25 % de son chiffre d'affaires sur son marché domestique, 55 % en Chine et 20 % aux États-Unis. En s'appuyant sur la méthode de Rugman et Verbeke, laquelle de ces affirmations vous paraît la plus pertinente ?
a) Il s'agit d'une firme bi-régionale (Europe et Asie).
b) Il s'agit d'une firme globale.
c) Il s'agit d'une firme de région d'origine.
d) Aucune des affirmations précédentes n'est pertinente.

5 Une PME qui travaille exclusivement sur son marché domestique souhaite se développer à l'international. Quelles sont les trois questions que doit se poser le dirigeant de cette PME pour concevoir sa stratégie d'internationalisation ?

6 Quelles sont les informations nécessaires pour calculer l'indice de mondialisation des ventes (IMV) d'une entreprise ?

7 Quelles sont les deux dimensions principales permettant de définir et distinguer les différentes structures organisationnelles des entreprises engagées dans un processus d'internationalisation ?

Réponses p. 307.

Croissance et fusion-acquisition

Définition et contexte d'application

La fusion-acquisition (F/A) renvoie le plus souvent à la prise de contrôle (c'est-à-dire à l'acquisition) d'une entreprise (la cible) par une autre (l'acquéreur). Cette manœuvre vise à assurer à l'acquéreur le contrôle des actifs, ressources, compétences et moyens de production détenus par la cible, dans le but d'améliorer, à court, moyen ou long terme, sa performance ou la performance du nouvel ensemble (acquéreur + cible) ainsi formé. Dans certains cas, beaucoup plus rares, la F/A peut désigner le regroupement de deux entreprises, dont aucune n'est dominante dans la relation (fusion « entre égaux ») et qui prennent la décision de mettre en commun leurs ressources et leurs moyens dans le but de dynamiser leur performance commune. Dans tous les cas, la F/A se traduit par le passage d'une situation où coexistent deux organisations indépendantes (ce qui induit des différences en termes d'objectifs, de procédures, de choix stratégiques, etc.) à une situation où ces deux organisations dépendent de la même autorité/ligne hiérarchique partageant ainsi les mêmes choix stratégiques et contribuant à l'atteinte d'un ensemble d'objectifs uniques...

Les F/A s'inscrivent dans le contexte de la mise en œuvre, en local ou à l'international, de l'une des stratégies de croissance (ou axe de croissance) : spécialisation, expansion ou diversification (voir les chapitres 1 et 2) ; elle constitue ainsi une manœuvre de croissance externe, par opposition aux manœuvres de croissance interne ou de croissance partagée (voir le chapitre 6), visant à développer les choix stratégiques de la firme. Elle ne peut ainsi être considérée comme une stratégie à part entière, mais bien comme un moyen, c'est-à-dire une modalité de la mise en œuvre de la stratégie de la firme.

Ce qu'il faut savoir

La F/A constitue une manœuvre stratégique visant à aller chercher à l'extérieur des frontières de l'entreprise (croissance « externe ») les moyens et les ressources nécessaires au choix de croissance de l'entreprise (pénétration accentuée d'un marché, élargissement de la gamme de produits de l'entreprise, diversification dans une nouvelle activité, etc.). Pourtant, dans ce cadre, la notion de F/A recouvre des réalités très diverses ; c'est pourquoi il apparaît nécessaire d'identifier et de caractériser la diversité des manœuvres de F/A, avant de revenir sur la réalité historique de ce phénomène ainsi que sur les avantages attendus par les entreprises ; enfin, nous évoquerons la performance contestée des F/A préalablement à l'étude des facteurs susceptibles de favoriser la réussite de ces manœuvres.

Caractérisation et typologie des manœuvres de F/A

La diversité des F/A nécessite d'en distinguer les différents types en fonction de leur nature, de leur forme juridique, de leurs modalités de mise en œuvre ou de leur caractère hostile ou amical.

Nature de la F/A

La F/A peut concerner le rachat d'une ou de plusieurs entreprises appartenant au même secteur d'activité (on parlera alors de F/A horizontale), le rachat d'un fournisseur ou d'un client (on parlera alors de F/A verticale), ou encore le rachat d'une entreprise qui n'appartient pas à la même industrie, qui n'est donc ni concurrente ni fournisseur ou client (on parlera alors de F/A de diversification).

Prise de contrôle ou fusion égalitaire

Certains discours d'accompagnement des opérations de F/A présentent les opérations comme des « fusions entre égaux », par opposition aux « prises de contrôle ». Les fusions entre égaux renvoient à une situation dans laquelle deux entreprises dont le rapport de force est équilibré prennent la décision de regrouper leurs ressources au sein d'une seule et même structure afin de maximiser les chances de réussite d'une stratégie commune. Les prises de contrôle, elles, désignent les cas dans lesquels un acquéreur dominant accède aux ressources et aux actifs par le biais du rachat avant de les restructurer et de les intégrer à son entreprise ; l'entreprise rachetée, dominée, se voit ainsi attribuer de nouveaux objectifs issus de la volonté de l'acquéreur.

Cependant, les opérations présentées comme des « fusions entre égaux » cachent souvent des prises de contrôle bien réelles, et il est très rare que l'un des partenaires initiaux de la fusion ne se révèle pas au final comme le dominant de la relation. Plusieurs éléments peuvent être mobilisés pour révéler ces rapports de force sous-jacents : la réorganisation de la structure de direction des deux entreprises (la direction du nouvel ensemble est-elle majoritairement composée de dirigeants de l'une des entreprises initiales ? Les managers opérationnels du nouvel ensemble ont-ils été réintégrés dans la nouvelle structure ?), la pérennité des marques, des gammes de produits (les marques d'une des deux entreprises initiales sont-elles appelées à disparaître ?), la stratégie du groupe et la politique d'allocation des ressources entre les DAS (les DAS issus de l'une des deux entreprises initiales sont-ils systématiquement favorisés ?).

En mai 1998, Jürgen Schrempp, président de Daimler-Benz, a présenté le rapprochement avec Chrysler comme une « fusion entre égaux ». Mais très vite (à la lumière des mesures de réorganisation : suppression de postes, suppression de sites, répartition des postes au conseil d'administration, etc.), la manœuvre s'est révélée être un rachat pur et simple de l'entreprise américaine par Daimler. En octobre 2000, Jürgen Schrempp a d'ailleurs accordé une interview au *Financial Times* et déclaré que son intention avait toujours été de faire de Chrysler une division pure et simple d'un nouveau géant de l'automobile. C'est cette interview qui a déclenché la plainte de Kirk Kerkorian, actionnaire individuel de référence de Chrysler lors de la « fusion », qui accusait Daimler d'avoir conçu l'opération secrètement, dès l'origine, comme une prise de contrôle, tout en la présentant comme une fusion égalitaire afin d'obtenir les actions Chrysler à moindre coût. Devant les éléments de preuves présentés à la

justice américaine, Daimler a transigé en passant un accord amiable de 300 millions de dollars. En mai 2007, après plusieurs années désastreuses pour les marques de l'entreprise américaine, Daimler a décidé de revendre 80 % du capital de Chrysler au fonds d'investissement Cerberus pour 5,5 milliards de dollars (neuf ans auparavant, le prix payé avait été de 37 milliards). Le divorce est définitivement consommé.

Formes juridiques des F/A

Sur le plan juridique, plusieurs cas de figure sont possibles : soit l'opération se traduit simplement par le contrôle juridique de la société cible par l'acquéreur, alors même que les deux sociétés continuent d'exister et gardent leur intégrité (filialisation) ; soit l'acquisition se traduit par la disparition de l'une des deux sociétés dont tout ou partie du patrimoine va être transféré à l'autre (fusion-absorption) ; soit, enfin, l'opération se traduit par la disparition des deux sociétés initiales qui mettent en commun l'ensemble de leur patrimoine et de leurs ressources pour former une troisième société, nouvelle (fusion par création de société nouvelle).

Modalités de mise en œuvre de la F/A

De manière générale, le rachat d'une entreprise par une autre se concrétise par le transfert de plus de la moitié des parts sociales de la cible (ou de ses actions, dans le cas d'une société cotée) sous le contrôle de l'acheteur. Ce transfert du contrôle des parts sociales peut passer par une opération d'« achat de parts » ou d'« échange de parts ». Dans le cas d'un achat de parts, les actionnaires de la cible cèdent leurs parts à l'entreprise acquéreuse contre une contrepartie financière. Le prix proposé pour chaque part constitue ainsi la clé de la réussite de l'opération. Dans le cas d'une entreprise cotée, l'acquéreur (initiateur d'une offre publique d'achat ou OPA) va devoir proposer un prix supérieur au cours du titre afin de convaincre les actionnaires vendeurs de lui apporter leurs actions ; le différentiel entre le dernier cours du titre et le prix proposé par l'acheteur constitue une « prime d'acquisition » (dont la valeur peut varier entre 10 et 30 % du cours). Dans le cas d'un échange de parts, les actionnaires de la cible se voient proposer, en échange de leurs parts, des parts de la société acquéreuse. En général, l'acquéreur réalise une augmentation de capital et propose d'échanger ces nouvelles actions contre des actions de la cible. En cas d'accord, l'entreprise acquéreuse devient actionnaire de la cible, et les anciens actionnaires de la cible deviennent des actionnaires de l'acquéreur. Dans le cas d'entreprises cotées, la procédure renvoie à une offre publique d'échange ou OPE. Cette option permet à une entreprise qui dispose de peu de liquidités de réaliser une acquisition sur la base de sa valeur de marché. En revanche, en modifiant la géographie du capital de l'entreprise acquéreuse, elle peut conduire à la perte de contrôle des actionnaires de référence

initiaux. Enfin, il est possible pour une entreprise de combiner ces deux types d'offre (« offre mixte ») en proposant aux actionnaires de la cible une acquisition en partie par achat de parts et en partie par échange de parts.

En juillet 1999, TotalFina a lancé une OPE sur Elf en proposant aux actionnaires d'Elf quatre actions TotalFina pour trois actions Elf (compte tenu de la parité d'échange au moment de l'offre, celle-ci incluait une prime d'acquisition d'environ 15 %). La direction d'Elf s'est prononcée contre cette offre et a décidé de lancer une contre-OPE en août 1999, proposant aux actionnaires de TotalFina trois actions Elf et 190 euros contre cinq actions Total-Fina. Devant cette opposition, TotalFina va relever son offre en septembre, en proposant aux actionnaires d'Elf dix-neuf actions TotalFina pour treize actions Elf (soit une prime d'acquisition équivalente à 26 %). Quelques semaines plus tard, l'OPE a réussi et Elf a été absorbée par TotalFina, devenu alors TotalFina Elf, avant de devenir quelques années plus tard Total.

Caractère hostile ou amical de l'offre d'acquisition

Le caractère hostile ou amical d'une offre publique renvoie à l'attitude de l'équipe dirigeante et du conseil d'administration de l'entreprise visée. L'offre est considérée comme hostile lorsqu'elle est proposée aux actionnaires de la cible contre l'avis et sans le soutien des dirigeants et du conseil d'administration qui recommandent alors aux actionnaires de ne pas accepter de vendre leurs actions. Cette attitude d'opposition est due au fait que les dirigeants n'adhèrent pas au projet proposé soit parce qu'ils considèrent la stratégie associée au projet comme inadaptée ou non viable, soit parce qu'ils estiment insuffisant le prix proposé, soit encore pour protéger leurs propres intérêts (notamment le maintien de leur pouvoir, de leurs avantages ou de leur fonction).

Dans ce cadre, une série de réponses a été développée pour faire face et tenter de contrer une offre de rachat considérée comme hostile, soit de manière préventive, soit de manière réactive (Noël et Redor, 2009).

Les défenses antérieures à l'offre d'acquisition

Parmi les dispositifs préventifs, la clause de super-majorité augmente le pourcentage de droits de vote nécessaire pour approuver une fusion (le faisant passer à 85 ou 95 % par exemple). Il devient alors possible de bloquer le processus avec un petit pourcentage d'actions (10 % par exemple). Ce dispositif est par ailleurs souvent associé à une mesure dérogatoire permettant de renoncer à cette règle si la majorité des membres du conseil d'administration (CAd) y est favorable (ce qui encourage l'acquéreur à négocier avec le CAd et renforce le pouvoir de ce dernier). L'échelonnement des élections du CAd (sous la forme d'un renouvellement du CAd par tiers chaque année par exemple) constitue un autre moyen de prévention. En effet, même avec une

majorité des actions, l'acquéreur ne peut alors pas véritablement contrôler l'entreprise et doit composer avec le CAd existant. Enfin le mécanisme de « dragée toxique » (*poison pill*) consiste à émettre des droits de souscription d'actions privilégiées qui restent inactifs jusqu'au déclenchement d'une offre. Une fois activés, ces droits permettent aux actionnaires d'origine d'acquérir des actions de la cible à des conditions privilégiées, afin de diminuer la participation de l'acquéreur et de rendre le contrôle plus difficile à obtenir.

Les défenses postérieures à l'offre d'acquisition

Une fois l'offre déclenchée, le CAd de la cible dispose encore de plusieurs options pour contrer l'acquisition. La première renvoie à la technique du « chevalier blanc » : les dirigeants de la cible recherchent alors un autre acquéreur potentiel pour l'inciter à surenchérir sur l'offre initiale à contrer (si cette méthode permet souvent d'augmenter la prime d'acquisition, elle conduit en revanche à la perte d'indépendance de la cible). Le recours aux « rachats ciblés » (« *bon voyage bonus* ») constitue un autre moyen disponible ; il consiste pour la cible à racheter en bloc les actions déjà détenues par un acquéreur hostile éventuel (moyennant une prime substantielle) afin qu'il mette fin à son offre. Par ailleurs, la cible peut également décider d'agir sur la nature de son patrimoine afin de le rendre moins attractif pour l'acquéreur. Cela passe par la vente d'un actif convoité par l'acquéreur ou le rachat de nouveaux actifs, auxquels l'acquéreur ne s'intéresse pas, mais qui pourraient restreindre sa marge de manœuvre (soit en renchérissant l'achat, soit en mettant l'acquéreur dans une situation de position dominante contraire aux réglementations anti-trust). Enfin le dépôt, par la cible, d'une plainte en justice pour fraude ou atteinte à la réglementation anti-trust reste un moyen simple mais efficace de ralentir l'action de l'acquéreur et de le pousser à surenchérir sur son offre pour conclure l'opération.

L'OPA de Mittal sur Arcelor est révélatrice d'une opération hostile que la cible a tenté de contrer par plusieurs moyens. Le 27 janvier 2006 Mittal Steel a annoncé une OPA sur Arcelor à 28 euros l'action (soit une prime de 27 %). Si l'OPA réussissait, la famille Mittal détiendrait 50,7 % du capital et 64 % des droits de vote. Guy Dollé, à la tête d'Arcelor, s'est déclaré alors hostile à l'offre de Mittal, disposant du soutien du ministre de l'Économie de l'époque, Thierry Breton, qui souhaitait protéger ce fleuron de l'industrie européenne. En outre, Mittal a annoncé qu'en cas de réussite, il revendrait Dofasco (récemment racheté par Arcelor) à ThyssenKrupp pour 68 dollars par action, soit 3 dollars de moins que le prix payé par Arcelor (ce qui lui permettrait de financer une partie de son achat). En février, Arcelor a présenté un plan de défense aux actionnaires et s'est engagé à leur distribuer 15 milliards d'euros soit sous forme de dividendes, soit sous forme de rachat d'actions au cours des trois années à venir. En mars, Arcelor a

placé Dofasco dans une fondation indépendante afin d'empêcher sa revente par Mittal si l'OPA réussissait. En mai, Arcelor a annoncé une OPRA (offre publique de rachat d'actions) massive pour 5 milliards d'euros (Arcelor comptait racheter 150 millions d'actions, soit en cas de succès près du quart de son capital). Le 18 mai l'OPA était enfin ouverte et Mittal a immédiatement relevé son offre à 38 euros. Le 25 mai Arcelor a annoncé sa volonté de racheter le groupe russe Severstal par le biais d'un échange d'actions (l'actionnaire de référence de Severstal devait ainsi obtenir 32 % des droits de vote du nouvel ensemble avec un engagement de ne pas apporter ses titres à l'offre de Mittal). Cependant, au vu de la gouvernance opaque du groupe russe, cette décision a rencontré l'opposition des actionnaires (notamment des fonds d'investissement qui détenaient une part notable des actions d'Arcelor). Le 24 juin Mittal a augmenté son offre à 40,40 euros par titre. Le conseil d'administration a enfin cédé et recommandé aux actionnaires d'apporter leurs actions à l'offre.

Fusion-acquisition : un phénomène évolutif amplifié à partir des années 1980

À partir des années 1960, puis surtout des années 1980, on a assisté à une amplification du phénomène des opérations de F/A; non seulement les F/A se sont multipliées et concernaient des volumes d'activités de plus en plus importants, mais en plus elles se sont transformées sur le plan qualitatif, notamment du fait de la modernisation et de la sophistication des marchés financiers. Cependant, même si ce développement a particulièrement attiré l'attention des observateurs depuis 1970, les F/A ne constituent pas un phénomène nouveau. En effet, elles sont apparues dès la fin du XIXᵉ siècle aux États-Unis sous la forme d'opérations le plus souvent horizontales et mises en place à l'échelle nationale ; elles correspondaient alors le plus souvent à un phénomène de concentration des secteurs d'activités et à l'émergence de grands groupes nationaux dans l'industrie (chimie, acier, automobile, etc.).

L'entreprise General Motors (GM) a été créée en 1908 par William Durant, qui venait de quitter le poste de directeur général de Buick. GM s'est alors très vite développée par le biais de fusions-acquisitions successives : Buick et Oldsmobile en 1908, puis Oakland (qui deviendra Pontiac) et Cadillac en 1909. L'entreprise tenta même de racheter Ford en 1909, mais sans succès.

À partir des années 1960, le phénomène des F/A, jusqu'alors principalement limité aux pays anglo-saxons, s'est développé également en Europe. En outre, les F/A ont alors évolué pour concerner de plus en plus d'acquisitions de diversifications et d'acquisitions internationales. Cette période est ainsi caractérisée par l'émergence de conglomérats à la recherche d'une stratégie de diversification des risques, notamment aux États-Unis.

ITT (International Telephone and Telegraph) a été créée en 1920 avec pour objectif de construire le premier réseau téléphonique mondial interconnecté. Très vite, l'entreprise est devenue un acteur majeur du secteur des télécommunications. À partir des années 1960, elle a mis en place une stratégie de diversification intensive servie par une série d'acquisitions dans de très nombreux secteurs d'activités sans lien les uns avec les autres. Ainsi, en quinze ans, le groupe a racheté plus de trois cent cinquante entreprises dans l'hôtellerie (Sheraton), les services financiers (Hartford Insurance et Continental Baking), la location de voitures (Avis), l'édition (Bobbs-Merrill), la promotion immobilière (Lewitt Homes) ou les équipements audio-vidéo (Oceanic).

Dans les années 1980, le phénomène de F/A a connu à nouveau une forte croissance à la fois aux États-Unis et en Europe. À cette période, la libéralisation des mouvements de capitaux, les innovations financières et la déréglementation ont facilité et multiplié les possibilités de rapprochements interentreprises, alors même que les mouvements d'ouverture des frontières et de privatisation de plusieurs économies ont provoqué l'apparition sur le marché de nouvelles cibles potentielles. Cette période est notamment caractérisée par l'apparition des techniques de *leveraged buy-out* (LBO) et l'apparition des *junk bonds*. Le LBO se définit comme une technique permettant d'acheter une entreprise grâce à un endettement important, remboursé par le biais des résultats générés par la société acquise (la cible). La procédure de LBO passe généralement par la création d'une société holding détenue par les investisseurs et qui devient propriétaire de la cible : la société holding rachète la cible en ayant recours pour partie à l'endettement et pour partie aux capitaux apportés par les investisseurs. L'objectif est alors d'endetter la holding au maximum de ce que permet la capacité de remboursement de la cible, la holding remboursant la dette contractée grâce aux bénéfices tirés de l'activité de la cible (effet de levier financier). Compte tenu du très fort endettement attaché à ce type d'opérations de LBO et du niveau de risque élevé qui y est associé, les sociétés sont souvent amenées, pour trouver des financements, à émettre des emprunts à haut rendement (c'est-à-dire à très fort taux d'intérêt) sous la forme d'obligations à cinq, sept ou dix ans. Du fait de leur caractère particulièrement risqué et très spéculatif, ces emprunts obligataires ont été qualifiés de *junk bonds*, littéralement « obligations pourries ».

L'un des premiers cas significatifs de LBO en France a concerné la société Darty et Fils en 1988. La société, cotée en Bourse et valorisée à 7,2 milliards de francs (1,09 milliard d'euros) à ce moment-là, était sous la menace d'une OPA hostile. Pour contrer cette prise de contrôle, les salariés se sont associés à la famille fondatrice et à des investisseurs pour créer la Financière Darty, holding de reprise au capital de 771 millions de francs (117,5 millions d'euros) ; les salariés ont apporté 400 millions de francs (61 millions d'euros), disposant ainsi de 61,8 % des droits de vote et de 51,9 % des droits sociaux de la holding de reprise; la famille fondatrice, associée à des investisseurs, a apporté 371 millions de francs (56,5 millions d'euros), disposant ainsi de 38,2 % des droits de vote et de 48,1 % de droits sociaux de la holding de reprise. La Financière Darty ainsi formée a pu bénéficier d'un prêt bancaire de 5,5 milliards de francs, lui permettant de prendre le contrôle de la société Darty et Fils.

Cette phase de développement des F/A dans les années 1980 a été dominée par le développement d'opérations transnationales (c'est-à-dire impliquant des entreprises de nationalités différentes) et horizontales, ainsi que par une volonté de compenser le mouvement de diversification des années antérieures en privilégiant les opérations liées au recentrage des activités; enfin, les F/A concernaient majoritairement les grandes entreprises et si les cas d'opérations hostiles ont souvent été sur le devant de l'actualité, elles ne représentaient qu'un pourcentage relativement faible de l'ensemble des F/A.

Dans les années 1990, de nombreuses F/A ont concerné des logiques de concentration à l'échelle internationale (visant à faire face à une accentuation de la concurrence et poursuivant un objectif de taille critique) ; en outre, il faut noter une augmentation du nombre d'opérations mises en œuvre par le biais d'échange d'actions (par opposition aux achats d'actions), ainsi qu'une baisse des F/A hostiles. Enfin, la fin de la décennie 1990 est caractérisée par une forte croissance du nombre et du volume de F/A due à l'émergence des secteurs de la «nouvelle économie» (technologie, médias, télécommunication ou TMT) et à l'anticipation d'une convergence technologique entre ces secteurs d'activités, qui encouragent les entreprises à se positionner sur ces domaines prometteurs.

À la fin des années 1990, France Telecom a voulu mettre en œuvre une stratégie de diversification reliée en se développant sur l'ensemble des segments de l'industrie des télécoms afin d'atteindre une taille critique mondiale. Pour cela, l'entreprise voulait être présente sur tous les produits (fixe, mobile, Internet), toutes les technologies (GPRS, UMTS, ADSL) et tous les clients (particuliers, entreprises) à la fois localement et internationalement. En 1999 et 2000, France Telecom a investi plus de 60 milliards d'euros et s'est développée par F/A dans tous ces domaines : rachat de Global one, d'Equant (3 milliards d'euros), de NTL (8 milliards), d'Orange (40 milliards), de Wind, de Mobilcom (4 milliards), de TPSA, etc. Malheureusement la surévaluation du prix des acquisitions et le recours à un endettement excessif ont précipité l'entreprise dans la crise la plus grave de son histoire.

Avec l'explosion de la bulle spéculative de la «nouvelle économie», le volume des F/A a subi un très net recul dans la première moitié de la décennie 2000-2010. Il a alors fallu attendre 2005 pour constater un redécollage des opérations, caractérisé par un grand nombre de F/A de grande envergure. En outre, le mouvement de F/A s'est élargi aux secteurs d'activité hors TMT (énergie, finance, industrie, etc.) et s'est singularisé par des primes d'acquisition en baisse (20 % contre 30 % en 2000). Enfin, de nombreux observateurs soulignent un assainissement du marché des F/A avec une montée en puissance des logiques industrielles (ou stratégiques) par opposition aux pures logiques financières (ou spéculatives). Le volume des F/A a poursuivi sa forte croissance en 2006 (année record avec un volume mondial de transactions de 3 600 milliards de dollars), puis en 2007 (4 500 milliards de dollars). Cette croissance était majoritairement due à la taille des F/A (multiplication des «méga-fusions») et non à leur nombre. Ces opérations correspondaient à la poursuite de la consolidation notamment dans les secteurs des matériaux, de la finance ou de l'énergie, et près de la moitié d'entre elles était transnationale (une des caractéristiques de cette période réside par ailleurs dans le développement des acquisitions dites «sud-nord» réalisées par des groupes issus des pays émergents qui rachètent des entreprises européennes ou américaines). Avec la crise mondiale, cette tendance à la hausse s'est inversée à partir de 2008 et jusqu'en 2010, avec la persistance d'acquisitions de grande taille, mais un volume de transactions en forte baisse (2 400 milliards de dollars en 2009).

Avantages recherchés et logiques des F/A

Les avantages recherchés par les entreprises qui prennent la décision d'entrer dans un processus de F/A sont multiples. Il est cependant utile de distinguer deux catégories d'objectifs qui dépendent de la nature de l'acquisition projetée ; il faut alors différencier les acquisitions « stratégiques », dont l'objectif est d'accéder à des ressources ou des moyens permettant d'améliorer la position concurrentielle de l'entreprise, des acquisitions « opportunistes » à visée purement financière, dont l'objectif est de réaliser une plus-value à court terme en achetant et en revendant une cible dont l'acquéreur a fait augmenter la valeur.

Logiques stratégiques

Les logiques d'acquisitions « stratégiques » peuvent être décomposées en trois catégories : l'accès aux marchés et leur maîtrise, l'accès aux compétences et leur maîtrise, enfin la maîtrise des coûts.

La F/A constitue le moyen pour une firme de s'implanter rapidement sur un nouveau marché, qu'il soit sectoriel ou géographique. Elle lui permet de prendre position sur de nouveaux métiers (ou nouveaux secteurs d'activité) prometteurs et attractifs en termes de perspectives de développement ou de valeur ajoutée. De la même façon, la F/A offre la possibilité d'étendre son activité à de nouvelles zones géographiques particulièrement porteuses (comme en

témoigne au fil du temps la progression des opérations transnationales) en accédant immédiatement à une position de marché conséquente à moindre risque (notoriété, parts de marché, partenaires commerciaux, etc.). Dans ce contexte, le recours à la F/A peut également correspondre à la volonté de renforcer son réseau de distribution à l'étranger en réalisant l'acquisition d'un distributeur local. Enfin, la F/A est souvent mobilisée par les entreprises pour surmonter les barrières culturelles et/ou réglementaires, susceptibles de générer blocages ou échecs commerciaux. L'acquisition d'une entreprise locale permet alors de combiner prise en compte des spécificités culturelles et des impératifs globaux en facilitant l'adaptation aux exigences locales tout en développant une stratégie d'internationalisation.

Afin d'accélérer sa croissance sur le marché chinois, considéré comme stratégique, et d'y renforcer sa présence, L'Oréal a multiplié les rachats dans ce pays au début des années 2000. Ainsi, par exemple, l'entreprise a réalisé l'acquisition de la marque de cosmétiques Xiaohushi (Mininurse) en 2003, puis de la marque Yue-Sai appartenant au groupe américain Coty en 2004. Yue-Sai propose des gammes de produits conçues exclusivement pour les consommatrices chinoises et adaptées aux types de peau asiatiques. Ces acquisitions ont également permis à L'Oréal d'obtenir l'accès à plusieurs sites de production locaux et à plus de mille points de vente dans deux cent cinquante villes chinoises.

En outre, la F/A peut être utilisée pour mettre en œuvre une stratégie de domination de marché ou, à défaut, pour tenter de neutraliser ou d'éliminer ses concurrents. La multiplication de F/A horizontales par une entreprise dans son secteur peut en effet contribuer à augmenter son pouvoir de marché, lui permettant d'obtenir une position dominante. La poursuite de cette position dominante vise à limiter l'influence de ses concurrents, ainsi qu'à augmenter son pouvoir de négociation face aux différentes parties prenantes (clients, distributeurs, fournisseurs, État, banques, salariés, syndicats, etc.). Devant les risques de neutralisation de la concurrence et du phénomène de cartellisation, liés à ce type de manœuvre, les pouvoirs publics mettent en place un certain nombre de garde-fous (c'est le cas aux États-Unis par exemple avec le vote des Sherman Act, Clayton Act et FTC Act au début du XXᵉ siècle qui constituent le socle de la législation antitrust américaine). Aujourd'hui, les autorités de la concurrence des différents États concernés doivent donner leur accord à toute opération de grande envergure susceptible de limiter la libre concurrence et de pénaliser les consommateurs (Commission de l'Union européenne en Europe, Federal Trade Commission aux États-Unis, etc.).

En avril 2010, l'autorité de la concurrence suisse (Commission suisse de la concurrence ou Comco) a rejeté la fusion des filiales suisses respectives de France Telecom et de TDC (l'opérateur danois) : Orange et Sunrise. Selon les autorités de

la concurrence, cette fusion aurait conduit l'entreprise ainsi formée à une position dominante (la fusion aurait en effet abouti à un duopole avec Swisscom) de nature à perturber les mécanismes de concurrence sans qu'un nouvel entrant ait la possibilité ou les moyens de remettre en question la situation sur le marché.

Dans certains cas, la F/A constitue le moyen de lutter contre la menace de concurrents dangereux, soit en les rachetant, soit en rachetant des cibles potentielles dont ils auraient pu s'emparer pour développer leur stratégie de croissance.

En août 1999, Carrefour et Promodès (respectivement n° 1 et n° 6 du secteur de la distribution en France) ont annoncé leur rapprochement. Outre la recherche des effets de complémentarité (en termes de formats des points de vente ou d'implantation internationale) et de taille critique (notamment face aux fournisseurs), cette opération a constitué pour Carrefour le moyen de contrer la menace d'une entrée sur le marché français de son principal concurrent Wal-Mart. C'est en effet le moyen, d'une part, de se protéger d'une attaque directe de Wal-Mart (l'actionnariat de Carrefour apparaissait de moins en moins protégé et il devenait « OPA-ble ») et, d'autre part, de gêner la progression éventuelle de son principal concurrent en France en lui « soufflant » une cible potentielle (Wal-Mart voulait renforcer son implantation européenne et Promodès était en pleine crise de succession, sa taille réduite le rendant très exposé à une OPA éventuelle).

La deuxième catégorie d'objectifs attribuables aux F/A concerne l'accès aux compétences. La F/A constitue en effet le moyen d'accéder très rapidement à des compétences ou des actifs spécifiques (matériels ou immatériels), nécessaires au maintien ou au développement de la position concurrentielle de l'entreprise (c'est le moyen par exemple d'acquérir des compétences techniques nouvelles si l'entreprise souhaite lancer un produit complémentaire à sa gamme ; c'est également le moyen de faire évoluer l'image de ses produits, en rachetant par exemple une entreprise disposant d'une marque forte, lorsqu'elle souhaite compléter son offre par des produits de haut de gamme). La F/A peut également être considérée comme le moyen de surmonter certaines des barrières à l'entrée relatives à une ou plusieurs activités. En fait, devant la difficulté à développer seule l'ensemble des compétences et/ou des actifs dont l'entreprise a besoin (du fait notamment de la complexité et du coût croissant des technologies), l'acquisition constitue une alternative permettant une mise en œuvre particulièrement réactive des stratégies de spécialisation, d'expansion ou de diversification. Par ailleurs, la F/A constitue l'une des seules options possibles lorsque l'entreprise a besoin de technologies ou de compétences protégées (dans le cas de brevets par exemple) qu'elle est dans l'impossibilité de développer en interne.

En 2003, le groupe Virbac (huitième groupe pharmaceutique vétérinaire mondial dont le siège social est installé à Nice) a annoncé le rachat de Bio Veto Test (BVT). Cette société française spécialisée dans les tests de diagnostic (maladies virales et parasitaires des animaux de compagnie) était à l'époque sur le point de déposer un brevet de vaccin contre la leishmaniose du chien, ce qui a permis à Virbac de compléter sa gamme de vaccin destinée aux animaux de compagnie (en effet, Virbac disposait déjà du brevet du vaccin contre la leucose du chat).

La troisième catégorie d'objectifs attribuables aux F/A concerne la recherche d'une meilleure maîtrise des coûts. Dans ce contexte, il est nécessaire de distinguer les effets « volume » des effets de « synergie », permis par les F/A.

La F/A permet tout d'abord de profiter d'économies liées à des effets de « volume » relatifs à l'obtention d'économies d'échelle ou d'effets de taille. Les économies d'échelle se définissent comme la diminution du coût unitaire due à l'augmentation du volume de production et la dilution des frais fixes sur un nombre d'unités produites plus important. La mise en commun de fonctions (production, distribution, etc.) issues de deux entreprises du fait d'une F/A horizontale offre la possibilité d'optimiser l'utilisation des actifs et de bénéficier d'économies d'échelle substantielles ; le rapprochement de deux entreprises peut, par ailleurs, leur permettre d'atteindre une taille efficiente minimale afin d'être compétitive sur une activité donnée. L'effet de taille renvoie à l'augmentation du pouvoir de négociation de l'entreprise face à ses différentes parties prenantes (notamment ses fournisseurs) du fait de son volume d'activité plus important. Une F/A horizontale et l'augmentation du volume d'activité qui y est associée permettent à l'entreprise d'augmenter son pouvoir de négociation sur les parties prenantes et plus particulièrement sur les fournisseurs, offrant ainsi la possibilité de générer des économies notables en termes d'achats.

— Pour aller plus loin et sur les notions d'effets de volume on pourra consulter le chapitre 2 de l'ouvrage *Les 7 points clés du diagnostic stratégique avec la méthode des cas, op. cit.*

Indépendamment des effets « volume », les F/A sont également à l'origine de « synergies », permettant une meilleure maîtrise des coûts. Les phénomènes de synergie désignent traditionnellement un gain lié à la mise en commun et à la gestion conjointe de ressources, supérieur à la somme des gains issus de la gestion indépendante de ces ressources (voir le chapitre 3). Dans le cadre des F/A, les effets de synergie renvoient dans la majorité des cas à des gains issus de la restructuration, de la réorganisation ou de la rationalisation des actifs et des ressources mis en commun par les deux entreprises. La mise en commun de ces actifs par le biais de la F/A permet en effet d'éliminer les ressources excédentaires ou inutiles (doublons) sans pour autant diminuer les *outputs* de l'organisation ; la rentabilité des actifs s'en trouve alors augmentée. Dans cette optique, ces réorganisations concernent classiquement le regroupement des réseaux de distribution, des sites de production ou

des services de R&D et s'accompagnent le plus souvent de suppressions de postes et de fermetures de sites. Plus rarement, les synergies renvoient aux gains issus de la complémentarité des profils des entreprises impliquées dans l'opération de F/A et des transferts de compétences attendus ; cette complémentarité (ressources, compétences ou actifs) est alors susceptible de générer une performance supérieure à la somme des performances issue de la gestion indépendante de ces deux organisations, améliorant de ce fait la rentabilité des actifs cette fois, *via* une action sur le numérateur et non plus sur le dénominateur.

En 2004, Air France et KLM ont fusionné. Les synergies attendues étaient évaluées entre 500 et 1 000 millions d'euros sur cinq ans en termes de baisse des coûts et de hausse du chiffre d'affaires. Ces synergies sont notamment issues de la complémentarité des deux groupes (destinations proposées, couverture et implantations géographiques, segments de marché servis) et des transferts de compétences attendus (dans les domaines de la vente à distance mieux maîtrisée par KLM et du *yield management* sur lequel Air France était en avance sur son partenaire). Par ailleurs, la mise en place d'une centrale d'achat commune devrait permettre de profiter d'effets de taille et la possibilité d'homogénéiser la flotte de même que la centralisation de certains services ou fonctions (réseau commercial ou systèmes informatiques par exemple) devaient conduire à l'émergence d'économies d'échelle.

Les communiqués de presse issus des entreprises défendant les opérations de F/A mettent très souvent en avant ces synergies financières, présentées comme la justification économique de l'opération. En effet, elles constituent une compensation possible de la prime d'acquisition (c'est-à-dire du surcoût) que doit supporter l'acquéreur. Cependant, les effets de ces synergies sont parfois mal évalués (voire surévalués) tant en ce qui concerne leur montant que leur horizon de réalisation ; en outre, leur réalité a souvent été contestée.

Logiques financières

En parallèle à ces logiques « stratégiques » ou « industrielles », certaines F/A sont guidées par la volonté de réaliser une plus-value à court terme, par le biais d'un « aller-retour » achat/vente sur une cible dont la valeur va augmenter, du fait d'une amélioration de la gestion (opérationnelle ou stratégique) et/ou en profitant d'une situation de sous-évaluation initiale. Souvent mises en œuvre par les fonds d'investissement (*private equity*) à la recherche d'une rentabilité rapide, ces logiques de rachat s'appuient le plus souvent sur des techniques de LBO. Depuis 1990, l'activité de ces fonds d'investissement a considérablement augmenté. Leur démarche peut être décomposée en plusieurs étapes : tout d'abord, parvenir à lever de grandes quantités de capitaux

propres auprès d'un *pool* d'investisseurs, puis enchérir et réaliser l'acquisition de cibles en ayant recours à un fort levier d'endettement ; ensuite modifier le système d'incitation des dirigeants afin de leur attribuer une plus grande part de la valeur créée pour les actionnaires (pour augmenter leur motivation et aligner leur intérêt sur celui des investisseurs), placer les associés du fonds d'investissement, qui ont un intérêt majeur au succès de l'entreprise rachetée, au sein de son conseil d'administration, et gérer l'entreprise en privilégiant la production de *cash-flow*, enfin revendre l'entreprise à l'horizon trois à cinq ans en maximisant la plus-value (en procédant à une revente de l'entreprise rachetée dans son intégrité ou en la cédant « par appartement »).

En mars 2010, Montagu Private Equity a annoncé la vente à un autre fonds d'investissement, Cinven, de Sebia, une société spécialisée dans le domaine du diagnostic *in vitro* des pathologies cancéreuses et des hémoglobinopathies. Rachetée en 2006 par Montagu, Sebia a connu en quatre ans une forte croissance notamment en termes de lancement de nouveaux produits et d'implantations internationales (rachat des activités de diagnostic de Beckmann). La transaction portait sur un montant de 800 millions d'euros (douze fois et demie le résultat d'exploitation 2009), soit trois fois la valeur de l'investissement initial consenti par Montagu en 2006.

La performance contestée des F/A et les facteurs de réussite

La plupart des études menées sur la question de la performance des F/A concluent à un taux d'échec particulièrement important de cette manœuvre (situé entre 50 et 70 %). Ainsi, dans de nombreux cas, on peut constater que la cible rachetée est rapidement revendue, ou que les groupes formés par les opérations de F/A ne parviennent pas à générer des résultats supérieurs à la moyenne de leur secteur d'activité, ou encore que les rendements boursiers (c'est-à-dire la création de valeur boursière) issus d'une acquisition sont négatifs pour l'acquéreur. Dans ce contexte, si certaines conditions initiales préalables ont été identifiées comme favorables à la réussite de la F/A (proximités organisationnelle et culturelle des partenaires, expériences des opérations de F/A au sein des organisations, complémentarité des équipes de direction, similarité des secteurs d'activité concernés, préexistence de liens capitalistiques entre les firmes, taille équivalente des partenaires, etc.), la gestion de la phase de post-fusion semble constituer le facteur clé central de la réussite de ce type d'opération. En effet, les processus qui doivent aboutir à l'unification des fonctions, des services, des équipes ou des méthodes de travail, induisent un traumatisme pour les deux structures, ainsi qu'un phénomène de turbulence et d'incertitude, générateur de problèmes opérationnels, organisationnels et humains. Ce phénomène de turbulence est généralement caractérisé par un manque d'informations et par l'apparition de rumeurs, ainsi que par un fort sentiment d'incertitude, d'insécurité et d'anxiété au sein du personnel (dû à l'instabilité de la situation). En outre, la restructuration des lignes hiérarchiques entraîne des conflits de loyauté et des oppositions éventuelles aux décisions de la nouvelle équipe de direction ; enfin, le bouleversement des repères et la confrontation de cultures différentes peuvent entraîner un sentiment de perte d'identité et de rejet.

Plusieurs éléments apparaissent essentiels pour maximiser les chances de réussite de cette phase post-fusion. Le premier concerne la mise en place d'une méthodologie d'intégration rigoureuse (Hartmann, Geismar et Leroy, 2003). Celle-ci doit s'appuyer sur des équipes expérimentées (internes ou externes à l'entreprise, par exemple sous la forme de consultants spécialisés). En outre, le processus d'intégration doit être formalisé et les étapes successives de l'opération doivent être définies et séquencées avec précision dans le temps ; un suivi précis de l'avancement et de l'atteinte des objectifs doit être réalisé afin de maintenir les équipes dans une mobilisation permanente. Par ailleurs, certaines décisions doivent être prises très rapidement pour réduire l'espace d'instabilité (nomination des principaux responsables pour réduire les luttes de pouvoir et l'incertitude par exemple) même s'il est indispensable d'adopter une vision contingente des changements à apporter en fonction des secteurs d'activité, des métiers ou des fonctions concernées. Le deuxième élément concerne la mise en place d'une communication de crise permettant de désamorcer les conflits éventuels (Evrard-Samuel, 2003). Dans ce cadre, la communication doit être cohérente et pertinente (l'information doit être fiable et crédible pour générer un sentiment de confiance), transparente (l'information diffusée doit répondre à toutes les questions qui peuvent se poser : changements à venir, choix stratégiques, etc.), rapide (l'information doit être diffusée immédiatement afin de limiter l'angoisse et l'incertitude), et relayée (les cadres intermédiaires doivent constituer des relais de communication en interne et en externe afin de renforcer la crédibilité de la communication de la firme). Le troisième élément touche à la mobilisation des équipes. Celle-ci dépend en grande partie de l'atteinte des premiers résultats positifs liés à la fusion. Cependant, si les synergies financières et les économies issues des mesures de restructuration et de rationalisation sont à la fois les plus rapides et les plus faciles à obtenir, en revanche, elles ne sont pas les plus mobilisatrices du fait de leur caractère anxiogène ; elles sont en effet liées aux modifications des profils de postes, aux suppressions de postes, aux mutualisations des fonctions, etc. Il est donc nécessaire de focaliser l'attention des équipes sur une vision stratégique associée au rapprochement des entreprises et au futur de la nouvelle organisation (croissance, implantation sur de nouveaux marchés, lancement de produits, etc.) et de fixer des jalons permettant la visualisation de l'atteinte de ces objectifs, afin de donner du sens à la fusion (au-delà de l'aspect de réduction des coûts). Enfin, le dernier élément visant à réussir la phase post-fusion concerne le caractère effectif des transferts de compétences et de connaissances. L'accès aux compétences constitue l'un des objectifs majeurs poursuivis par les entreprises impliquées dans les F/A. Or, les risques sont forts de pertes ou de fuite des compétences et/ou connaissances, surtout lorsque ces dernières sont de nature informelle et tacite. Ainsi, au-delà de la mise en place de systèmes d'information interreliés entre les entreprises, il est nécessaire de faciliter l'échange de ces compétences tacites entre les personnels des deux entités : dans ce cadre, la rotation des équipes de travail et la mixité des équipes permettent de faciliter la socialisation entre les personnels issus des deux entreprises, ainsi que les transferts de savoir-faire.

Ce qu'il faut retenir

La fusion-acquisition (F/A) se définit comme la prise de contrôle d'une entreprise (la cible) par une autre (l'acquéreur) ou comme le regroupement dans une seule entreprise de deux sociétés précédemment indépendantes, au rapport de force équilibré (fusion égalitaire). La F/A ne constitue pas en elle-même une stratégie de croissance de l'entreprise, mais plutôt une modalité possible de la mise en œuvre des axes de croissance (spécialisation, expansion, diversification) choisis par l'organisation. Ainsi, si la vague de F/A caractéristique des années 1960 correspondait à la volonté des entreprises de se diversifier tous azimuts afin de profiter des opportunités de croissance liées à l'après-guerre, celle des années 1980 correspondait à un mouvement de recentrage sur leur métier de base. Dans cette optique, la F/A va constituer le moyen d'accéder à des ressources ou des actifs extérieurs à l'entreprise, par le biais desquels l'entreprise pourra réduire ses coûts, s'implanter sur de nouveaux marchés ou développer de nouvelles compétences, au service de la stratégie retenue. Pourtant au-delà des logiques stratégiques à long terme, la F/A peut également s'inscrire dans une logique plus spéculative (celle des *private equity*) visant à réaliser une plus-value à court terme, par le biais d'un « aller-retour » (achat/vente) sur une cible dont la valeur va augmenter, du fait d'une amélioration de la gestion (opérationnelle ou stratégique) et/ou en profitant d'une situation de sous-évaluation initiale. Enfin, si le montant associé au marché des F/A est très élevé (entre 2 500 milliards et 4 500 milliards de dollars sur la période 2005-2010), les taux de réussite de cette manœuvre restent faibles (entre 50 et 70 %). Dans ce cadre, si les éléments de compatibilité ou de complémentarité des entreprises impliquées constituent des atouts pour le succès, la gestion de la phase de post-fusion (notamment sur le plan humain) semble constituer le facteur clé central de la réussite de ce type d'opération.

Tester ses connaissances

1 Laquelle de ces affirmations vous paraît erronée ?

a) L'objectif d'une fusion-acquisition (F/A) est d'accéder à de nouveaux marchés.

b) L'objectif d'une F/A est de réduire le chiffre d'affaires.

c) L'objectif d'une F/A est d'accéder à de nouvelles compétences.

d) L'objectif d'une F/A est de neutraliser la concurrence dans un secteur.

2 Laquelle de ces affirmations vous paraît la plus pertinente ?

a) La F/A se définit comme la prise de contrôle d'une entreprise par une autre.

b) Les entreprises impliquées dans une F/A conservent leur autonomie à l'extérieur des activités de la F/A.

c) La F/A correspond à une situation où coexistent deux organisations indépendantes qui travaillent de manière conjointe.

3 Le rachat de son fournisseur par une entreprise se définit comme :

a) Une acquisition verticale.

b) Une acquisition horizontale.

c) Ni l'une ni l'autre.

4 Laquelle de ces affirmations vous paraît la moins pertinente ?

a) Le *leveraged buy-out* (LBO) se traduit par la prise de contrôle d'une entreprise par une autre.

b) Le LBO se définit comme une technique permettant d'acheter une entreprise grâce à un endettement important, remboursé par le biais des résultats générés par la société acquise (la cible).

c) Le LBO ne se traduit pas par la prise de contrôle d'une entreprise par une autre.

5 Explicitez le fonctionnement des *private equity*.

6 Identifiez les éléments nécessaires à la réussite d'une opération de LBO.

7 Définissez le concept de F/A horizontale.

Réponses p. 307.

Tester sa compréhension

1 Laquelle de ces affirmations vous paraît la moins pertinente?

a) Il est possible de mettre en œuvre une stratégie de recentrage par le biais de la F/A.

b) Il est impossible de mettre en œuvre une stratégie de recentrage par le biais de la F/A.

c) Il est possible de mettre en œuvre une stratégie de diversification par le biais de la F/A.

d) Il est possible de mettre en œuvre une stratégie de spécialisation par le biais de la F/A.

2 Laquelle de ces affirmations vous paraît la plus pertinente?

a) Une OPA se traduit obligatoirement par la disparition de la société rachetée.

b) Une OPA hostile peut se transformer en OPE amicale si l'acquéreur augmente le prix proposé.

c) Une OPA hostile peut se transformer en OPA amicale.

d) Aucune des affirmations précédentes n'est juste.

3 Laquelle de ces affirmations vous paraît la moins pertinente?

a) La croissance du nombre de F/A depuis 1980 est liée à la volonté de recentrage des entreprises.

b) La croissance du nombre de F/A depuis 1980 est liée à l'évolution de la réglementation et à l'ouverture politique et économique des frontières.

c) La croissance du nombre de F/A depuis 1980 est liée à l'impact positif majeur démontré de cette manœuvre sur la performance de l'acquéreur.

d) La croissance du nombre de F/A depuis 1980 est liée à la sophistication croissante du marché financier.

4 Laquelle de ces affirmations vous paraît la moins pertinente?

a) La F/A vise à générer des effets de synergie par la suppression de doublons dans les fonctions des entreprises impliquées.

b) La F/A vise à générer des effets de synergie par le rapprochement de deux cultures différentes.

c) La F/A vise à générer des effets de synergie par la recherche de complémentarité dans les compétences des entreprises impliquées.

5 Listez trois avantages principaux traditionnellement associés à la F/A. Discutez leur applicabilité à la F/A horizontale et à la F/A de diversification.

6 Explicitez et discutez la notion d'effets de synergie dans le contexte d'une stratégie de F/A.

7 Listez et discutez l'efficacité des différents modes de défense possibles face à une OPA hostile dans le cas Arcelor-Mittal.

Réponses p. 307.

Croissance et alliances

Définition et contexte d'application

L'alliance, autrement qualifiée de partenariat, est une entité organisationnelle au sein de laquelle sont associées au minimum deux entreprises qui vont mettre en commun un certain nombre de ressources (humaines, technologiques, financières, etc.) nécessaires à la réalisation d'un projet. Ces ressources peuvent être similaires ou complémentaires. Ce projet peut porter sur la réalisation conjointe d'un programme de R&D, le développement d'un nouveau produit, l'implantation sur un marché étranger, l'apprentissage de nouvelles connaissances... Les objectifs associés à une alliance sont multiples. L'alliance est par définition une entité organisationnelle souple et polyvalente. C'est également une entité organisationnelle qui est souvent éphémère, car dès lors que le projet commun est conduit à son terme, l'alliance perd sa raison d'être et peut être dissoute par les partenaires. L'alliance est avant tout envisagée comme une entité organisationnelle permettant à l'entreprise de mettre en œuvre sa stratégie de croissance. L'entreprise engagée dans une manœuvre de spécialisation, d'expansion, d'internationalisation ou encore de diversification peut dans chacun de ces cas s'appuyer sur une alliance. Au cours du temps, une même entreprise peut former plusieurs alliances avec les mêmes partenaires (on parlera alors de «liens répétés») ou avec des partenaires différents. Cette accumulation d'alliances peut se faire sans chercher à coordonner les différentes alliances; celles-ci fonctionnant indépendamment les unes des autres. Au contraire, l'entreprise impliquée simultanément dans plusieurs alliances peut chercher à les organiser au sein de ce que l'on appelle un «portefeuille d'alliances».

Figure 1 : Les différentes formes d'alliance

Nombre de partenaires	Alliance bilatérale	Alliance multilatérale
Nationalité des partenaires	Alliance domestique	Alliance internationale
Dimension capitalistique	Alliance non capitalistique	Alliance capitalistique

Ce qu'il faut savoir

Dès lors que deux ou plusieurs entreprises ont décidé de travailler ensemble, il s'agit de choisir une forme spécifique d'alliance : bilatérale ou multilatérale, internationale ou domestique, et capitalistique ou non capitalistique (voir la figure 1). De nombreuses formes d'alliances entre entreprises existent, et il est important d'en connaître les principales caractéristiques.

Une alliance se définit en premier lieu par rapport au nombre d'entreprises impliquées. Cela peut concerner au minimum deux entreprises, ce qui représente la grande majorité des alliances qui se forment dans le monde. Cependant, d'autres alliances impliquant un grand nombre de partenaires sont possibles. Celles-ci sont qualifiées de «consortium» et s'observent dans des secteurs d'activité où les entreprises cherchent à imposer un standard technologique à l'ensemble du marché ou à produire un effet de taille qu'elles n'obtiendraient pas seules. Le secteur des équipementiers des télécommunications est ainsi l'objet d'alliances entre fournisseurs de systèmes d'exploitation et fabricants de téléphones mobiles, dont l'objectif est d'imposer un standard de plate-forme logicielle. À l'image de l'alliance entre, d'un côté, Google et son système d'exploitation Android, et, de l'autre, HTC, Sony Ericsson, LG, Samsung et Motorola, de nombreux consortiums se forment dans ce secteur. Le transport aérien est un autre exemple de secteur d'activité propice à la formation de consortiums (c'est le cas de Skyteam, impliquant autour d'Air France-KLM plus d'une dizaine de compagnies aériennes). Dans ce dernier cas, l'objectif recherché par ces consortiums est de faciliter l'expansion internationale des compagnies aériennes *via* des *code-sharings*.

Une alliance se définit en deuxième lieu par rapport à l'origine géographique des partenaires. Une alliance domestique concerne exclusivement des entreprises d'un même pays. Une alliance internationale associe des entreprises de pays différents. Une conséquence de la globalisation des marchés est la multiplication des alliances internationales qui représentent aujourd'hui la grande majorité des alliances qui se forment dans le monde.

Enfin, une alliance se distingue selon que celle-ci implique des investissements en actifs et en capitaux (dimension capitalistique) ou pas (dimension non capitalistique) de la part des partenaires. La filiale commune (ou *joint-venture*) est l'exemple type de l'alliance capitalistique. Cette forme d'alliance est la plus formalisée, car elle donne lieu à la création d'une nouvelle entreprise. Les partenaires apportent à leur filiale commune toutes les ressources nécessaires (technologiques, humaines, financières, marketing, etc.) pour que celle-ci fonctionne de manière autonome (voir la figure 2). La filiale commune est utilisée fréquemment par les entreprises étrangères investissant dans les pays émergents tels que la Chine, le Brésil ou la Russie. Celles-ci transfèrent à la filiale commune des actifs financiers (financement et capacité d'endettement), technologiques (brevets, R&D, savoir-faire, et process de production) et marketing (marques et publicité). Ces ressources sont généralement qualifiées d'« amont » (voir la figure 2). De son côté, le partenaire local apporte à la filiale commune des actifs commerciaux (réseaux de distribution, force de vente et connaissance des clients), des sites de production, le personnel et ses relations avec les autorités locales. Ces ressources sont qualifiées d'« aval » (voir la figure 2). L'autonomie de gestion de la filiale commune est néanmoins contrainte par la réalisation des objectifs des partenaires. En effet, la direction générale de la filiale commune (constituée d'un représentant de chaque partenaire) prend des décisions qui doivent être avalisées au préalable par chaque partenaire. Ce système de prise de décision est long et complexe, car il implique de nombreux acteurs (les différents partenaires et la filiale commune). Un tel système est source de conflits entre des partenaires dont les objectifs et le comportement peuvent évoluer au cours du temps et devenir antagonistes.

Afin de trouver de nouveaux débouchés à sa voiture *low-cost* Logan, Renault s'est associé en 2005 avec le groupe automobile Mahindra & Mahindra pour entrer sur un marché stratégique à l'international : le marché indien. Les deux entreprises ont formé une filiale commune (ou *joint-venture*), Mahindra Renault, dont le capital était réparti de la manière suivante : 51 % pour Renault et 49 % pour Mahindra & Mahindra. Dans la répartition des tâches entre le partenaire français et le partenaire indien, il a été prévu que Mahindra & Mahindra se charge d'assembler les Logan dans son usine de Nashik dans l'État de Maharashtra et de les commercialiser dans son propre réseau de distribution. De son côté, Renault fournit les pièces, les

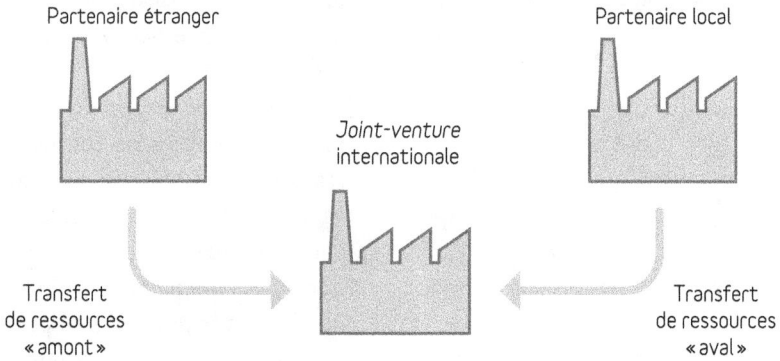

Figure 2 : Joint-venture *internationale et transfert de ressources «amont» et «aval»*
(Meschi, 2009a et b)

composants automobiles et le moteur et assure un certain niveau de transfert de technologie. Les premières Logan indiennes ont été vendues en 2007. Cependant, le succès n'a pas été au rendez-vous, avec seulement 44 000 ventes de 2007 à 2010. En avril 2010, Renault a décidé de se désengager du marché indien en cédant ses parts de la filiale commune à son partenaire.

Pour aller plus loin : www.renault.com et www.mahindra.com

À côté de l'alliance capitalistique, on trouve d'autres formes d'alliances n'impliquant pas d'investissements en actifs et en capitaux. On parle alors d'alliances non capitalistiques. Celles-ci sont nombreuses et peuvent couvrir différentes fonctions de l'entreprise (accords de distribution, de R&D, ou encore de production). Il peut également s'agir d'accords de franchise ou de production sous licence. À la différence des filiales communes, ces alliances ne conduisent pas à la création d'une nouvelle entreprise et sont par conséquent moins formalisées.

Pour que l'alliance soit un succès, il est nécessaire que celle-ci soit formée en respectant un certain nombre d'étapes. Tout d'abord, il est impératif de lui confier la réalisation d'un ou de plusieurs objectifs. Comme n'importe quel mode de croissance (fusion, acquisition, ou encore développement interne), l'alliance nécessite une définition claire de l'objectif ou des objectifs qui vont lui être assignés par les entreprises impliquées. La définition des objectifs est une étape incontournable à la formation de l'alliance, car elle va permettre d'évaluer le succès futur de l'alliance, celui-ci se mesurant à partir du degré de réalisation des objectifs des partenaires de l'alliance. Ensuite, pour ce qui concerne spécifiquement l'alliance d'expansion dans un marché étranger (internationalisation) ou dans un nouveau métier, il faut déterminer s'il s'agit du mode de croissance le plus adapté aux contraintes des entreprises. En effet, d'autres modes de croissance, en l'occurrence l'acquisition et le développement par filiale gérée en propre (développement interne), peuvent être mobilisés par les entreprises pour réaliser le même objectif d'expansion. La question se pose alors de savoir comment arbitrer entre l'alliance et ces autres modes de croissance. Enfin, dès lors qu'une entreprise s'engage dans une nouvelle alliance, il s'agit de la positionner par rapport aux autres alliances de l'entreprise dans une logique de portefeuille d'alliances. Plus précisément, cela signifie évaluer, d'une part, sa contribution aux objectifs stratégiques de l'entreprise, et, d'autre part, les synergies éventuelles avec les autres alliances, filiales et activités de l'entreprise.

Les objectifs de l'alliance

Une alliance répond à un grand nombre d'objectifs (voir la figure 3). Premièrement, l'alliance peut être assimilée à un véritable mode de croissance. En effet, l'une des premières fonctions de l'alliance est d'être le support organisationnel des manœuvres de croissance. L'alliance peut jouer un rôle clé pour chacune des manœuvres présentées dans la matrice de croissance d'Ansoff : la spécialisation, l'extension de gamme (ou expansion métier), l'expansion de marché (ou expansion mission), l'internationalisation et la diversification.

L'alliance comme support d'une manœuvre de spécialisation

L'alliance avec un ou plusieurs partenaires peut être le moyen permettant à une entreprise de consolider sa position concurrentielle au niveau de son cœur de métier. Dans ce cas, l'alliance doit être conçue de manière à rendre plus compétitive l'offre actuelle de l'entreprise (correspondant à un ensemble de produits, de services et/ou de technologies qui sont exploités actuellement par l'entreprise) ou à accélérer l'exploitation d'une offre compétitive auprès de sa clientèle. Dans le cas de la recherche d'une amélioration de compétitivité, il est fréquent d'observer la formation d'alliances entre des entreprises qui sont des acteurs secondaires ou en situation difficile au sein d'un secteur d'activité particulier. L'idée sous-jacente est d'opérer un rattrapage sur les leaders du secteur au niveau des coûts de revient en créant un effet de taille induit par la mise en commun des actifs de ces acteurs secondaires. Cette alliance de rattrapage se concrétise fréquemment par la formation d'une filiale commune (ou *joint-venture*) aux deux partenaires. Ce type d'alliance s'apparente souvent à une quasi-fusion. Cela a été ainsi le cas de l'alliance entre les filiales de Sony et d'Ericsson dans le secteur de la téléphonie mobile ou de celle entre les filiales de GKN (Westland) et de Finmeccanica (Agusta) dans le secteur des hélicoptères. Dans le cas de la recherche d'exploitation d'une offre compétitive, l'alliance permet de gagner du temps en accélérant la conquête de parts de marché.

Ipsen est une entreprise pharmaceutique française qui est spécialisée dans les médicaments de spécialité (oncologie, endocrinologie, neurologie et hématologie). Cette entreprise est très active dans la recherche de nouveaux produits biopharmaceutiques à forte croissance. Cela a conduit Ipsen à développer et à déposer des brevets pour plusieurs toxines botuliques à usage esthétique et dermatologique. Ipsen les commercialise sous deux marques : Dysport et Azzalure. Ces toxines botuliques à usage esthétique connaissent une croissance à deux chiffres en France. Cependant, Ipsen n'a pas les moyens suffisants pour à la fois exploiter une telle croissance en France et s'ouvrir de nouveaux marchés à l'étranger (en effet, les frais d'autorisation de mise sur le marché, ou AMM, sont élevés). De plus, la concurrence s'accentue dans ce domaine avec l'émergence de nouveaux entrants (tels que les marques Vistabel et Botox du laboratoire Allergan et NeuroBloc du laboratoire Solstice Neurosciences) qui se développent très rapidement. Ces différents éléments ont conduit Ipsen à s'allier avec un poids lourd du secteur de la dermatologie, Galderma. En décembre 2007, les deux entreprises se sont entendues pour signer un accord de distribution d'une durée de douze ans dans lequel Galderma a obtenu les droits exclusifs de développement, de promotion et de distribution des toxines botuliques d'Ipsen dans le monde, à l'exception des États-Unis, du Canada et du Japon (où Ipsen est engagée avec d'autres partenaires ou possède son propre réseau de distribution). De son côté, Ipsen s'est chargé de la production et du développement de nouvelles toxines botuliques. Les deux partenaires se rémunèrent en partageant le chiffre d'affaires réalisé à partir de la vente de ces toxines botuliques dans le monde. Il s'agit là pour Ipsen d'une alliance de spécialisation qui a permis à l'entreprise pharmaceutique française d'accélérer l'exploitation d'une offre compétitive en matière de médicaments à usage esthétique et dermatologique.

— Pour aller plus loin : www.ipsen.com et www.galderma.fr

L'alliance comme support d'une manœuvre d'extension de gamme (expansion métier)

L'alliance avec un ou plusieurs partenaires peut permettre à une entreprise d'élargir son offre actuelle en intégrant de nouveaux produits. Ces nouveaux produits présentent un fort potentiel de croissance et sont souvent élaborés à partir de technologies que ne maîtrise pas l'entreprise. Dans ce cas, l'alliance doit être conçue de manière à s'appuyer sur un partenaire issu d'un autre secteur d'activité (donc non concurrent) et possédant ces technologies.

Le secteur des yaourts est marqué par le développement des « alicaments » : ces nouveaux produits combinent une utilité alimentaire avec des vertus médicales. Danone, l'un des grands acteurs de ce secteur, a su rapidement s'imposer dès le début des années 2000 en proposant une nouvelle gamme de produits et de marques en relation avec ces alicaments. Danone a ainsi lancé la gamme des yaourts Activia et Actimel utilisant le principe du bifidus actif. Ce principe est censé avoir des vertus médicales en favorisant le transit et en régénérant la flore intestinale. Afin de rattraper son retard sur Danone, Yoplait a décidé de signer un accord de R&D avec un laboratoire canadien de biotechnologies, Neptune Technologies et Bioressources (NTB). Ce laboratoire est spécialisé dans la production d'huile de krill (il s'agit d'une petite crevette que l'on trouve dans les eaux froides de l'Atlantique nord). Cette huile marine, qui possède une densité d'oméga-3 huit à dix fois supérieure à n'importe quelle huile de poisson, est censée produire des effets bénéfiques pour lutter contre les maladies cardio-vasculaires. L'idée de Yoplait est de travailler avec ce laboratoire canadien afin d'arriver à neutraliser l'odeur forte de poisson de l'huile de krill et de l'inclure dans une nouvelle gamme de yaourts. Cet accord de R&D illustre l'utilisation de l'alliance comme support d'une manœuvre d'extension de gamme.

➤ Pour aller plus loin : www.yoplait.fr

L'alliance comme support d'une manœuvre d'expansion de marchés (expansion mission)

L'alliance peut permettre à une entreprise de proposer ses produits à de nouveaux clients ou marchés. Il s'agit d'utiliser l'alliance comme un moyen d'accès à un segment de clientèle que l'entreprise ne peut pas exploiter seule, en raison de problèmes technologiques et/ou financiers.

Dans le cadre de la restructuration des anciens arsenaux soviétiques, l'entreprise Vertolety Rossii (« Hélicoptères de Russie »), spécialisée dans la fabrication d'hélicoptères, a été formée en 2006 en fusionnant les différents acteurs russes de ce secteur (Mil, Kamov, Kazan Helicopter, Ulan Ude Aviation, Rostvertol, Kumertau Aviation et Sazykin Arsenev Aviation). Vertolety Rossii a de grandes ambitions pour l'avenir. La firme russe espère doubler sa part de marché mondial entre 2008 et 2015. Vertolety Rossii produit des hélicoptères moyens, lourds et super-lourds destinés quasi exclusivement au marché militaire. Si l'entreprise russe veut réaliser ses ambitions de croissance mondiale, il est impératif qu'elle développe une gamme d'hélicoptères pour le marché civil. C'est l'une des principales raisons qui a incité l'entreprise russe à signer un accord de production sous licence en Russie de deux hélicoptères du groupe italo-britannique AgustaWestland : l'hélicoptère civil léger AW119 et l'hélicoptère civil intermédiaire AW139. Cette alliance a permis à Vertolety Rossii d'accéder à la fois au marché civil et à une gamme d'hélicoptères (légers et intermédiaires) absente de son portefeuille de produits.

➤ Pour aller plus loin : consulter l'étude de cas suivante diffusée par la CCMP : Meschi, P.-X., Tabatoni, O., «Eurocopter face à AgustaWestland : la stratégie des acteurs européens de l'industrie des hélicoptères en 2010», Référence G1681, 2010.

L'alliance comme support d'une manœuvre d'internationalisation

L'alliance peut permettre à une entreprise étrangère de s'implanter dans un nouveau pays en s'appuyant sur un partenaire local. L'alliance est conçue alors par l'entreprise étrangère comme un mode d'entrée. Elle se traduit souvent par la formation d'une filiale commune (ou *joint-venture*) avec une entreprise locale. L'utilisation de l'alliance comme mode d'entrée est particulièrement fréquente dans les pays émergents. En effet, en s'alliant avec une entreprise du pays cible, l'investisseur étranger espère bénéficier des «connaissances locales» de son partenaire. Ces connaissances locales portent sur la réglementation, l'accès aux réseaux de distribution, les goûts et les habitudes de consommation, et les relations avec les autorités du pays cible. L'accès à ces connaissances locales dans le cadre d'une alliance doit permettre à l'entreprise étrangère de se protéger du risque pays, de devenir un acteur quasi local et de se construire une position concurrentielle solide dans le pays. D'une manière générale, si l'entreprise locale apporte à l'alliance ses connaissances locales, l'entreprise étrangère apporte de son côté ses technologies et ses brevets, ses capacités financières et ses marques. La filiale commune créée en 2005 à l'initiative de Renault et de Mahindra & Mahindra en Inde (voir plus haut) constitue un exemple de l'utilisation de l'alliance comme support d'une manœuvre d'internationalisation.

L'alliance comme support d'une manœuvre de diversification

L'alliance peut permettre à une entreprise de développer un nouveau métier, que celui-ci soit en lien ou pas avec son cœur de métier (diversification reliée ou non reliée). Dans ce cas, l'alliance doit être conçue de manière à créer une nouvelle offre pour l'entreprise en mettant en présence des partenaires complémentaires du point de vue des ressources et des actifs. Une alliance de diversification peut prendre la forme d'une filiale commune ou d'un accord non capitalistique. Cependant, c'est la *joint-venture* qui, en mettant en présence les partenaires au quotidien au sein d'une entité organisationnelle commune, facilite le plus le processus d'apprentissage et de transfert des connaissances d'un partenaire à un autre.

La filiale commune créée à l'initiative de Danone et du groupe agroalimentaire américain Chiquita Brands constitue un exemple d'alliance de diversification. En effet, l'objectif de Danone est d'utiliser cette alliance pour développer une nouvelle activité : les boissons à base de fruits (communiqué de presse[10]) : «*Danone et Chiquita créent une joint-venture pour commercialiser des boissons à base de fruits. Danone annonce aujourd'hui [30 mars 2010] la création d'une joint-venture en partenariat avec Chiquita Brands International pour commercialiser des boissons à base de fruits en Europe.*

10. http://fr.finance.yahoo.com/actualites, consultation du 18 février 2011

La joint-venture fournira à Danone une base de départ (à travers la marque Just Fruit in a Bottle® de Chiquita) pour explorer et développer des produits à base de fruits, ce qui lui permettra de compléter son portefeuille santé de produits laitiers frais et d'accroître son potentiel de croissance en Europe. Selon les termes de l'accord, Danone détiendra 51 % des parts de la joint-venture et en contrôlera le management (en échange d'une somme versée en numéraire à Chiquita). La nouvelle entité disposera d'un droit d'utiliser la marque Chiquita au terme d'un contrat de licence. L'opération sera soumise à l'autorisation des autorités administratives habituelles et devrait être effective au premier semestre 2010. Durant ces quatre dernières années, la marque Just Fruit in a Bottle® de Chiquita est devenue l'une des principales marques de "smoothies" en Europe. Elle est présente dans 12 pays et a réalisé un chiffre d'affaires d'environ 20 millions d'euros en 2009. La nouvelle joint-venture, dont le siège sera installé à Paris, sera le distributeur exclusif de Just Fruit in a Bottle® et de toutes les futures boissons à base de fruits de la marque Chiquita en Europe. Danone apportera à cette joint-venture la puissance de sa recherche en nutrition, son potentiel de développement et sa présence géographique complémentaire de celle de Chiquita. De son côté, Chiquita apportera le capital de sa marque, ainsi que son expertise commerciale et logistique locale. Concrètement, ce partenariat permettra d'accélérer efficacement la croissance de Just Fruit in a Bottle®. Bernard Hours, directeur général délégué de Danone, a

commenté : "Nous sommes heureux de devenir partenaires de Chiquita pour offrir aux consommateurs des produits frais sains, à base de fruits. La force de Danone dans le domaine de la santé en Europe, combinée avec l'expertise opérationnelle de Chiquita en matière de boissons à base de fruits, créera de formidables opportunités de croissance à long terme." "Ce partenariat entre Chiquita et Danone tire profit de nos forces complémentaires pour développer plus rapidement et efficacement notre produit Just Fruit in a Bottle® en Europe", affirme Fernando Aguirre, président-directeur général de Chiquita. »

L'alliance comme vecteur d'apprentissage inter-organisationnel

À côté des manœuvres de croissance, l'alliance permet de s'approprier des connaissances et des savoir-faire que l'entreprise ne possède pas initialement. Comme le notent Hamel, Doz et Prahalad en 1989 dans un article de la *Harvard Business Review* (page 134) : « *Les firmes [...] considèrent chaque alliance comme une fenêtre sur les compétences de leurs partenaires. Elles utilisent l'alliance pour transférer des compétences et les diffuser systématiquement au sein de leur propre organisation.* » Les connaissances et savoir-faire recherchés sont souvent de nature technologique ou commerciale, mais peuvent être aussi de nature managériale ou organisationnelle. Dans ce dernier cas, des études académiques récentes ont montré qu'une alliance pouvait être utilisée avec profit comme procédure d'évaluation d'une cible dans un contexte d'acquisition (Métais, Meschi et Shimizu, 2011).

L'alliance comme mode de restructuration d'une activité de l'entreprise

Il ne s'agit plus ici de développer de nouveaux marchés, de nouveaux produits ou un nouveau métier, mais au contraire de se recentrer et de réduire le périmètre de l'entreprise en cédant l'une de ses activités ou de ses fonctions (logistique, distribution, ou encore système d'informations). L'alliance permet de trouver un partenaire intéressé par cette activité ou fonction et de la lui transférer progressivement dans le cadre d'une alliance. Ce type d'alliance est qualifié de « transition ». L'alliance de transition a l'avantage par rapport à une cession classique de permettre un transfert en

douceur de l'activité pour le cédant et de donner le temps à l'acquéreur d'intégrer l'activité et de faciliter l'apprentissage des connaissances associées à cette activité.

━━ Pour aller plus loin sur l'alliance de transition, on pourra consulter le chapitre 9 de l'ouvrage dirigé par O. Meier, *Stratégies de croissance*, Dunod, 2009.

Critères de choix entre l'alliance et les autres modes de croissance

Pour l'entreprise engagée dans une manœuvre d'expansion (que cela concerne de nouveaux marchés, de nouveaux produits, un nouveau pays ou un nouveau métier), l'alliance n'est qu'une option parmi plusieurs modes de croissance. D'une manière plus précise, l'entreprise a le choix entre la filiale gérée en propre, l'acquisition et l'alliance. Ces modes de croissance se distinguent selon l'origine des ressources utilisées pour réa-

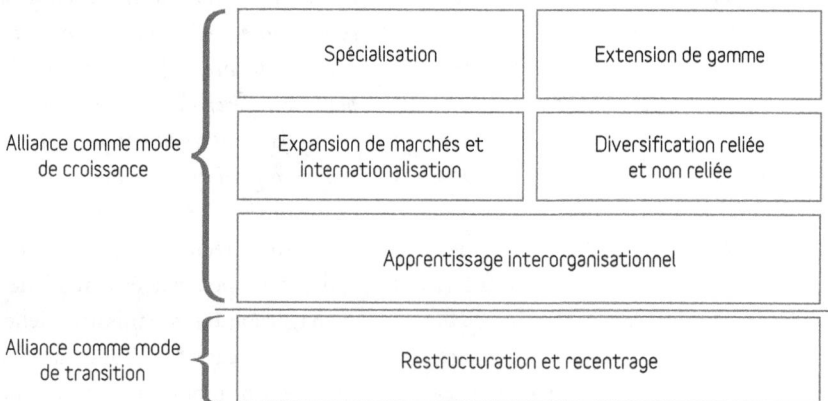

Figure 3 : Les différents objectifs de l'alliance

liser cette manœuvre d'expansion : ces ressources sont soit celles de l'entreprise elle-même (cela correspond à la filiale gérée en propre et, dans ce cas, on parlera de mode de développement interne ou organique), soit celles d'une autre entreprise (cela correspond à l'acquisition et, dans ce cas, on parlera de mode de croissance externe), soit enfin des ressources apportées à la fois par l'entreprise et son partenaire (cela correspond à l'alliance et, dans ce cas, on parlera de mode de croissance hybride). L'entreprise engagée dans une manœuvre d'expansion doit déterminer quel mode de croissance choisir. Ce choix se fait en prenant en considération un certain nombre de critères (voir la figure 4).

En d'autres termes, une entreprise engagée dans une manœuvre d'expansion à l'étranger ou dans un nouveau métier doit choisir son mode de croissance à partir de six critères : le temps, les coûts de transaction, l'investissement, la protection des ressources, le contrôle et la réversibilité.

Le temps

Le temps est le premier critère de choix. Cela renvoie au besoin d'accéder rapidement à un nouveau marché ou métier. Ce temps d'accès comprend le délai nécessaire pour développer les ressources opérationnelles (notamment technologiques, humaines et commerciales) permettant à l'entreprise de démarrer son activité dans un nouveau marché ou métier. Le critère

du temps est sensible pour les entreprises qui veulent soit obtenir une position concurrentielle dominante en étant les premières à exploiter une opportunité, soit rattraper des concurrents déjà en place. L'acquisition et l'alliance sont deux modes de croissance offrant un accès rapide à ces ressources opérationnelles à la différence de la filiale gérée en propre. En effet, l'entreprise s'appuie sur l'entité acquise (dans le cas d'une acquisition) ou sur son partenaire (dans le cas d'une alliance) pour accéder aux ressources opérationnelles qui lui manquent et va ainsi pouvoir se lancer rapidement sur un nouveau marché ou dans un nouveau métier. En revanche, la filiale gérée en propre nécessite du temps car l'entreprise va devoir développer seule les ressources opérationnelles nécessaires au démarrage de son activité sur le nouveau marché ou dans un nouveau métier.

Autrement dit, le critère du temps favorise le choix de l'acquisition ou de l'alliance.

Les coûts de transaction

Ils correspondent à l'ensemble des dépenses occasionnées pour trouver un partenaire (dans le cas d'une alliance) ou une cible (dans le cas d'une acquisition), l'évaluer et négocier le contrat d'alliance ou d'acquisition. L'acquisition est le mode de croissance qui génère les coûts de transaction les plus élevés pour l'entreprise. Ils sont plus élevés que les coûts de transaction induits par l'alliance, car ces derniers sont partagés entre les partenaires. Dans le cas de la filiale, ces coûts de transaction sont nuls, car il n'est pas nécessaire pour l'entreprise de trouver un partenaire ou une cible.

Autrement dit, le critère des coûts de transaction favorise le choix de la filiale gérée en propre.

L'investissement

Il correspond aux capitaux nécessaires pour financer un mode de croissance. L'investissement le plus élevé est associé à l'acquisition et à la filiale, car il est supporté intégralement par l'entreprise. En revanche, l'alliance nécessite un investissement moins important, car il est partagé entre les partenaires.

Autrement dit, le critère de l'investissement favorise le choix de l'alliance.

La protection des ressources

La protection des ressources est un enjeu important pour de nombreuses entreprises qui veulent investir sur les marchés étrangers. Celles-ci veulent y transférer leurs marques, leur savoir-faire, leurs technologies en s'assurant que ces ressources seront protégées du risque d'imitation et d'appropriation par des entreprises locales. Cette protection de la propriété intellectuelle est bien entendu conditionnée par la qualité des institutions juridiques du pays d'investisse-

ment, ainsi que par le mode de croissance choisi. En internalisant complètement les transferts de ressources de la maison mère vers ses filiales étrangères, l'acquisition et la filiale gérée en propre offrent une certaine protection à l'investisseur. Ce qui est moins le cas de l'alliance, qui induit des risques d'apprentissage et d'appropriation de ressources de la part du partenaire.

Autrement dit, le critère de la protection des ressources favorise le choix de l'acquisition ou de la filiale gérée en propre.

Le contrôle

Le contrôle est une question qui se pose aux entreprises qui veulent exercer une influence forte sur les décisions prises par leurs filiales. Ce contrôle porte sur différentes catégories de décisions qui se situent aussi bien au niveau opérationnel que stratégique. Le contrôle est aussi de nature financière (on parlera alors de *reporting* financier de la filiale) et permet à la maison mère de veiller au bon rapatriement des bénéfices de ses différentes filiales. Les modes de croissance contrôlés complètement par l'entreprise, en l'occurrence l'acquisition et la filiale gérée en propre, lui offrent la possibilité d'exercer un suivi étroit des opérations et des décisions. En revanche, les partenaires d'une alliance ne peuvent exercer qu'un contrôle partiel sur celle-ci, car les décisions doivent être prises de manière collégiale.

Autrement dit, le critère du contrôle favorise le choix de l'acquisition ou de la filiale gérée en propre.

La réversibilité

Ce critère renvoie au degré de flexibilité qu'offre chaque mode de croissance en termes de désengagement d'un marché ou d'un métier. La réversibilité est inversement proportionnelle aux coûts de sortie liés à chaque mode de croissance. De ce point de vue, l'alliance est plus flexible que l'acquisition ou la filiale gérée en propre, car sa dissolution est aisée, notamment dans le cas des accords non capitalistiques. Dans le cas des filiales communes (ou *joint-ventures*), celles-ci possèdent souvent dans leur contrat une clause de cession de la participation d'un partenaire à l'autre.

Autrement dit, le critère de la réversibilité favorise le choix de l'alliance.

À partir de ces différents critères, il est difficile de conclure que l'alliance l'emporte sur les autres modes de croissance. En réalité, chaque mode de croissance possède des atouts et des inconvénients. Tout dépend de l'importance que l'entreprise engagée dans une manœuvre d'expansion va accorder à l'un ou l'autre des six critères de choix. Cette pondération des critères de choix est propre à chaque entreprise et relève de sa culture organisationnelle, de sa stratégie et de son histoire. Ainsi, dans un entretien accordé à *Investir Journal des finances*, le P-DG du fabricant français d'équipements électriques Legrand, Gilles Schnepp, a présenté la politique de l'entreprise en matière de mode de croissance à l'international de la manière suivante : «*Nous avons réalisé de nombreuses acquisitions depuis cinq ans en Inde, en Turquie, et au Brésil. Cela correspond à une tradition chez Legrand, qui a réalisé près de cent trente acquisitions en cinquante ans*[11].»

Figure 4 : *Critères de choix entre les modes de croissance (d'après Meschi, 2009b)*

	Acquisition	Alliance	Filiale
Temps	Accès immédiat	Accès immédiat	Accès retardé
Coûts de transaction	Élevés	Partagés	Faibles
Investissement	Élevé	Partagé	Élevé
Protection des ressources	Forte	Faible	Forte
Contrôle	Étroit	Partagé	Étroit
Réversibilité	Difficile	Facile	Difficile
	Externe	Facile	Interne

De la logique d'alliance à celle de portefeuille d'alliances

Au cours du temps, l'entreprise peut être amenée à former de nombreuses alliances, souvent peu ou pas articulées les unes avec les autres. Parfois, elles sont au mieux redondantes, au pire en concurrence directe. Certaines n'ont plus d'objet, mais continuent de bénéficier d'un certain nombre de ressources. D'autres au contraire sont stratégiques et dénuées de toutes les ressources nécessaires pour assurer leur développement. En d'autres termes, ces alliances sont gérées individuellement par l'entreprise et leur contribution à la performance globale est loin d'être optimale. Il se pose alors la question de la coordination de ces alliances et, au-delà, celle de la gestion de ces alliances dans le cadre d'un portefeuille. La logique de portefeuille d'alliances a été décrite de la manière suivante par Meschi (2010) : « *Gérer un portefeuille d'alliances* [...] *est un processus dynamique d'évaluation, de restructuration des alliances en cours et de formation de nouvelles alliances. Dans un premier temps, la gestion du portefeuille d'alliances passe par une identification des contributions respectives de chaque alliance aux objectifs d'apprentissage de connaissances, une évaluation des synergies, mais également de la concurrence entre les alliances, et une hiérarchisation des alliances. Dans un deuxième temps, il s'agit d'allouer les investissements en fonction des résultats de* l'étape précédente, de privilégier certaines alliances et d'en dissoudre d'autres. Dans un troisième temps, il s'agit de renouveler le portefeuille en y introduisant de nouvelles alliances et de nouveaux partenaires.* »

— Pour aller plus loin sur la notion de portefeuille d'alliances, on pourra consulter le chapitre 6 de l'ouvrage dirigé par Dibiaggio, L., Meschi, P.-X., *Le Management dans l'économie de la connaissance*, Pearson, 2010.

Cette logique de portefeuille se met en œuvre en utilisant une matrice d'évaluation de chaque alliance à partir de deux critères : la contribution aux objectifs stratégiques de l'entreprise et les synergies (ou complémentarités) avec les autres alliances, filiales et activités de l'entreprise (voir la figure 5). Quatre types d'alliances ressortent de cette matrice :

- L'alliance stratégique contribue fortement à la réalisation des objectifs stratégiques de l'entreprise. De plus, l'alliance stratégique s'articule avec les autres activités et alliances de l'entreprise, avec lesquelles de nombreuses synergies existent. À ce titre, c'est une alliance qu'il faut privilégier au niveau de l'allocation des ressources et dont l'évolution doit être suivie de près par l'entreprise.

- L'alliance redondante est une alliance stratégique qui est en concurrence avec d'autres alliances et activités de l'entreprise. Si la question de la dissolution de l'alliance redondante se pose, la réponse n'est néanmoins pas automatique. Dans tous les cas, ce type d'al-

11. 12 février 2011, n° 1936, page 42.

liance ne doit plus bénéficier d'investissements importants de la part de l'entreprise.

- L'alliance opportunité contribue peu à la réalisation des objectifs stratégiques de l'entreprise. Elle a été formée pour saisir une opportunité de développement d'un nouveau marché ou d'un nouveau produit. Sa principale motivation est de nature opérationnelle. Le cycle de vie de ce type d'alliance doit être suivi avec grande attention afin d'éviter que l'entreprise ne lui alloue trop de ressources.

- L'alliance poids mort ne contribue pas aux objectifs stratégiques de l'entreprise et se trouve souvent en situation de concurrence ou de redondance avec d'autres alliances. Ce type d'alliance est souvent en fin de cycle de vie. L'entreprise doit se poser la question de sa dissolution et de son éventuel remplacement par de nouvelles alliances.

Areva est le leader mondial de l'industrie des centrales nucléaires. Son profil et sa stratégie sont décrits de la manière suivante : « *Le groupe est présent sur l'ensemble du cycle du nucléaire et étend son activité aux énergies renouvelables pour répondre aux enjeux stratégiques de ses clients, les électriciens. Areva vise à consolider sa position de leader mondial, en s'appuyant sur son modèle intégré*[12]. »

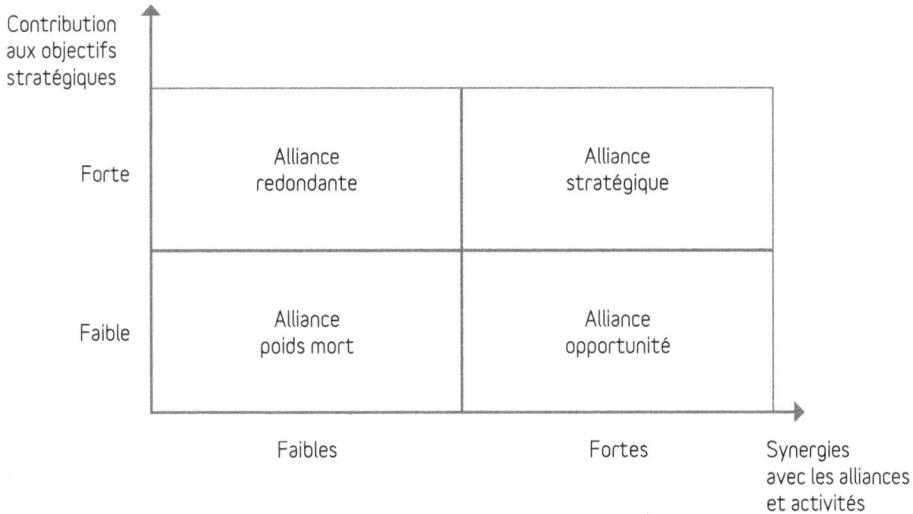

Figure 5 : La matrice de portefeuille d'alliances

---

12. www.areva.com/FR/groupe-717/partout-dans-le-monde-areva-propose-des-solutions-completes-et-innovantes.html, consultation du 20 février 2011.

Areva poursuit une stratégie visant à créer un « modèle intégré » de centrale nucléaire, allant de l'exploitation de mines d'uranium jusqu'à la construction de réacteurs, en passant par le recyclage de matières nucléaires (plutonium et uranium). Dans cette optique, Areva a formé un certain nombre de *joint-ventures* depuis le milieu des années 2000 : en 2004, Enrichment Technology avec URENCO (production d'uranium enrichi en Europe) et Katco avec Kazatomprom (exploitation de mines d'uranium au Kazakhstan) ; en 2007, McLean Lake avec Denison Mines (exploitation de mines d'uranium au Canada) et ATMEA avec Mitsubishi Heavy Electricals (développement et commercialisation de réacteurs nucléaires de troisième génération) ; en 2008, TSU Project avec Technip (exploitation de mines d'uranium en Afrique), Adage avec Duke Energy (construction et exploitation de centrales biomasse aux États-Unis) et Shaw Areva MOX Services avec Shaw (recyclage de plutonium militaire en combustible à usage civil) ; en 2009, Southern Ohio Clean Energy Park avec Duke Energy et UniStar Nuclear (construction et exploitation de réacteurs nucléaires de type EPR aux États-Unis), Ifastar avec Kazatomprom (enrichissement d'uranium au Kazakhstan) et Trekkopje avec le gouvernement de Namibie (exploitation de mines d'uranium en Namibie). En dehors de l'alliance Adage dans les énergies renouvelables, ces *joint-ventures* s'inscrivent dans l'objectif stratégique d'intégration verticale d'Areva. Elles sont complémentaires (chacune correspond à un niveau de la filière amont-aval du secteur nucléaire) et peu redondantes. Ce sont des alliances stratégiques pour Areva. Adage ne s'inscrit pas directement dans les objectifs stratégiques d'Areva, mais offre une opportunité de développer un nouveau métier à fort potentiel. Cette alliance de production d'électricité à base du recyclage de bois de chute présente un certain nombre de synergies : lien avec l'activité de production d'électricité à partir du nucléaire et développement de liens répétés et d'une forte relation avec un partenaire important, Duke Energy.

Pour aller plus loin : www.areva.com

Ce qu'il faut retenir

L'alliance est une forme organisationnelle fondée sur le principe de la collaboration entre deux ou plusieurs entreprises (ou partenaires) qui vont mettre en commun des ressources similaires ou complémentaires afin de réaliser un projet. La réalisation de ce projet commun aux partenaires peut se faire dans le cadre de différents types d'alliances : bilatérale ou multilatérale, domestique ou internationale, capitalistique (filiale commune ou *joint-venture*) ou non capitalistique. Ce projet peut correspondre à différents objectifs poursuivis par les partenaires : spécialisation, extension de gamme (ou expansion métier), expansion de marchés (ou expansion mission), internationalisation, diversification, apprentissage interorganisationnel et recentrage. L'alliance est ainsi un support des manœuvres d'expansion, mais ce n'est pas le seul mode de croissance. D'autres modes de croissance comme l'acquisition ou la filiale gérée en propre sont à la disposition de l'entreprise. Celle-ci doit faire un choix entre l'alliance et ces autres modes de croissance à partir de six critères principaux : temps, coûts de transaction, investissement, protection des ressources, contrôle et réversibilité. La multiplication des alliances par l'entreprise nécessite d'adopter une logique de portefeuille afin de s'assurer que ces alliances ne sont pas uniquement gérées au niveau individuel, mais également au niveau collectif. La mise en place d'une gestion d'un portefeuille d'alliances doit permettre à l'entreprise d'évaluer les alliances, de les hiérarchiser selon leur contribution aux objectifs stratégiques, de leur allouer des ressources, d'en dissoudre certaines et d'en former de nouvelles. Dans cette logique de portefeuille d'alliances, il est possible de dresser une typologie des alliances de l'entreprise : alliance stratégique, alliance redondante, alliance opportunité et alliance poids mort.

Tester ses connaissances

1 Laquelle de ces affirmations vous paraît la plus pertinente ?

a) Deux entreprises A et B s'allient lorsqu'elles décident de céder certaines de leurs activités à une entreprise C.

b) Deux entreprises A et B s'allient lorsque A prend le contrôle de 100 % du capital de B.

c) Deux entreprises A et B s'allient lorsqu'elles décident de mettre en commun des ressources afin de mener ensemble un projet à terme.

d) Deux entreprises A et B s'allient lorsqu'elles créent chacune de leur côté une filiale gérée en propre.

2 Laquelle de ces entités organisationnelles n'est pas une alliance ?

a) Une franchise.

b) Un accord de R&D.

c) Une filiale commune (ou *joint-venture*).

d) Une filiale gérée en propre.

3 Laquelle de ces affirmations vous paraît la plus pertinente ?

a) Une alliance capitalistique implique des investissements en actifs et en capitaux.

b) Une alliance capitalistique n'implique pas d'investissements en actifs et en capitaux.

c) Une alliance capitalistique implique la prise de contrôle d'une entreprise.

d) Une alliance capitalistique implique la cession d'une activité.

4 Laquelle de ces affirmations vous paraît la plus pertinente ?

a) Une alliance permettant d'entrer sur un nouveau marché est qualifiée de transition.

b) Une alliance permettant de consolider sa position concurrentielle dans son cœur de métier est qualifiée de transition.

c) Une alliance permettant de se diversifier est qualifiée de transition.

d) Une alliance permettant de céder une activité est qualifiée de transition.

5 Présentez les principaux objectifs associés à une alliance.

6 Listez les critères utilisés pour faire un choix entre l'alliance et les autres modes de croissance.

7 Définissez ce qu'est une « filiale commune ».

Réponses p. 307.

Tester sa compréhension

1 Une entreprise privilégie la protection de ses ressources lorsqu'elle s'engage dans un investissement dans un nouveau pays. Nous pouvons donc en déduire que :
a) Elle va choisir l'alliance capitalistique comme mode de croissance.
b) Elle va choisir l'acquisition comme mode de croissance.
c) Elle va choisir l'alliance non capitalistique comme mode de croissance.
d) Elle va choisir la filiale gérée en propre comme mode de croissance.

2 Une entreprise privilégie la minimisation de son investissement lorsqu'elle s'engage dans un nouveau pays. Nous pouvons donc en déduire que :
a) Elle va choisir l'alliance comme mode de croissance.
b) Elle va choisir l'acquisition comme mode de croissance.
c) Elle va choisir la filiale gérée en propre comme mode de croissance.
d) Aucune des affirmations précédentes n'est pertinente.

3 Laquelle de ces affirmations vous paraît la plus pertinente ?
a) Une entreprise doit allouer des ressources importantes à une « alliance opportunité ».
b) Une entreprise doit allouer des ressources importantes à une « alliance poids mort ».
c) Une entreprise doit allouer des ressources importantes à une « alliance redondante ».
d) Aucune des affirmations précédentes n'est pertinente.

4 En 2005, une entreprise française A signe un accord de distribution avec une entreprise américaine B. Deux années plus tard, l'entreprise A rachète l'entreprise B. À quel type d'objectif peut-on rattacher cette alliance entre A et B ?
a) Un objectif de spécialisation.
b) Un objectif de diversification.
c) Un objectif d'apprentissage interorganisationnel.
d) Un objectif d'extension de gamme.

5 Une entreprise possède des « alliances poids mort ». Que doit décider l'entreprise au regard de ces alliances ?

6 Quels sont les avantages de la gestion d'un portefeuille d'alliances ?

7 Quelles sont les deux dimensions principales permettant de définir et de distinguer les différentes alliances formées par une entreprise ?

Réponses p. 307.

133

Partie 2
La croissance de l'entreprise : une approche pratique par la Méthode des Cas

Croissance et spécialisation

Cas 1 Sequana : un géant de papier

Fiche de présentation du cas

Ce cas présente la situation du groupe papetier français Sequana. Ce groupe se distingue de ses concurrents, car il s'est spécialisé dans la distribution de papier et dans l'élaboration de papiers à forte valeur ajoutée, pour des applications spécifiques. En deux décennies, il a progressivement renforcé son activité aval et ses positions industrielles grâce à l'innovation et au maintien d'une taille critique dans des activités spécialisées. Ce cas se propose d'analyser les fondamentaux du secteur papetier, de comprendre le choix de la spécialisation de Sequana et d'identifier les moyens mis en œuvre pour mener sa stratégie de spécialisation.

Ce cas est adapté à un public d'étudiants de formation initiale et continue. Il s'adresse aux étudiants de licence (L3) et de master (master 1 et 2), ainsi que d'écoles de management et d'ingénieur (deuxième ou troisième année).

1
2
3

Exposé du cas

En 1991, le papetier britannique Wiggins-Teape-Appleton, alors filiale du conglomérat BAT, fusionne avec le papetier français Arjomari-Prioux, donnant naissance au onzième papetier mondial, employant environ 19 000 personnes et réalisant 70 % de ses ventes en Europe. En 2000, l'actionnaire de référence Worms et Cie prend le contrôle total du groupe papetier. Le groupe Sequana Capital (ex-Worms et Cie) réorganise ses activités en trois sociétés distinctes : Antalis, distributeur de papier et de supports de communication ; Arjowiggins, producteur de papiers techniques et de création ; Carbonless Europe, producteur de papiers autocopiants, qui sera réintégré dans Arjowiggins en 2004, puis cédé en 2010.

En 2005, le groupe décide de procéder à une revue stratégique complète, l'incitant à modifier son organisation. Arjowiggins se fixe pour objectif de capitaliser sur ses forces et de corriger ses faiblesses, en s'appuyant notamment sur sa renommée mondiale et sa position de leader sur de nombreux marchés de niche, sa R&D et ses savoir-faire, son offre globale, ainsi que sur sa puissance d'achat importante (premier acheteur mondial de pâte à papier). L'organisation d'Arjowiggins doit évoluer vers une offre de solutions globales dédiée à ses clients au lieu d'un mode de fonctionnement axé sur la production et la vente de produits de base (appelées « commodités »). Cette évolution est nécessaire afin que le groupe ne limite pas son activité à des marchés occidentaux matures, concentre ses efforts sur les innovations technologiques apportées aux produits, créatrices de valeur pour le client, et concentre son approche client sur le service et la réactivité. L'accentuation de l'activité de distribution de papier à travers Antalis est réaffirmée. Sequana Capital sera désormais un groupe strictement papetier, présent dans la production de papiers de création et technologiques avec Arjowiggins et dans la distribution BtoB de supports de communication avec Antalis. Pour y parvenir, de nombreuses opérations sont menées à partir de 2005.

Tableau 1 : Mouvements et faits marquants 2005-2011

2005	Signature d'une *joint-venture* (70 % - 30 %) avec Chenming, premier producteur de papier en Chine, pour la construction d'une unité de production de papier décor. Cette participation sera cédée en 2007 dans le cadre du « plan Décor 2010 », qui restructurera les sites de production et assainira le portefeuille clients et l'offre commerciale de cette activité.

2006	Arjowiggins renforce sa participation dans GEP (84 % au lieu de 66 %), filiale spécialisée dans la fabrication d'e-passeports, la protection de la marque et l'étiquetage intelligent, avec comme partenaire ST Microelectronics (8,5 % de GEP). Cession des activités de transformation et de commercialisation de Canson (hors États-Unis et Canada) au groupe Hamelin, leader européen de la transformation et la distribution de papeterie grand public (matériel d'écriture scolaire notamment).
2007	Acquisition de 100 % de Dalum Papir, numéro un européen des papiers haut de gamme recyclés, et de Greenfield SAS (leader européen de la pâte recyclée de très haute qualité, labellisée FSC). Acquisition de 51 % de Heng Bau De, usine de calque à Quzhou, en Chine. Antalis rachète pour 382 millions d'euros le distributeur finlandais Map Merchant Group, division distribution de papiers de M-Real. Antalis devient numéro un de la distribution de papier en Europe (numéro quatre mondial) avec un chiffre d'affaires de 3,7 milliards d'euros, un volume de 3 millions de tonnes de papier, 8 400 collaborateurs et une présence dans 44 pays, dont 30 en Europe.
2008	Cession de Bernard Dumas, fabricant de papiers séparateurs de batteries et de filtres à air. Optimisation de l'outil industriel de l'activité déficitaire des papiers autocopiants.
2009	Nouvelles mesures de réduction des coûts. Face à un marché particulièrement dégradé et n'offrant aucune visibilité sur le reste de l'année, Sequana réagit en mettant en place de nouvelles mesures de réduction des coûts : – Antalis : intégration de Map et plans de réduction des coûts de structure en Europe ; – Arjowiggins : suite à la crise financière, fermeture des usines déficitaires et ajustement des capacités à l'effondrement de la demande atteignant jusqu'à 20 % dans certains segments d'activité. Finalisation du programme de cessions d'actifs non stratégiques. – Sequana (holding) : vente d'Antonin Rodet, propriétaire-négociant de vins de Bourgogne. – Antalis : cession de l'activité Produits Promotionnels au groupe BIC. – Arjowiggins : cession de l'activité Décor Asie à des investisseurs internationaux et de l'activité Autocopiants à un ancien cadre dirigeant associé à la région wallonne. Décision de conserver la division Sécurité.
2010	Acquisition de Macron, distributeur de supports pour l'impression numérique grand format pour la communication visuelle en Allemagne, marché fragmenté en fort développement. Plan « Décor 2010 ».
Premier trimestre 2011	Cession au Suédois Munksjö des usines d'Arches (papiers d'art) et Dettingen (papiers décor). Cession des activités de grossiste en fournitures de bureau, « cash & carry » et de transformation de papiers et cartons au Portugal, à la société portugaise AVS. Le groupe reste présent sur le marché portugais avec son activité traditionnelle de distribution de papiers, produits d'emballage et supports de communication visuelle à travers Antalis Portugal. Cession à Lyreco d'Antalis Office Supplies (fournitures de bureau) en Espagne.

1
2
3

Les activités du groupe en 2010

En 2010, Sequana réalise un chiffre d'affaires global de 4,3 milliards d'euros[1] et emploie 13 100 salariés. Antalis est le premier distributeur européen de papier (quatrième mondial, avec un chiffre d'affaires (CA) 2010 de 2,9 milliards d'euros et un résultat opérationnel courant (ROC) de 88 millions d'euros). Arjowiggins est le premier producteur mondial de papiers techniques, avec un CA 2010 de 1,7 milliard d'euros et un ROC de 76 millions d'euros.

Principales caractéristiques d'Antalis

Antalis est présent dans vingt-trois pays européens (avec une position de leader dans treize d'entre eux, numéro deux dans six autres, numéro trois dans quatre autres) et dispose d'une implantation forte en Amérique du Sud, en Afrique du Sud (leader) et en Asie (leader). Sequana considère que sa filiale Antalis maîtrise les facteurs clés de succès dans la distribution du papier : savoir acheter, savoir conseiller, savoir distribuer. Parce qu'elle achète en grande quantité, Antalis a une capacité de négociation importante, bien supérieure à la plupart des utilisateurs. Elle peut sélectionner les fabricants les plus performants, les meilleures marques pour proposer aux utilisateurs une gamme élargie de papiers, qui compte une dizaine de milliers de références. Antalis accompagne l'utilisateur dans le choix d'un papier adapté à ses besoins. Ses équipes commerciales connaissent les caractéristiques, les spécificités et les applications de chaque support et apportent à l'utilisateur des solutions sur mesure. Les moyens développés par le distributeur permettent de garantir à l'utilisateur une mise à disposition rapide de toutes les sortes de papiers. L'utilisateur n'a pas à gérer de stocks importants, Antalis le fait pour lui. À partir de ses entrepôts, grâce à une organisation logistique éprouvée, Antalis doit traiter (enregistrer, préparer et acheminer) toute commande en temps réel et livrer sous vingt-quatre heures.

Antalis, en tant que distributeur de papiers et supports de communication, exerce son activité sur un marché très concurrentiel. En effet, outre les sociétés dont l'activité est exclusivement et directement semblable à la sienne (PaperlinX, Igepa, Inapa, etc.), Antalis est également en concur-

---

1. La différence entre le chiffre d'affaires de Sequana et la somme Antalis + Arjowiggins est liée à des transactions inter-groupes.

rence directe avec des distributeurs intégrés des producteurs (Burgo Merchant, Europapier, Torraspapel, etc.) et avec des sociétés de distribution d'articles et fournitures de bureau, qui utilisent souvent le papier comme produit d'appel (Lyreco, Office Depot, Staples, etc.). De surcroît, les surcapacités dans le secteur papetier et la conjoncture difficile depuis quelques années ont poussé certains producteurs de papiers (Stora Enso, M-real, etc.) à accroître leurs ventes directes, au détriment des distributeurs spécialisés comme Antalis. La concurrence sur le secteur d'activité d'Antalis s'est donc accentuée depuis quelques années. Dans ce contexte, il est probable que la consolidation du secteur se poursuivra dans les prochaines années.

Principales caractéristiques d'Arjowiggins

Arjowiggins est présent sur quatre continents avec vingt-sept usines de production. Pour Arjowiggins, les divisions représentent des activités de niche. La concurrence y est variée, mais Arjowiggins y occupe en général la position de leader.

Papiers graphiques (32 % du chiffre d'affaires en 2010) : ce marché, dont il est le leader européen, dispose d'un fort potentiel de croissance. Destinée à l'édition traditionnelle, publicitaire ou de communication imprimée, l'offre d'Arjowiggins comprend une gamme de papiers 100 % recyclés, de papiers certifiés FSC. Arjowiggins Graphic détient de fortes positions dans des marchés de niche de la carte à jouer pour casinos, des étiquettes et emballages souples, du transfert, de l'affichage, de la PLV et de la ouate de cellulose.

Couchés US (16 % du chiffre d'affaires en 2010) : leader sur le marché des papiers couchés haut de gamme, la division Couchés US détient de fortes positions sur le marché des manuels scolaires auprès d'éditeurs, et dans l'impression commerciale.

Papiers de création (16 % du chiffre d'affaires en 2010) : cette division couvre une gamme très large d'applications : papeterie de bureau, communication d'entreprise, publicité et promotion, reliure et emballage de luxe, beaux-arts, applications de spécialité (calque pour le dessin technique, papier transfert pour les marchés de la mode, de l'industrie du cuir et de l'automobile).

Solutions industrielles (15 % du chiffre d'affaires en 2010) : en papiers décor, Arjowiggins (numéro quatre mondial) fabrique des papiers base d'impression, des papiers unis teintés dans la masse ou des imprimés pour les panneaux de particules et autres dérivés utilisés dans la fabrication de meubles, portes, cloisons, plans de travail et parquets, l'habillage de façades de bâtiments et du mobilier urbain. Les papiers abrasifs sont utilisés quant à eux dans l'industrie automobile et du bâtiment ; les papiers minces et opaques servent aux notices pharmaceutiques (leader mondial). Dans le segment Santé, Arjowiggins (numéro trois mondial) propose des solutions d'emballages stérilisables pour la protection des supports médicaux à usage unique (aiguilles, compresses, vêtements jetables, etc.) ainsi que des produits drapables stérilisables destinés à la stérilisation de supports médicaux réutilisables (bistouris, pinces, etc.).

Sécurité (19 % du chiffre d'affaires 2010) : Arjowiggins est le leader mondial de la fabrication de papiers billets, de papiers de sécurité et de solutions de sécurisation. Arjowiggins Security tire son expertise de son métier d'origine, la production de papiers pour billets de banque, et a étendu son savoir-faire à la sécurisation des documents officiels d'identification (passeport, carte grise, certificat de naissance, diplôme universitaire) ou de taxation parafiscale (vignette pour alcool, tabac, etc.), ainsi qu'aux moyens de paiement alternatifs (bons d'achat, tickets-restaurant, billetterie de spectacles, chéquiers). La montée en puissance de la sécurisation des documents électroniques (passeport électronique, puis biométrique) a conduit à la création en 2009 de la filiale Integrale Solutions. Basée en France et à Hong Kong, celle-ci développe des solutions alliant sécurité physique et électronique, de la simple couverture électronique aux systèmes de capture et de personnalisation pour les documents officiels sensibles. Tous ces supports à forte composante technologique sont vendus principalement aux autorités gouvernementales, aux banques centrales, aux imprimeries nationales, aux universités, ainsi qu'au secteur privé.

Les fondamentaux du secteur papetier

Sequana évolue dans un secteur où la demande se déplace fortement vers les pays émergents. Entre 1995 et 2000, 57 % des nouvelles capacités installées dans le monde l'ont été en Asie. Ce chiffre passe à 63 % entre 2001 et 2006 (dont 54 % des investissements mondiaux en Chine). Cette répartition reste identique aujourd'hui. Le taux de croissance de la consommation de papier est à deux chiffres en Asie, alors qu'il évolue autour des 2 % en Europe et en Amérique du Nord. En Europe, la quasi-totalité des statistiques sont à la baisse : le nombre d'entreprises, d'usines, de machines, d'employés a reculé d'environ 25 % entre 2000 et 2009, pour une croissance globale faible de la production et de la consommation.

⟶ Pour en savoir plus : «Key Statistics Europe 2009», Confederation of European Paper Industries, juin 2010. www.cepi.org et le PwC 2009 Global Forest, Paper & Packaging Industry Survey.

Dans ce contexte, trois grands éléments régissent la rentabilité des acteurs du secteur papetier : l'évolution du marché de la pâte à papier, les cycles investissements-fermetures, enfin les stratégies des papetiers. Le secteur papetier est traditionnellement classé parmi les plus cycliques. Il bénéficie d'une croissance lente, mais régulière à long terme. L'utilisation des capacités installées constitue un enjeu important. La rentabilité est largement liée à la faculté des entreprises à remplir leurs capacités de production. Le secteur oscille entre périodes de surcapacités et de sous-investissements. En périodes de surcapacités, les prix baissent, menant à la faillite ou au rachat les entreprises les moins solides et à la fermeture les sites les moins compétitifs. Ces fermetures et rachats font sortir des capacités de production des ensembles représentant des tonnages importants. Pendant un temps, le secteur connaît alors une période de relatives sous-capacités. La demande exerce une pression sur l'offre, insuffisante, et les prix montent. Les papetiers investissent pour honorer les demandes. Dès que les nouvelles capacités peuvent produire, l'offre est à nouveau potentiellement supérieure à la demande. On assiste alors à un recommencement du cycle. Le marché de la pâte à papier est également cyclique avec une grande volatilité des prix. Les stratégies des papetiers doivent s'adapter à ces contraintes. Les plus grands papetiers sont intégrés en amont (gestion forestière et production de pâte), d'autres sont spécialisés sur certaines sortes de papier, d'autres encore s'intègrent en aval (distribution). La distribution conserve une logique continentale, voire parfois nationale, les modes de distribution variant d'un pays à l'autre. À titre d'exemple, le marché allemand est constitué de petits distributeurs régionaux, rendant difficile l'accès aux groupes étrangers.

Consignes d'utilisation et d'analyse du cas

Étape 1   Individuellement

1 Réalisez une analyse succincte de l'industrie du papier en repérant les déterminants de la compétitivité et en expliquant les choix faits par les groupes papetiers.

2 À partir de l'analyse sectorielle réalisée, déterminez et expliquez la stratégie menée par Sequana.

3 Identifiez les moyens de réalisation de la stratégie suivie par Sequana.

Étape 2   En groupe

1 Procédez comme dans l'étape 1 pour confronter les points de vue et les analyses.

2 Dégagez les points de convergence et de divergence.

3 Proposez une synthèse des analyses et concluez sur la pertinence de la stratégie poursuivie par Sequana.

4 Plus largement, à partir de l'exemple de Sequana, proposez une réflexion sur la stabilité à long terme d'une stratégie de spécialisation.

Outils pédagogiques et méthodologiques

Grille d'analyse 1   Degré d'adaptation aux dimensions de l'industrie

Il s'agit ici de confronter le positionnement d'une entreprise aux concurrents de son secteur d'activité (voir dans la partie 1 le chapitre 1, figure n° 3). Deux cas typiques d'entreprises spécialisées sur un secteur y sont visibles : les entreprises focalisées occupent une place étroite en termes de dimension environnementale, mais sont en général bien adaptées à ces conditions particulières. Elles montrent donc un profil « effilé ». Leur niveau d'adaptation à leur niche est très fort, mais elles ne maîtrisent pas les autres dimensions de leur secteur. À l'inverse, pour les entreprises de type généraliste, la performance est souvent liée à leur domination par les coûts. Leur profil est « large ». Leur degré d'adaptation est globalement moins élevé, car elles doivent servir de nombreux types de clients, *via* de nombreux produits. Sur chacune des niches sur lesquelles sont présentes des entreprises focalisées, le niveau d'adaptation des entreprises généralistes est donc moindre. Leur performance est liée à leur inertie et leur envergure, qui leur permet d'être moins sensibles aux éléments conjoncturels d'une activité. Ici, grâce à la grille d'analyse, il est possible de repérer le degré d'adaptation de chaque activité d'une entreprise. Sur un marché de niche (étroit), si l'entreprise y est leader, c'est que son niveau d'adaptation y est très fort. Sur les marchés plus larges, les positions de challenger ou de suiveur montrent des degrés d'adaptation plus faibles.

Degré d'adaptation/ Activités de l'entreprise	Très faible	Faible	Moyen	Fort	Très fort
Activité 1					
Activité 2					
Etc.					

Grille d'analyse 2   Modalités de réalisation des opérations (croissance/décroissance)

Il s'agit ici, pour chaque opération réalisée par une entreprise, de caractériser la modalité de réalisation du mouvement effectué. Cette grille permet de repérer les habitudes de développement d'une entreprise, certaines privilégiant la croissance organique, d'autres les fusions-acquisitions, d'autres encore les alliances. Cette grille permet également de repérer les activités desquelles l'entreprise cherche à se retirer.

	Modalités de réalisation		
	Croissance interne (investissements)	Croissance externe (acquisitions)	Croissance conjointe (joint-venture)
Opération 1			
Opération 2			
Etc.			

	Modalités de réalisation		
	Décroissance interne (fermeture)	Décroissance externe (revente)	Décroissance conjointe (sortie de joint-venture)
Opération 1			
Opération 2			
Etc.			

Pistes de résolution du cas

Grille d'analyse 1   Degré d'adaptation
aux dimensions environnementales

Il est ici possible de repérer le degré d'adaptation de chacune des activités d'Arjowiggins et d'Antalis. Dans chaque division, il peut être fait le choix de séparer le commentaire pour des applications différentes. À titre d'exemple, dans la division papiers de création, on pourra distinguer les papiers luxe, pour beaux-arts, pour communication d'entreprise, etc.

Degré d'adaptation/ Activités de l'entreprise	Très faible	Faible	Moyen	Fort	Très fort
Papiers graphiques				Leader européen des papiers graphiques	Fortes positions dans des niches : cartes à jouer, étiquettes et emballages souples, papier-transfert.
Couchés US				Leader papier haut de gamme.	
Papiers de création			Papeterie de bureau et communication d'entreprise	Adaptation sur des marchés de niche : papiers luxe, beaux-arts, papier-cuir	
Solutions industrielles			Papiers décors (revendus en 2011)	Emballages et produits drapables stérilisables	Papiers minces et opaques
Sécurité					Leader, forte adaptation aux facteurs clés de succès : proximité des institutions publiques, longue histoire, savoir-faire de fabrication

1
2
3

Degré d'adaptation/ Activités de l'entreprise	Très faible	Faible	Moyen	Fort	Très fort
Antalis				Leader, forte adaptation locale, spécialisation dans le papier avec revente des activités de bureau	

Le positionnement de Sequana sur chacune de ses activités est fort ; l'entreprise montre un profil relativement bien adapté. C'est le fruit d'une stratégie de spécialisation par niche, qui n'est réussie que si le degré d'adaptation aux exigences du marché est fort. Sur les marchés plus larges, Sequana présente un profil moins spécialisé (papiers de bureau et de communication d'entreprise, papiers décors). L'activité de distribution de papier présente un profil un peu différent : Antalis est leader européen grâce notamment à de nombreuses acquisitions locales. C'est donc un marché qui nécessite des adaptations locales fortes, qui ne sont souvent réalisées que par le rachat de distributeurs déjà installés dans le pays concerné.

Grille d'analyse 2   Modalités de réalisation des opérations (croissance/décroissance)

Pour chacune des nombreuses opérations menées par Sequana, la modalité de réalisation du mouvement effectué est caractérisée. Les habitudes et les choix de développement (ou de retrait) de Sequana sont alors repérés.

	Modalités de réalisation		
	Croissance interne (investissements)	Croissance externe (acquisitions)	Croissance conjointe (joint-venture)
Papiers graphiques		Achat de Dalum (2007) Achat de Greenfield (2007)	Achat de 51 % de Heng Bau De (2007)
Couchés US			

	Modalités de réalisation		
	Croissance interne (investissements)	Croissance externe (acquisitions)	Croissance conjointe (joint-venture)
Papiers de création			
Solutions industrielles			Joint-venture avec Chemning papier décor (2005)
Sécurité	Création Integrale Solutions (2009)		Renforcement de la part dans GEP (2006)
Antalis		Achat de Map (2007) Achat de Macron (2010)	
	Modalités de réalisation		
	Décroissance interne (fermeture)	Décroissance externe (revente)	Décroissance conjointe (sortie de joint-venture)
Papiers graphiques	Optimisation papiers autocopiants (2008) Fermeture d'usines (2009)	Cession autocopiants (2009)	
Couchés US			
Papiers de création	Fermeture d'usines (2009)	Cession Canson (2006) Cession Arches (2011) Cession Dettingen décor (2011)	
Solutions industrielles		Cession Bernard Dumas (2008) Cession Décor Asie (2009)	Sortie de la joint-venture avec Chemning papier décor (2007)
Sécurité			

1
2
3

	Modalités de réalisation		
	Croissance interne (investissements)	Croissance externe (acquisitions)	Croissance conjointe (joint-venture)
Antalis		Cession produits promotionnels (2009) Cession bureau Portugal et Espagne (2011)	

La majeure partie des opérations menées par Sequana sont des opérations de rachat ou de revente, d'alliance ou de sortie de *joint-venture.* Ces opérations lui ont permis de recomposer son positionnement sur ses différentes activités en privilégiant la distribution de papier. Dans les autres activités, ce sont les opérations de décroissance qui dominent l'histoire récente de l'entreprise

Réponses aux questions posées à l'étape 1

1 **Réalisez une analyse succincte de l'industrie du papier en repérant les déterminants de la compétitivité et en expliquant les choix faits par les groupes papetiers.**

Le secteur papetier est mature sur les marchés occidentaux. Il est en forte progression en Asie et sur les marchés émergents. La compétitivité est liée à l'utilisation des capacités de production et à la capacité à stabiliser les effets de la fluctuation des prix des matières premières.

Face aux cycles, les producteurs de papier ont opté pour trois orientations différentes. Le premier choix, adopté par certains, notamment nordiques et nord-américains, qui bénéficient de vastes domaines forestiers, est de conserver une logique d'intégration amont, d'exploiter les forêts, de fabriquer la pâte et de la valoriser en papier. Ces acteurs intégrés sont moins exposés aux variations des prix de la pâte. Ainsi sont positionnés les dix premiers papetiers mondiaux : International Paper, Kimberly-Clark (groupes américains), Stora Enso, SCA, UPM-Kymmene, Metsäliitto (groupes scandinaves), Oji Paper et Nippon Unipac (groupes japonais), Smurfit Kappa (Irlande) et Mondi (Royaume-Uni et Afrique du Sud). Compte tenu de leur taille, ils produisent tous de nombreuses sortes de papier, notamment des sortes à tonnage important (papiers domestiques et sanitaires, papier journal, papier standard d'écriture et impression, cartons d'emballage). Le deuxième choix est celui de n'être présent qu'à un stade de la filière et de produire pour certains segments papetiers, sur la base de la maîtrise de savoir-faire particuliers. Ce choix regroupe des papetiers de plus petite taille, souvent focalisés. Enfin, le troisième choix est celui de l'intégration aval, qui cherche à valoriser la valeur ajoutée dans la fabrication par le contact direct avec les utilisateurs ou les revendeurs. Les choix de la focalisation et de l'intégration aval sont faits pour échapper à l'impact des fluctuations du prix de la pâte et à celui du taux d'utilisation des capacités de production sur la marge. En produisant des papiers à forte valeur ajoutée, ou en distribuant en aval, la part de chiffre d'affaires liée aux deux éléments cycliques de l'amont de la filière est plus faible.

2 **À partir de l'analyse sectorielle réalisée, déterminez et expliquez la stratégie menée par Sequana.**

Sequana a fait clairement le choix de la spécialisation focalisée. C'est un groupe qui a réalisé un recentrage sur deux métiers : la production de papiers spéciaux (*via* sa filiale Arjowiggins) et la distribution de papier (*via* sa filiale Antalis). Ce recentrage a été réalisé essentiellement par acquisitions successives et par cessions d'actifs. Sequana a fait le choix de liquider la totalité de ses actifs amont : ses propriétés forestières et usines à pâtes à papier qu'elle détenait dans les années 1990 ont été revendues. Sequana s'adapte à des conditions environnementales spécifiques à chaque niche d'Arjowiggins, qu'elle connaît bien. Arjowiggins privilégie les papiers à forte valeur ajoutée, a consolidé ses activités en Amérique du Nord et cherche à se développer sur les marchés émergents (notamment la Chine). Elle réduit les coûts et rationalise la production, et n'hésite pas à céder des activités pour lesquelles sa position concurrentielle est difficile à maintenir.

Sequana contrôle l'accès aux marchés, *via* Antalis, premier distributeur européen.

Sequana a récemment réinvesti dans l'industrie de la pâte, mais là encore sur une sorte particulière de pâte, susceptible de devenir un segment d'avenir : la pâte recyclée de haute qualité, avec le rachat de Greenfield. Toutefois, cette activité sera à surveiller, puisqu'elle ne correspond pas réellement à la trajectoire choisie par Sequana.

1
2
3

3 **Identifiez les moyens de réalisation de la stratégie suivie par Sequana.**

Sur l'activité de production papetière, la diminution sensible du nombre d'acteurs et la nécessaire bonne utilisation des capacités de production pour rester rentables incite les papetiers à combiner le rachat de concurrents – avec leurs capacités de production et leurs marques – et l'adjonction de nouvelles capacités.

Pour réaliser sa stratégie de spécialisation dans les papiers à forte valeur ajoutée et dans la distribution de papier, le groupe Sequana est particulièrement actif dans les opérations de fusions-acquisitions (F/A). Le groupe est né *via* cette modalité de développement, dans le cadre d'une fusion en 1991. Pour Arjowiggins, les principaux domaines de croissance ont été confortés par de nombreuses opérations de croissance externe ou conjointe. Pour Antalis, l'une des plus importantes est le rachat du distributeur finlandais MAP. Toujours dans la distribution, la spécificité d'accès aux différents marchés nationaux a incité Antalis à privilégier les F/A. Le financement de ces rachats se fait par endettement et cessions d'actifs non stratégiques. Ces cessions sont importantes et permettent au groupe de renforcer ses positions sur ses activités cœur de métier.

Cas 2 Axalto + Gemplus = Gemalto : la fusion de spécialisation

Fiche de présentation du cas

Ce cas présente la fusion entre Axalto et Gemplus, les deux leaders de l'industrie de la carte à puce. Il décrit les raisons qui ont poussé les deux entreprises à fusionner au cours de l'année 2006 pour donner naissance à Gemalto. Le cas montre que la fusion a été utilisée comme support d'une manœuvre de spécialisation. La question de la performance de cette fusion est également abordée dans ce cas en utilisant certaines données financières et comptables de Gemalto sur la période 2006-2010.

Ce cas est adapté à un public d'étudiants de formation initiale et continue. Il s'adresse aux étudiants de licence (L3) et de master (master 1 et 2), ainsi que d'écoles de management (deuxième ou troisième année) et d'ingénieur spécialisée dans l'électronique.

1
2
3

Exposé du cas

L'industrie de la carte à puce à l'aube de la fusion entre Axalto et Gemplus

Le 7 décembre 2005, les deux leaders de l'industrie de la carte à puce, Axalto et Gemplus, décident de fusionner. Les spécialistes de l'industrie ont été surpris par cette annonce, car s'ils s'attendaient à une fusion, c'était plutôt entre le numéro deux, Gemplus, et le numéro quatre, Oberthur Card Systems. Avec le dépôt du brevet de la carte en puce en 1974, une industrie entièrement nouvelle est née. Les premières applications de la carte à puce ont porté sur la téléphonie avec le développement des télécartes. Puis, très rapidement d'autres applications ont vu le jour : cartes bancaires, cartes pour la téléphonie mobile ou cartes SIM (*Subscriber Identification Module*), cartes d'applications nationales (cartes d'identité, cartes Vitale, passeports électroniques, etc.), cartes de sécurité et d'identification, et cartes sans contact. Les applications de la carte à puce sont multiples et son potentiel de développement futur est énorme, notamment dans les pays émergents. Les taux de croissance et les volumes de vente dans cette industrie donnent le tournis (chiffres pour 2005) : 1,88 milliard de cartes vendues au total (croissance de + 22 % par rapport à 2004), dont 1,39 milliard de cartes SIM (croissance de + 20 % par rapport à 2004), et 336 millions de cartes bancaires. Pour l'année 2006, les spécialistes pensent que le cap des deux milliards de cartes sera dépassé. Les acteurs de l'industrie de la carte à puce, Gemplus, Axalto, Giesecke & Devrient, Oberthur Card Systems, Sagem (Safran) Orga sont des « petits » acteurs. Il s'agit souvent de PME technologiques qui ont grossi rapidement avec le marché. Mais, en dehors de Sagem (Safran) Orga, issue du rachat de la société allemande Orga par le groupe diversifié Sagem, les entreprises de cette industrie n'ont pas de liens capitalistiques avec des géants des télécoms, des logiciels ou de l'électronique. Même Axalto, qui était la division carte à puce du groupe américain Schlumberger, a coupé ses liens capitalistiques avec ce dernier suite à un processus de scission. Tous ces éléments font penser que l'industrie de la carte à puce est attractive. Cependant, l'évolution des prix de vente n'est pas cohérente avec les perspectives de croissance mentionnées plus haut : baisse de 20 % en moyenne des prix de vente entre 2004 et 2005 avec - 16 % pour le prix des cartes SIM et - 10 % pour les cartes bancaires.

Le problème majeur de cette industrie en forte croissance est que les acteurs en place sont coincés entre des fournisseurs et des clients puissants. Les fournisseurs de semi-conducteurs, ST Microelectronics, Atmel, ou encore Samsung, sont fortement concentrés et accaparent une grande partie de la valeur ajoutée de la carte à puce. En effet, la puce elle-même, qui n'est pas produite par les fabricants de cartes à puce, représente plus de 50 % de la valeur ajoutée d'une cartes à puce ; les fabricants de cartes à puce se concentrant de leur côté sur l'encartage et le codage de la puce. Les clients sont également dotés d'un fort pouvoir de négociation car ils réalisent des commandes très importantes de cartes à puce. Dans le cas des cartes SIM, les fabricants de cartes à puce sont confrontés au caractère cyclique de l'industrie des télécoms. Dans celui des cartes bancaires, les fabricants de cartes à puce n'ont que deux clients principaux et doivent faire face à une situation particulière de duopole avec Eurocard/Mastercard et Visa (qui représentent ensemble plus des deux tiers du marché de l'émission des cartes bancaires dans le monde).

La réponse des fabricants de cartes à puce a été de focaliser toutes leurs ressources sur leur activité pour progresser en taille. Cela s'est fait principalement par des rachats successifs au sein de l'industrie. Ainsi, Axalto a grossi rapidement après le rachat de Bull CP8, la division carte à puce du groupe Bull. Ce phénomène a contribué à concentrer fortement l'industrie de la carte à puce (voir le tableau 1) : les trois plus gros acteurs de cette industrie possèdent ensemble près des deux tiers du marché (62,1 % de parts de marché cumulées).

Entreprise	Pays d'origine	Part de marché
Axalto	États-Unis	24,2 %
Gemplus	France	21,8 %
Giesecke & Devrient	Allemagne	16,1 %
Oberthur Card Systems	France	10,1 %
Sagem (Safran) Orga	France et Allemagne	6,1 %

Tableau 1 : Parts de marché dans l'industrie de la carte à puce (2005)

1
2
3

La fusion : caractéristiques et résultats

Entre décembre 2005 et juillet 2006, un processus d'offre publique d'échange (OPE) entre les actions d'Axalto et de Gemplus est lancé : la parité avec la nouvelle entité fusionnée est de deux actions Gemalto pour vingt-cinq actions Gemplus. Ce processus d'OPE se conclut avec succès. Avec cette fusion, Gemalto émerge comme le leader de l'industrie de la carte à puce avec 46 % de parts de marché. Comme le note Olivier Piou, ancien P-DG d'Axalto et nouveau P-DG de Gemalto : « *Le rapprochement entre Gemplus et Axalto est une fusion entre égaux qui va donner naissance à un nouvel acteur de référence dans ce que nous appelons désormais le monde de la sécurité numérique sans fil. Notre association crée une formidable plate-forme visant à tirer parti de la future croissance dont vont très rapidement bénéficier nos clients, nos collaborateurs et bien sûr nos actionnaires* » (*Sécurité informatique*, 13 juin 2006).

Les objectifs de la fusion sont simples : il s'agit d'enrayer la baisse des prix de vente des cartes SIM et d'améliorer la rentabilité de l'entreprise pour atteindre au moins 10 % de marge commerciale (= profit d'exploitation/chiffre d'affaires). À des fins de comparaison, la marge commerciale en 2005 de Gemplus était de 7,2 % et de 7,8 % pour Axalto. Dans cette optique, la fusion offre de nouveaux leviers d'action. Le premier levier est l'accroissement des capacités de R&D et le développement de nouvelles cartes à forte valeur ajoutée. Les dirigeants de Gemalto espèrent se différencier de la concurrence en étant les premiers à lancer les cartes SIM de nouvelle génération (cartes SIM à forte capacité de stockage et à grande vitesse). Ces capacités accrues de R&D doivent permettre à Gemalto d'exploiter le marché prometteur des nouvelles applications nationales qui ne représentent pour l'instant que 8 % des ventes de Gemalto (alors que les cartes SIM et les cartes bancaires représentent respectivement 60 % et 23 % des ventes de l'entité fusionnée). Un autre levier est celui de l'amélioration du pouvoir de négociation vis-à-vis des fournisseurs et des clients. En gagnant en taille, Gemalto est dans une situation de négociation plus favorable. Pour de nombreux fournisseurs et clients, Gemalto est devenu un acteur incontournable. Gemalto espère ainsi améliorer son « *pricing power* ». Ces enjeux de négociation sont importants pour améliorer la rentabilité de l'entreprise, car 1 % de réduction sur le prix d'achat d'un milliard de semi-conducteurs se traduit par une baisse de 10 millions d'euros des charges fournisseurs dans le compte de résultat. Un dernier levier est celui lié à la réalisation de synergies importantes au niveau des frais administratifs et fonctionnels (logistique, stockage, distribution, etc.). Gemalto pense obtenir plus de 100 millions d'euros de synergies post-fusion.

Les premiers résultats de la fusion sont en demi-teinte. L'année 2007 a été marquée par une guerre des prix pour les cartes SIM. Leur prix a connu une baisse record de - 33 % entre 2007 et 2006. Les documents financiers et comptables montrent que les leviers d'action n'ont pas produit leur plein effet au niveau de l'expansion internationale et de la performance boursière (voir le tableau 2). Il faudra sans doute plus de cinq ans pour que les effets bénéfiques de la fusion soient complètement réalisés.

Millions d'euros	2006	2007	2008	2009	2010
Chiffre d'affaires	1319	1629	1680	1601	1905
Dont chiffre d'affaires à l'international (hors Europe)	44 %	44 %	44 %	44 %	47 %
Capitaux propres	1422	1230	1288	1407	1595
Capitalisation boursière	1695	1795	1473	2524	2647
Résultat d'exploitation	67	76	203	207	254

Tableau 2 : Données financières et comptables de Gemalto (2006-2010)[2]

---

2. Source : rapports annuels d'activité de Gemalto.

Consignes d'utilisation et d'analyse du cas

Étape 1   Individuellement

1. Réalisez une analyse de la fusion entre Axalto et Gemplus. Quelle est la motivation principale de cette fusion ?
2. Identifiez les moyens d'action nouveaux qui vont apparaître grâce à la fusion.
3. Cette fusion est-elle un succès ?

Étape 2   En groupe

1. Procédez comme dans l'étape 1 pour confronter les points de vue et les analyses.
2. Dégagez les points de convergence et de divergence.
3. Proposez une synthèse des analyses et concluez sur la pertinence de la stratégie de spécialisation poursuivie par Gemalto.

Outils pédagogiques et méthodologiques

Grille d'analyse 1   Caractérisation de la fusion

Il s'agit ici d'appréhender les différentes caractéristiques permettant d'identifier et de caractériser l'opération de fusion : objectif stratégique (lien avec une stratégie de croissance en particulier), leviers d'action et résultats attendus.

Critères de caractérisation	Identification du critère	Justification et/ou explicitation
Objectif stratégique		
Leviers d'action		
Résultats attendus		

Grille d'analyse 2   Analyse du succès de la fusion

L'analyse du succès de la fusion permet plus généralement d'évaluer la performance de la stratégie de spécialisation mise en œuvre par les firmes analysées. Cette analyse passe par l'utilisation d'indicateurs et le suivi de ces indicateurs au cours du temps. En termes de méthodologie d'analyse, il s'agit dans un premier temps de déterminer un ou plusieurs indicateurs avant de procéder à leur évaluation (lire ci-après). Cette évaluation se fera en attribuant un score de une * à trois * (* : faible performance ; *** : forte performance) pour chaque indicateur. Le calcul d'un score global synthétisant le niveau de performance de la stratégie de spécialisation se fera à partir de la moyenne des scores des indicateurs utilisés.

Indicateurs	Mesure et évolution au cours du temps	Évaluation (de « * » faible à « * * * » forte)
Score global		

1
2
3

Pistes de résolution du cas

Grille d'analyse 1   Caractérisation de la fusion

Il s'agit ici d'appréhender les différentes caractéristiques permettant d'identifier et de caractériser l'opération de fusion. Trois facteurs sont analysés en relation avec la création de Gemalto : objectif stratégique (lien avec une stratégie de croissance en particulier), leviers d'action et résultats attendus.

Critères de caractérisation	Identification du critère	Justification et/ou explicitation
Objectif stratégique	Défensif Support d'une manœuvre de spécialisation	Protection d'un avantage concurrentiel au sein d'une industrie particulière (maintien ou légère amélioration de la marge commerciale).
Leviers d'action	Ressources Pouvoir de négociation Synergies	Développement de nouvelles capacités de R&D afin de proposer des cartes à puce plus innovantes et différenciées. Rééquilibrage du pouvoir de négociation avec les fournisseurs (fabricants de semi-conducteurs) et les clients (équipementiers de télécoms et émetteurs de cartes bancaires). Réalisation d'économies dans les fonctions administratives et de soutien (logistique).
Résultats attendus	Réduction des charges d'approvisionnement, et des frais généraux et logistiques Amélioration de la marge commerciale (cible = 10 %)	Voir les leviers d'action

Grille d'analyse 2   Analyse du succès de la fusion

L'analyse du succès de la fusion permet plus généralement d'évaluer la performance de la stratégie de spécialisation mise en œuvre initialement par Axalto et Gemplus, puis poursuivie par l'entité fusionnée, Gemalto. Cette analyse peut se faire grâce à l'utilisation de quatre indicateurs (progression du chiffre d'affaires, expansion internationale, marge commerciale et performance boursière) qui vont être évalués en leur attribuant à chacun un score de une * à trois * (* : faible performance ; *** : forte performance). Le calcul d'un score global synthétisant le niveau de performance de la fusion et de la stratégie de spécialisation se fera à partir de la moyenne des scores des indicateurs utilisés.

Indicateurs	Mesure et évolution au cours du temps	Évaluation (de « * » faible à « * * * » forte)
Progression du chiffre d'affaires	+ 44 % entre 2006 et 2010 (mais avec une stagnation importante sur la période 2007-2009)	**
Expansion internationale	Stable, pas d'amélioration sensible (le chiffre d'affaires hors Europe représente moins de 50 % du chiffre d'affaires total)	*
Marge commerciale	Dégradation sur les deux premières années (5 % en 2006 et 4,6 % en 2007), puis amélioration sensible et stabilisation à partir de 2008 (autour de 12/13 %) Réalisation de la cible de marge commerciale (> 10%)	***
Performance boursière	Le ratio *market-to-book* (= capitalisation boursière/ capitaux propres) reste proche de 1 entre 2006 et 2008 Légère progression observée à partir de 2009 (ratio proche de 2) Circonspection et prudence des marchés financiers vis-à-vis de la fusion, et plus généralement à l'égard de l'industrie de la carte à puce	**
Score global	2	

1
2
3

Réponses aux questions posées à l'étape 1

1 **Réalisez une analyse de la fusion entre Axalto et Gemplus. Quelle est la motivation principale de cette fusion ?**

Il s'agit pour les deux leaders de protéger leur avantage concurrentiel en générant un effet de taille additionnel et en bénéficiant des avantages liés à cet effet de taille. L'objectif de la fusion est essentiellement défensif (voir la grille p.161). Cette fusion, en concentrant les ressources des deux entreprises sur le développement de leur métier actuel, s'inscrit clairement dans une stratégie de spécialisation. Ici, la fusion est considérée comme le support de cette stratégie de croissance.

2 **Identifiez les moyens d'action nouveaux nés de la fusion.**

La fusion entre Axalto et Gemplus est motivée par plusieurs objectifs qui sont en lien avec la recherche d'un effet de taille au sein de l'industrie de la carte à puce : tout d'abord, la fusion va permettre de mobiliser des ressources financières et technologiques supplémentaires pour lancer des cartes à puce plus innovantes et différenciées ; ensuite, la fusion va accroître la concentration de l'industrie et offrir la possibilité à Gemalto de rééquilibrer son pouvoir de négociation avec les équipementiers de télécoms et les émetteurs de cartes bancaires ; enfin, les synergies attendues (en relation avec la mise en commun et la rationalisation des fonctions administratives et de soutien des deux entités fusionnées) vont permettre de réallouer certaines ressources vers les fonctions opérationnelles et l'innovation.

3 **Cette fusion est-elle un succès ?**

Globalement, la fusion est un succès. Mais il aura fallu attendre au moins deux ans pour que l'objectif de marge commerciale (> 10 %) soit atteint. Cela tient sans doute à une intégration post-fusion plus longue que prévu et à une certaine surévaluation des synergies attendues de la fusion. L'impact boursier de la fusion n'est pas évident. Dans ce cas précis, il faudra sans doute attendre plus longtemps pour que les marchés financiers et les actionnaires révisent leur opinion (réservée jusqu'à présent) sur cette industrie en général, et sur Gemalto en particulier.

Croissance et expansion

Cas 1 Porsche ou la sortie victorieuse de la « monoculture 911 »

Fiche de présentation du cas

Ce cas présente l'histoire du groupe Porsche, marque mythique du secteur de l'automobile sportive. Le cas revient sur la naissance du groupe et sur les différentes étapes de son développement, notamment pendant les décennies 1990 et 2000. Dans ce contexte, il s'agit de caractériser et d'analyser les choix et les modalités de croissance retenus par l'entreprise depuis 1990.

Ce cas est adapté pour un public de formation initiale et continue. Il s'adresse aux étudiants de licence (L2 ou L3) et de master (master 1 et 2), ainsi que d'écoles supérieures de commerce et d'ingénieur (deuxième ou troisième année).

1 2 3

Exposé du cas

Présentation du groupe

Fondé en 1931 par Ferry Porsche, le constructeur allemand de Stuttgart est la marque la plus titrée en compétition automobile (vingt-trois mille victoires toutes épreuves confondues : circuits, rallyes, courses de côte ou rallyes raids). C'est également aujourd'hui l'une des entreprises les plus rentables du secteur automobile. Si l'histoire des modèles de la marque débute avec les modèles 356 et 550 Spyder[3], c'est véritablement l'apparition en 1963 de la « 911[4] » qui va consacrer le mythe Porsche. Présentée au salon de Francfort cette même année, la 911 se caractérise par un moteur implanté en porte-à-faux arrière et refroidi à air, qui lui offre son caractère joueur, son agilité et sa sonorité inimitable. Si le refroidissement à air a été abandonné en 1997 (afin de préserver la longévité des soupapes) avec la génération « 996 », puis la génération « 997 » en 2005, ce véhicule a su garder sa silhouette intemporelle, son élégance, son comportement sportif et sa sonorité caractéristique, propres au 6 cylindres à plat (ou « flat-6 »). Aujourd'hui, la magie de la 911 reste intacte, mais l'automobile n'a évidemment plus rien à voir avec le modèle de 1963 : s'il fallait plus de neuf secondes pour effectuer le 0 à 100 km/h en 1963 avec les cent trente chevaux des premiers modèles, la Carrera type 997, avec ses trois cent quarante-cinq chevaux, n'a besoin que d'un peu plus de quatre secondes et demie pour réaliser le même exercice.

Entre 1963 et 1994, malgré le lancement de plusieurs nouveaux modèles, soit seul soit en collaboration avec Audi (Porsche 912, 914, 924, 944, 968 ou 928, Audi S2 ou RS2), l'entreprise va réaliser la quasi-totalité de son chiffre d'affaires (CA) sur la base de son modèle 911 (ainsi, en 1995, sur 20 240 voitures vendues, 20 132 sont des 911) et reste l'un des plus petits constructeurs indépendants. Malgré le succès d'estime de certains modèles (notamment les breaks de chasse Audi S2 et RS2), les modèles 944, 968 ou 928[5] peuvent aujourd'hui être considérés comme des semi-échecs. Pour s'en convaincre, il suffit de consulter la cote de ces modèles ; si une 911 2.7 RS

---

3. C'est au volant de l'une des quatre-vingt-dix « 550 Spyder » à moteur central arrière, fabriquées par Porsche en 1955, que l'acteur américain James Dean décède le 30 septembre 1955, percuté par Donald Turnupseed, qui lui refusa la priorité au volant de sa Ford Sedan.

4. Initialement appelée 901, son nom dut être changé, Peugeot ayant déposé tous les numéros comportant un zéro central.

5. La 928 avec son V8 à moteur avant est même considérée par certains fanatiques de la 911 comme « l'hérésie suprême ».

de 1973 s'échange entre 150 000 et 200 000 euros, une 928 de 1980 peine à se vendre au-dessus de 15 000 euros, de même qu'une 914 de 1971 ou une 944 de 1990. Le tableau suivant présente et synthétise les différents modèles de série proposés par la marque depuis sa création.

Années	1948-1965	1963-1989	1965-1976	1969-1975
Modèle	356[A]	911[B]	912[C]	914[D]
Années	1975-1989	1977-1991	1981-1991	1989-1994
Modèle	924[E]	928[F]	944[G]	911 (type 964)[H]
Années	1991-1995	1994-1998	1996-2012	1998-2004
Modèle	968[I]	911 (type 993)[J]	Boxster[K]	911 (type 996)[L]
Années	2003-2011	2005-2011	2005-2011	2009-2011
Modèle	Cayenne[M]	Cayman[N]	911 (type 997)[O]	Panamera[P]

Tableau 1 : principaux modèles de série commercialisés par Porsche (1948-2011)

A   Considéré comme le mythe fondateur, la 356 présente un flat-4 développé à partir du moteur de la Coccinelle, placé en position centrale arrière et développant 40 cv sur les premiers modèles. L'objectif de Ferry Porsche était alors de proposer une voiture de sport de taille réduite et présentant un excellent rapport poids/puissance.

B   Au cours de cette période, la motorisation va conserver le flat-6, mais la cylindrée va progressivement augmenter, passant de 2.0l à 2.2l, 2.4l, 2.7l, 3.0l, 3.2l puis 3.3l (parfois couplée à un turbocompresseur).

C   Dotée d'un moteur 4 cylindres et présentant une ligne très proche de celle de la 911, elle était destinée aux clients moins fortunés qui ne pouvaient acquérir une 911.

D   Développée en collaboration avec Volkswagen (VW), cette « sportive populaire » à moteur central arrière visait à reconquérir la clientèle de la 356, mais sa puissance limitée et sa ligne spécifique ne lui permirent pas de faire sa place aux côtés de la 911.

E   Porsche à moteur avant (comme ses consœurs 944 et 928), le 4 cylindres était d'origine Audi et refroidi à eau (deux caractéristiques susceptibles de faire bondir les amateurs de la marque) et visait une clientèle moins fortunée avec un prix de 120 000 francs environ (pour mémoire, un euro vaut environ 6,56 francs).

F   Prévue pour remplacer progressivement la 911, cette GT 2+2 à moteur avant est équipée d'un moteur V8 et son prix est légèrement supérieur à la 911 Carrera ; à l'époque, la presse spécialisée est unanime et l'auto est élue voiture de l'année en 1978, mais le succès commercial n'est pas vraiment au rendez-vous.

G   Dotée d'un moteur avant à 4 cylindres, la 944 connaît à l'époque un succès commercial assez important dans la lignée de la 924. Mais dans les deux cas, la puissance trop modérée du moteur et l'empreinte indélébile de la 911 ne permettront pas à ces modèles de rester dans les mémoires.

H   Commercialisée à un tarif de 450 000 francs en 1989, la 911 type 964 conserve la ligne et l'esprit de la 911 originelle

tout en introduisant plusieurs innovations majeures (notamment le modèle Carrera 4 et ses quatre roues motrices).

I   Dernier modèle à moteur avant du millénaire, la 968 vise à remplacer la 944, mais ne connaîtra pas le même succès. Elle met fin à la génération des 4 cylindres en position avant.

J   Dernière 911 à moteur refroidi par air, la 993 apporte à nouveau des améliorations à la 964 et contribue à pérenniser la légende.

K   Avec son architecture à moteur central arrière, la Porsche Boxster est lancée en 1996 ; elle est équipée d'un flat-6 de 2.5l et commercialisée au prix de 280 000 francs.

L   La 996 perd ses phares ronds et marque l'entrée de la 911 dans une nouvelle ère technique (moteur refroidi à eau). Elle permet à Porsche de proposer un modèle moderne, performant, plus facile à conduire, moins coûteux à produire et à entretenir. Les ventes dépasseront de 40 % celles de la 993, même si les aficionados de la marque boudent ce modèle (en témoignent les faibles cotes de la 996, situées globalement en dessous de celles des 993).

M   Tout-terrain de très haut de gamme, le Cayenne a été développé en collaboration avec Volkswagen et partage sa plateforme avec le Touareg.

N   Avec son flat-6 en position centrale arrière, le Cayman se positionne sur le segment des petits coupés sportifs et présente des performances proches de celles de la 911 type 996. Commercialisé à 62 000 euros, il offre plus de sportivité que le Boxster dont il partage beaucoup d'éléments.

O   Dernière 911 en date, la 997 réconcilie l'histoire de la marque et la modernité. Elle a su convaincre les derniers grincheux qui regrettaient le moteur refroidi à air, a gagné en confort et en performance, de même qu'elle est devenue plus facile à conduire.

P   Sportive Grand Tourisme familiale à quatre portes et à moteur avant, la Panamera s'inscrit dans la tendance des coupés quatre portes (Maserati Quatroporte) et vise à associer performance et confort.

1
2
3

L'apparition du « Boxster »

C'est pour sortir de cette « monoculture 911 » et profiter d'un marché des coupés/cabriolets en forte croissance (alors que le segment des voitures de sport haut de gamme stagne) que Porsche dévoile un roadster deux places : le Boxster, en 1996, première Porsche entièrement nouvelle depuis près de vingt ans, et dont le développement a été financé par une augmentation de capital. Sa calandre et ses optiques de phares sont presque identiques à celles de la 996, commercialisée en même temps. La motorisation est assurée par un moteur flat-6 en position centrale arrière et refroidi par eau, dont la cylindrée est initialement de 2,5 l pour environ 200 cv ; puis la gamme s'élargit avec une cylindrée de 3,2 l et de 3,4 l (adaptée des modèles 996). Sa silhouette et son architecture de moteur en position centrale arrière s'inspirent du Spyder 550, ses freins monoblocs sont directement issus de la compétition. Lancée à un tarif de 278 000 francs, le succès est immédiat, car l'automobile rend le mythe Porsche soudainement plus accessible qu'avec la reine 911 (commercialisée à un prix dépassant les 550 000 francs). Ce nouveau modèle se veut plus socialement acceptable et plus sympathique. Le principal importateur français déclare d'ailleurs que sa clientèle est plus jeune et plus féminine (en témoignent ses nombreuses ventes dans des versions colorées, alors que les 911 sont principalement vendues en noir ou en gris). Avec le succès de ce nouveau modèle et la hausse des commandes, Porsche prend la décision de décentraliser/externaliser sa production. Elle fait notamment appel à la société finlandaise Valmet pour lui confier la fabrication d'une partie de ses Boxster. Les objectifs de Porsche sont clairs : augmenter les ventes de plus de 50 % et atteindre 30 000 unités vendues par an au total. Les résultats de l'entreprise dépassent ses espérances et, sur l'exercice 1996-1997, l'entreprise dégage les plus gros bénéfices de son histoire (140 millions de marks[6], soit plus du triple de l'exercice précédent) et semble enfin sortir de la grave crise traversée entre 1991 et 1994 (avec des pertes cumulées de 1,5 milliard de francs). Selon le président du directoire Wendelin Wiedeking, ces résultats s'expliquent à la fois par l'élargissement de la clientèle dû au Boxster et par la stratégie d'intégration et d'internationalisation accentuée (rachat des sociétés de distribution sur les marchés clés) et la réduction des coûts productifs et salariaux (si, à la fin des années 1980, l'entreprise fabriquait 23 000 véhicules avec 4 650 salariés, en 1996-1997, 3 560 salariés suffisaient pour produire 32 390 voitures). Au cours de l'exercice suivant

6. Pour mémoire, 1 euro vaut environ 1,96 Deutsche Mark.

(1997-1998), cette croissance se poursuit avec 38 000 voitures vendues (dont 50 % sont des Boxster), un chiffre d'affaires en hausse de 20 %, à près de 5 milliards de marks, et un bénéfice avant impôt de 340 millions.

Porsche en « tout-terrain » : le Cayenne

Dès 1998, des informations circulent concernant une possible association de Porsche avec VW pour produire un 4×4 de loisir de luxe de type SUV (*Sport Utility Vehicle*). Début 2000, cette information est confirmée par les deux groupes qui annoncent qu'ils produiront ce SUV commun à Bratislava (pour le gros œuvre) et sur des sites allemands. Cette association vise à réduire les coûts sans pour autant porter atteinte à l'identité de chaque marque (aucune pièce de carrosserie ne sera identique et les motorisations seront spécifiques, seule la plateforme, réalisée par le bureau d'étude Porsche, est identique). Pour ce projet, le montant des investissements consentis par Porsche dépasse les 500 millions d'euros. Malgré ces investissements, Porsche maintient une santé financière éclatante avec une progression de 20 % de son bénéfice imposable (430 millions d'euros), de 15 % de son chiffre d'affaires (3,6 milliards d'euros) et de 10 % de ses ventes (49 000 véhicules) pour l'exercice 1999-2000.

Avec ce tout-terrain sportif, Porsche veut conforter sa croissance et préserver son indépendance. Wendelin Wiedeking affirme que le Cayenne possède les « gènes » Porsche, même si pour la première fois de l'histoire de la marque, le véhicule dispose de deux portes supplémentaires et d'un coffre arrière démesuré ; en effet, le Cayenne bénéficie d'un moteur Porsche (V6, V8 ou V8 turbo), de freins spécifiques, d'une cinématique spécialement développée par Porsche et d'une ligne caractéristique (capot plongeant et ceinture scapulaire des ailes arrière). Le SUV se veut ainsi un hybride de la voiture de circuit, de la familiale et des Porsche du rallye Paris-Dakar (vainqueur en 1984 et 1986). Avec 450 cv et un 0 à 100 km/h en 5,6 secondes, le Cayenne turbo est indiscutablement une Porsche, mais une Porsche capable de s'adapter aux clients qui fonderaient une famille. Ce véhicule cible également la clientèle fortunée des pays émergents dont les structures routières sont moins adaptées aux voitures de sport (Russie, Chine, Inde). L'entreprise souhaite capter avec ce modèle un tiers de la clientèle Porsche, mais également 20 % des acheteurs de « tout-terrain » haut de gamme (Range Rover). Les attentes sont considérables, puisque l'entreprise veut doubler ses ventes avec le lancement du Cayenne et atteindre 100 000 unités en 2004. Dès 2003, les résultats sont encoura-

1
2
3

geants (20 000 Cayenne vendus, venant compenser une baisse des ventes sur les autres modèles de 12 %) et, malgré la mauvaise conjoncture économique, l'entreprise présente un résultat avant impôts de 933 millions d'euros pour 2002-2003, en hausse de 12 %. Cette tendance se confirme en 2003-2004 avec un résultat imposable de 1,08 milliard d'euros (en hausse de 16 %) et le succès affirmé du Cayenne (vendu à près de 40 000 unités, dont 80 % de non-clients Porsche), qui compense la stagnation, voire la baisse des ventes des autres modèles. Depuis 1992, les ventes ont été multipliées par quatre, alors que le nombre de salariés n'a augmenté que de 50 %. Fort de ce succès, Porsche envisage plusieurs nouveaux modèles : un coupé deux places, ainsi qu'une berline familiale.

Porsche Cayman ou la « baby 911 »

En 2005, Porsche lance le quatrième modèle de sa gamme : le Cayman. Voiture hybride, elle emprunte à la fois au Boxster S (bloc-moteur, architecture moteur en position centrale arrière, plateforme commune ; au total le Cayman partage 50 % de pièces en commun avec la gamme Boxster) et à la 911 (culasses et système VarioCam de levée variable des arbres à cames et des soupapes). Puissante, sonore, démonstrative, elle évite ainsi les écueils des coupés quatre cylindres 924 et 944. En outre, l'intérieur partage de nombreux points communs avec la 911 type 997 et bénéficie de finitions et d'une qualité en nette hausse. Plus puissante que le Boxster, le Cayman est plus facile à piloter que la 911 Carrera du fait de sa légèreté et de son équilibre. Ce modèle vise essentiellement la clientèle des 911 d'occasion, celle des Boxster ou les passionnés de pilotage (avec des performances supérieures à la Carrera sur la boucle du circuit du Nürburgring). Elle offre ainsi aux hommes qui ne se retrouvent pas dans l'image d'un Boxster trop féminin la possibilité d'une Porsche à prix accessible. En outre, en dépit de sa ligne sportive, le Cayman propose deux coffres : un à l'avant et un à l'arrière accessible par un hayon, soit 410 litres au total (supérieur au volume offert par une Peugeot 407…) ; cette habitabilité, bien supérieure au Boxster (dont il faut ranger la capote dans le coffre arrière), permet ainsi une plus grande polyvalence et autorise les week-ends à deux sans qu'il soit nécessaire de se limiter à une brosse à dents et une carte de crédit… En 2006-2007, les résultats de Porsche étourdissent les analystes : 4,24 milliards d'euros de résultat net pour un chiffre d'affaires de 7,4 milliards. Certes, ce chiffre s'explique en majeure partie par la participation de Porsche dans VW : options d'achats et revalorisation des titres VW + part des bénéfices de VW à hauteur de 22,5 %. Porsche vend sur cet exercice près de cent mille véhicules. En 2007-2008, ce phénomène se répète et Porsche réalise un bénéfice imposable de 8,6 milliards d'euros, supérieur à son chiffre d'affaires de 7,5 milliards (là encore dû à sa participation de 42 % dans VW). Cependant, la crise économique mondiale inquiète et l'entreprise anticipe une année 2008-2009 plus difficile (dès le dernier trimestre 2008, les ventes semblent en baisse notable).

Porsche Panamera ou la première berline familiale Porsche

Avec cette berline « Panamera », construite sur une plateforme radicalement nouvelle, Porsche initie en 2009 une quatrième branche (et un cinquième produit) au sein de son offre. L'idée de l'entreprise est de proposer, avec ses quatre places dotées d'une assise individuelle, un véhicule capable de combiner la performance d'une GT (Grand Tourisme) et le confort d'une berline de luxe. En concurrence directe de la Maserati Quattroporte (qui reste à court terme sa seule concurrente, en attendant les Aston Martin Rapide ou les Lamborghini Estoque), la Panamera mesure près de 5 mètres de long pour 1,93 mètre de large. L'avant s'inspire très largement de la 911, tandis que les motorisations sont identiques à celles proposées sur le Cayenne (V6, V8 et V8 turbo compressé[7]). La marque propose également de choisir entre une boîte manuelle à six rapports et la nouvelle boîte PDK à double embrayage également proposée sur les 911, les Cayman et les Boxster. Avec une position de conduite très basse et la clé de contact située à gauche, le propriétaire de 911 se sentira en terrain connu ; de fait, la cible principale est le père de famille à l'âme de pilote. Les objectifs de ventes sont fixés à vingt mille véhicules par an, ciblant majoritairement de nouveaux clients (80 % de conquêtes) et les marchés émergents, très friands des berlines de haut de gamme.

2009 est également l'année du renversement de rapport de force entre VW et Porsche, marquant l'échec de la tentative de prise de contrôle de la firme de Stuttgart sur la voiture du peuple entre 2005 et 2008. La crise économique, la chute des ventes dans le secteur automobile et l'explosion de l'endettement de Porsche le conduisent à accepter son intégration dans le groupe VW. En effet, la « loi Volkswagen » accordant une minorité de

---

7. Dès 2011, Porsche propose cependant, comme sur le Cayenne, une version à moteur hybride visant à limiter la consommation et les émissions de CO_2 tout en préservant les performances.

blocage à la région Basse-Saxe a poussé Wendelin Wiedeking au rachat de toutes les actions VW. Or, avec l'envol du cours de VW, Porsche a dû débourser 23 milliards d'euros pour capter les 51 % et se trouve dans l'impossibilité de poursuivre pour atteindre les 75 %. Acculé par une dette de 10 milliards, Porsche doit se résoudre à son rachat progressif par VW… Pour éviter un rachat à vil prix, Porsche va assainir ses comptes par une augmentation de capital et par l'entrée du fonds souverain Qatar Investment Authority (qui rachète une partie des options d'achat d'actions de VW détenues par Porsche). En 2010 cependant, Porsche semble être sorti de cette crise et son chiffre d'affaires augmente de près de 18 % sur l'exercice 2009-2010 (7,8 milliards d'euros), notamment grâce à ses ventes hors Europe et hors États-Unis (+ 50 % des ventes sur le marché chinois par exemple). Si les ventes de 911 et de Cayenne reculent, la Panamera atteint ses objectifs, avec plus de vingt mille unités vendues.

Porsche sur l'autoroute (allemande) du succès ?

Porsche, et la 911 plus que toute autre, personnifient le rêve automobile. La marque déchaîne les passions et les commentaires, alimente les fantasmes et fait l'objet de toutes les attentions, parfois étranges. Ainsi, la revue masculine *Men's Car* publie en 2004 une étude qui montre que les conducteurs de Porsche sont les plus infidèles (49 % de ces conducteurs reconnaissent avoir trompé leur femme au moins une fois, contre 31 % des conducteurs d'Opel, conducteurs les plus fidèles). Indépendamment de cet aspect pittoresque, l'entreprise a su traverser la crise des années 1990 avec succès et se trouve aujourd'hui devant de nouveaux défis ; devenue la dixième marque du groupe Volkswagen, suite à la fusion annoncée en 2009 et effective en 2011, Porsche devra prendre garde à ne pas perdre son identité propre. Si cette fusion devait effectivement permettre de réaliser des synergies industrielles importantes, certaines voix s'élèvent et soulignent les risques qui y sont associés, notamment en termes de dégradation de son image unique (ainsi le passage aux motorisations diesel du Cayenne serait pour certains l'annonce d'une « mort annoncée » de l'esprit Porsche, contaminé par « l'esprit mazout » de VW…). Les dirigeants sont cependant optimistes en 2011 et visent un objectif de 150 000 ventes annuelles ainsi que le lancement prochain d'un petit tout-terrain : le Cajun.

Consignes d'utilisation et d'analyse du cas

Étape 1   Individuellement

1 Présentez et caractérisez les différentes manœuvres réalisées entre 1990 et 2011 par Porsche en identifiant les stratégies d'expansion.

2 Caractérisez les stratégies d'expansion réalisées entre 1990 et 2011 par Porsche (objectifs, leviers, modalités).

3 Évaluez la pertinence de ces choix d'expansion.

Étape 2   En groupe

1 Procédez comme dans l'étape 1 pour confronter les points de vue et les analyses.

2 Dégagez les points de convergence et de divergence.

3 Proposez une synthèse des analyses.

Outils pédagogiques et méthodologiques

Grille d'analyse 1   Identification de la stratégie suivie pour chaque manœuvre

Il s'agit ici d'identifier la stratégie adoptée en s'assurant d'une part qu'il s'agit d'une manœuvre d'expansion (en montrant qu'elle prend appui sur une partie d'un domaine d'activité existant : soit les métiers existants, soit les missions existantes) et d'autre part en caractérisant cette expansion : expansion mission ou expansion métier. Pour cela, et pour chaque manœuvre de croissance considérée, il est nécessaire de lister les points communs (et les différences) entre l'activité concernée par l'analyse et les activités préexistantes dans l'entreprise, soit en termes de métier (technologies, compétences, actifs), soit en termes de mission (clientèle, application, marché). L'analyse de ces points communs et différences éventuelles permettra de conclure le cas échéant à une manœuvre d'expansion mission ou d'expansion métier.

1
2
3

Activités/manœuvres nouvelles	Points communs (métier/mission) entre la nouvelle activité et les activités préexistantes	Éléments nouveaux (métier/mission)
Activité/manœuvre nouvelle 1		
Activité/manœuvre nouvelle 2		
...		

Grille d'analyse 2   Caractérisation de la stratégie d'expansion

Il s'agit ici d'identifier la logique des manœuvres d'expansion (logique offensive ou défensive) et les avantages attendus, ainsi que les leviers mobilisés pour réussir. Cette étude devra être complétée par l'analyse des modalités retenues par l'entreprise pour mener à bien ces manœuvres d'expansion (type de modalité et pertinence de ces modalités).

	Identification	Justification et/ou explicitation
Logique de l'expansion		
Objectifs poursuivis/ Leviers d'action mobilisés		
Modalités		

1
2
3

Pistes de résolution du cas

Identification de la stratégie suivie
pour chaque manœuvre

Pour chaque lancement de modèle réalisé par Porsche depuis 1990
(Boxster, Cayenne, Cayman, Panamera), il s'agit ici de s'assurer d'une part
qu'il s'agit d'une manœuvre d'expansion et d'autre part de caractériser,
le cas échéant, cette expansion : expansion mission ou expansion métier.
Pour chaque modèle, il sera ainsi nécessaire de lister les points communs
(et les différences) entre ce modèle et les autres modèles préexistants de
l'entreprise, soit en termes de métier (technologies, compétences, actifs),
soit en termes de mission (clientèle, application, marché). Cette analyse
permettra alors de conclure à une manœuvre d'expansion mission ou
d'expansion métier.

Activités/ manœuvres nouvelles	Points communs (métier/mission) entre la nouvelle activité et les activités préexistantes	Éléments nouveaux (métier/mission)
Boxster	• Ligne générale et design (calandre, optique de phares) : issus des 911 type 996 • Motorisation flat-6 refroidie à eau : dérivée des 911 type 996 • Architecture (position centrale arrière) : expérience de la compétition • Réseau de distribution commun avec le reste des modèles	• Nouvelle cible de clientèle : plus féminine, plus jeune, moins aisée • Nouvelle image (socialement plus acceptable) • Nouvelle structure de production (externalisation)
Cayenne	• Moteur V8 en position avant : expérience de la 928 • Technologie 434 : expérience de la compétition en rallye-raid (Paris-Dakar) • Clientèle des pays émergents : expérience de la 911 • Réseau de distribution commun avec le reste des modèles	• Conception et fabrication en commun avec VW • Nouveau moteur V6 • Image « tout-terrain » à l'opposé de la « voiture de sport » • Nouvelle clientèle familiale

Activités/ manœuvres nouvelles	Points communs (métier/mission) entre la nouvelle activité et les activités préexistantes	Éléments nouveaux (métier/mission)
Cayman	• Bloc-moteur, architecture moteur en position centrale arrière, plateforme : dérivés du Boxster • Culasses et système VarioCam de levée variable des arbres à cames et des soupapes : issus de la 911 • Aménagement intérieur : issu de la 911 • Clientèle : celle des 911 d'occasion et des possesseurs de Boxster • Réseau de distribution commun avec le reste des modèles	• Clientèle plus masculine que celle du Boxster
Panamera	• Ligne inspirée des lignes Porsche • Motorisations : identiques à celles du Cayenne • Boîte de vitesse : issue des autres modèles de la gamme (911, Cayman, Boxster) • Clientèle de pays émergents (Russie, Inde, Chine) : expérience des autres modèles de la gamme et notamment du Cayenne • Clientèle familiale : expérience du Cayenne • Réseau de distribution commun avec le reste des modèles	• Nouvelle clientèle de berlines haut de gamme • Nouvelle plateforme de coupé quatre portes

Grille d'analyse 2   Caractérisation de la stratégie d'expansion

Pour chaque manœuvre d'expansion de Porsche, il s'agit ici d'identifier la logique qui y est associée (logique offensive ou défensive), ainsi que les avantages attendus et les leviers mobilisés. Cette étude devra être complétée par l'analyse des modalités retenues.

	Identification	Justification et/ou explicitation
Logique de l'expansion	Boxster : logique défensive	À cette période, l'entreprise est en grave crise (pertes cumulées très importantes en trois exercices); en outre, elle est dépendante d'un marché stagnant (voitures de sport haut de gamme) et doit sortir de cette «monoculture» de la 911 pour préserver son indépendance et sa pérennité. Pour cela, elle décide d'ouvrir sa gamme vers le bas pour élargir sa clientèle et profiter d'un segment en croissance (roadsters).
	Cayenne : logique offensive	Fort de son succès et de ses performances retrouvées, Porsche veut conforter sa croissance et trouver un relais de développement en se positionnant sur un segment en pleine expansion : celui du 4×4 de loisir de luxe.
	Cayman : logique offensive	Avec le succès du Boxster, Porsche veut saisir l'opportunité de lancer à nouveau une Porsche «d'entrée de gamme» et vise cette fois une clientèle plus masculine, celle des 911 d'occasion ou des lassés du Boxster (à la recherche d'une plus grande performance/modularité/habitabilité).
	Panamera : logique principalement défensive	La crise économique et la baisse des ventes de ses autres produits poussent l'entreprise à rechercher un relais de croissance qui pourrait lui permettre de maintenir ses objectifs de chiffre d'affaires et de volume de vente.
Objectifs poursuivis/Leviers d'action mobilisés	Boxster, Cayenne, Cayman, Panamera : recherche d'un effet de taille critique, exploitation d'économies de champ, grappes technologiques	Taille critique : le développement de ces quatre nouveaux modèles s'appuie sur une logique de taille critique nécessaire à Porsche qui est l'un des plus petits constructeurs indépendants au début des années 1990. Cette situation le pénalise en termes de pouvoir de négociation (notamment auprès des fournisseurs) et met en péril son indépendance et sa pérennité. Économies de champ : l'entreprise fonde l'élargissement de sa gamme sur la réutilisation de composants ou de sous-systèmes communs entre les modèles (moteurs identiques sur le Cayenne et la Panamera, plateformes et architecture moteur identiques pour le Boxster et le Cayman, optiques de phare identiques sur la 911 type 996 et le Boxster, boîte automatique à double embrayage PDK commune aux 911, Cayman, Boxster et Panamera, etc.). Grappes technologiques : lorsque les pièces ou les sous-systèmes sont spécifiques à chaque modèle, elles s'appuient néanmoins sur les mêmes technologies : technologies des moteurs refroidis à eau (tous modèles), technologie du flat-6 (911, Boxster et Cayman), technologie de la transmission intégrale (entre les 911 Carrera 4 et le Cayenne), etc.
Modalités	Boxster : développement interne Cayenne : développement conjoint Cayman : développement interne Panamera : développement interne	Développement d'un nouveau modèle financé par une augmentation de capital. Alliance VW et Porsche pour développer un 4×4 de loisir haut de gamme.

Réponses aux questions posées à l'étape 1

1 **Présentez et caractérisez les différentes manœuvres réalisées entre 1990 et 2011 par Porsche en identifiant les stratégies d'expansion.**

Si le lancement des différents nouveaux modèles successifs par Porsche entre 1990 et 2010 s'apparente à un élargissement de la gamme, il ne s'agit pas, comme cela pourrait le laisser croire, de manœuvres d'expansion métier, mais bien de manœuvres d'expansion mission. En effet, comme le montre la grille d'analyse 1, Porsche a systématiquement construit le lancement de ses nouveaux modèles sur la base de savoir-faire et de connaissances préexistants dans l'entreprise, dans le but de conquérir de nouvelles clientèles (nouveaux clients ou nouvelles applications/fonctionnalités). Ainsi, par exemple, le Boxster mobilise clairement des savoir-faire préexistants sur le plan technique (moteur flat-6, architecture de moteur central arrière issue de la compétition, design général très inspiré des lignes Porsche) et vise une clientèle nouvelle, séduite par le mythe Porsche mais freinée par le budget de la 911. En outre, en se positionnant sur un nouveau segment : celui des roadsters deux places, Porsche veut capter une part de ce nouveau créneau en croissance et convaincre une clientèle plus féminine et moins traditionnellement attachée à la marque. Certes, selon les produits concernés, les proximités entre compétences existantes et compétences associées au nouveau produit sont variables (très fortes entre le Boxster et le Cayman, moins fortes entre la 911 et le Cayenne). Pour autant, à chaque fois, l'objectif de Porsche est de capitaliser sur son expérience ou sa technologie pour convaincre une nouvelle cible et élargir sa cible (les femmes et les jeunes pour le Boxster, la clientèle des 4 × 4 haut de gamme pour le Cayenne, celle des familles aisées des pays émergents pour la Panamera, etc.).

2 **Caractérisez les stratégies d'expansion réalisées entre 1990 et 2011 par Porsche (objectifs, leviers, modalités).**

Les logiques de ces manœuvres d'expansion sont diverses : majoritairement défensives dans le cas du Boxster et de la Panamera, plus offensives pour le Cayenne et le Cayman (voir la grille d'analyse 2). En revanche, les leviers recherchés dans les quatre manœuvres étudiées sont communs : recherche d'effet de taille, d'économies de champ et exploitation des technologies dans tous les cas (voir la grille d'analyse 2). Enfin, si ces manœuvres d'expansion sont principalement menées à bien par crois-sance organique, Porsche a également recours à la croissance partagée dans le cas du Cayenne.

3 Évaluez la pertinence de ces choix d'expansion.

À la lumière des performances financières présentées par Porsche à par-tir de 1996, il serait difficile de ne pas conclure que ces choix d'expansion mission ont non seulement permis à Porsche de survivre et de passer le cap de la décennie 1990, mais également de devenir un grand construc-teur mondial à part entière. En effet, en quinze ans, l'entreprise a mul-tiplié ses ventes par cinq (alors que la conjoncture économique n'a pas toujours été favorable : crise de la fin des années 1980, krach boursier de 2001, ralentissement économique mondial en 2008, etc.). Porsche est ainsi devenue l'entreprise automobile la plus rentable, établissant chaque année à partir de 1995 des bénéfices record supérieurs aux anticipations et aux années précédentes. Bien sûr, à partir des années 2008-2009, les bénéfices impressionnants sont en grande partie à mettre sur le compte des prises de participations dans VW. Cependant, il suffit de regarder l'évolution du chiffre d'affaires (de 5 milliards de marks en 1997-1998 à près de 8 milliards d'euros en 2009-2010), du nombre de voitures ven-dues et des taux de rentabilité, pour constater que les choix de la marque de Stuttgart étaient pertinents. Reste à savoir comment Porsche pourra relever les défis de l'intégration au sein du groupe VW pour concilier impératifs industriels et poursuite du rêve automobile...

Cas 2 Laville donne du relief à ses impressions

Fiche de présentation du cas

Ce cas présente la situation de l'imprimerie Laville, entreprise artisanale parisienne qui s'est spécialisée dans l'impression en relief. Le cas présente les caractéristiques du secteur, le profil et les choix de cette entreprise. Dans ce contexte, il s'agit de caractériser et d'analyser la stratégie de développement par expansion de Laville.

Ce cas est adapté pour un public de formation initiale et continue. Il s'adresse aux étudiants de licence (L2 ou L3) et de master (master 1 et 2), ainsi que d'écoles supérieures de commerce et d'ingénieur (deuxième ou troisième année). Il peut également être utilisé de manière profitable dans des formations spécialisées de la filière graphique.

1
2
3

Exposé du cas

L'imprimerie : une activité stagnante aux possibilités réduites

Le secteur de l'imprimerie a généré depuis 2000 un chiffre d'affaires global en France assez stable, aux alentours de 7 milliards d'euros (à l'exception de l'année 2009, particulièrement en recul, à 6,4 milliards environ). Six familles principales de produits sortent des imprimeries : les périodiques (35 % de l'activité), les imprimés publicitaires et affiches (22 %), les catalogues et brochures (11 %), les imprimés de conditionnement (9 %), les livres (7 %) et les imprimés en continu (4 %)[8]. Le secteur de l'imprimerie est marqué par de profondes difficultés du fait de pressions concurrentielles, d'une conjoncture économique atone et de la concurrence générique de la dématérialisation de l'information, notamment pour la publicité. La demande est faible, les effets conjoncturels (surtout à la baisse) sont nets. Qui plus est, les imprimeurs doivent fortement investir pour s'adapter aux évolutions technologiques. Le niveau d'endettement rend de nombreux acteurs très fragiles. Les donneurs d'ordre imposent des prix et des délais serrés, et les professionnels du secteur baissent leurs prix pour augmenter leurs volumes de production. Le mouvement de concentration est en marche, dans un secteur encore très atomisé, comptant 17 390 acteurs en 2009 en France. Les groupes contrôlent 63 % du chiffre d'affaires de l'industrie ; aussi les petits imprimeurs doivent-ils jouer la carte de la proximité et de la flexibilité.

L'investissement est une donnée centrale du secteur. La rentabilité économique du capital immobilisé n'est pas toujours assurée. Elle s'élève en effet à 11 % en moyenne dans l'industrie graphique, contre 17 % dans l'industrie manufacturière. Les entreprises doivent arbitrer entre la rationalisation des outils existants en utilisant les compétences en place et le risque d'investir sur une chaîne performante avec l'élévation des charges induites. Tout mouvement est risqué, mais l'immobilisme est fatal. Enfin, l'industrie graphique est marquée par la faiblesse du taux d'encadrement de production. Ainsi, l'expérience et la technicité sont des facteurs distinctifs pour réussir dans le secteur.

---

8. Source : FICG (Fédération de l'imprimerie et de la communication graphique) ; enquête annuelle de branche.

1
2
3

Le cabinet Plimsoll, dans son étude «Portefeuilles – Imprimerie» en 2011 note que *«le marché reste partagé entre ceux qui ont pris les bonnes décisions à temps et ceux qui luttent toujours pour se remettre de la crise»*. La situation reste donc contrastée sur le marché français de l'imprimerie. Les perspectives de croissance étant très limitées, les entreprises devront réduire leurs coûts et leurs frais généraux. La marge bénéficiaire moyenne courante de l'industrie est faible, s'élevant à seulement 2,3 % : aussi l'identification de segments de croissance et de rentabilité est-elle essentielle. Les entreprises les moins solides et les moins compétitives seront liquidées, faute de clients et d'acquéreurs.

Présentation de l'imprimerie Laville

Depuis 1966, l'imprimerie parisienne Laville est spécialisée dans la réalisation de cartes de visite, cartes de correspondance, cartes de vœux et d'invitation, papiers en-tête, liasses, carnets et blocs-notes, billetterie, petites PLV, étiquettes, etc. Ces produits en font de prime abord une imprimerie tout à fait classique. Pourtant, derrière cette apparente normalité se cache une entreprise bien singulière. Laville a été rachetée en 2003 par Pierre Fustier, consultant reconverti par passion dans le métier d'imprimeur. Elle réalise en 2008 un chiffre d'affaires de 780 000 euros pour un effectif de neuf personnes. L'entreprise considère que sa petite taille lui confère deux atouts distinctifs : la souplesse et la réactivité. Ainsi l'entreprise est-elle capable d'assurer un suivi de grande qualité pour ses clients, spécialement en ce qui concerne les petites et moyennes séries, celles que les autres imprimeurs n'aiment pas traiter. Elle tient des délais serrés, qui demandent une organisation souple et adaptable. Elle réalise des travaux spécifiques et délicats (imprimerie relief), qui demandent une attention particulière, impossible dans une organisation industrielle. Elle soigne l'accueil des clients, en assurant un accompagnement technique pour guider ces derniers dans leurs choix.

L'entreprise revendique également un statut d'imprimerie artisanale, artisan d'art, qu'elle décline ainsi sur son site Internet (www.imprimeriela-ville.com) : «*Spécialisée dans la papeterie haut de gamme et de prestige, pour les entreprises et pour les particuliers, Laville cherche à maintenir vivantes des techniques anciennes, voire désuètes, qui tendent à disparaître face aux technologies numériques d'impression. Gaufrage, relief, dorure à chaud, réalisées avec des presses typo et offset Heidelberg, couleurs directes, façonnage manuel la plupart du temps, nous permettent de proposer des impressions à l'ancienne, à des coûts raisonnables. Impression à plat associée à diverses techniques d'impression en relief nous autorise une grande diversité de traitement. Nous réfutons la démarche d'imprimeur exécutant et participons autant que possible à la réflexion sur les matières et le mode d'impression des documents que l'on nous confie. Petite imprimerie artisanale, nous privilégions les travaux de nos clients qui demandent inventivité et savoir-faire. Nous aimons aussi expérimenter. Pourtant, "techniques anciennes" ne veut pas dire immobilité. L'imprimerie Laville cherche à trouver de nouvelles utilisations à ces techniques qui disparaissent, faute d'avoir su se renouveler. Nous continuons à réaliser des cartes de visite et des documents de correspondance "à l'ancienne", mais recherchons constamment, avec des agences de communication et de graphisme, des éditeurs, des musées, de nouvelles voies. Cette démarche permet de proposer des documents qui sortent de l'ordinaire et se distinguent du flot de la production imprimée habituelle.* »

L'équipement de Laville est assez traditionnel, composé de presses offset, presses typo, postes de PAO, de matériel de finition (massicots, plieuses, assembleuses). Elle possède également trois fours thermiques pour le relief, un équipement pour le gaufrage. Ces équipements sont assez traditionnels et polyvalents. Parmi ces outils, certains sont braille : deux embosseuses recto/verso (jusqu'à 2 500 feuilles embossées à l'heure), deux embosseuses recto (jusqu'à 2 500 feuilles embossées à l'heure), etc.

L'entreprise Laville mobilise des techniques particulières d'impression : le thermo-relief, le gaufrage, l'embossage et la dorure.

La technique du thermo-relief permet de donner à l'encre d'impression un léger relief, soit dans le cadre d'une démarche graphique et esthétique, soit pour imprimer en relief tactile. Il n'existe en France plus que cinq à six imprimeurs spécialisés dans le relief. Laville propose trois sortes de reliefs différents : le relief simple, technique typographique permettant au doigt de sentir un léger renflement de l'encre ; le relief graphique, qui permet de souligner dans le dessin ou la photo certains éléments graphiques, de manière à ce qu'ils ressortent et donnent un sentiment visuel et tactile de relief et de profondeur. On peut, en fonction de techniques différentes de relief, donner un aspect lisse et gras, ou au contraire un aspect « granuleux » à la surface traitée ; le relief tactile, technique employée pour imprimer du braille, des dessins, des plans, et toute forme d'images tactiles, accessibles aux personnes aveugles ou malvoyantes. Laville peut aussi superposer textes et visuels classiques pour voyants et relief tactile pour les aveugles. Cela autorise une lecture aisée et simultanée pour les deux populations d'un même document.

1
2
3

Outre le thermo-relief, Laville propose le gaufrage. Ce procédé permet de créer un relief, de « creuser » une empreinte dans le papier lui-même, sans adjonction d'encre systématique, juste par pression d'une forme et d'une contre-forme. Le gaufrage crée une sorte de bas-relief. C'est la lumière qui joue sur le papier qui donne tout son sens au gaufrage. Laville l'utilise aussi bien pour les textes que pour des travaux graphiques. Laville affirme que « *c'est un procédé noble et subtil qui doit rester rare pour ne pas se galvauder* ».

Par l'embossage braille, le point est « impacté » dans le papier. L'écriture braille permet de travailler en recto/verso, grâce à la structure absolument régulière du braille : les lettres, les interlettres, les espaces entre les mots, les interlignes occupent un espace identique. Il suffit de décaler le verso d'un millimètre pour qu'aucun point du recto ne soit impacté. La spécificité de Laville est d'associer l'impression — noire ou quadrichromique — à l'embossage pour créer des documents « bi-écriture ».

La dorure consiste à appliquer une mince feuille d'or sur le papier. Elle peut être posée à plat ou associée à du gaufrage. Laville l'applique à chaud, à une température de 80 à 140 degrés et la soumet à une pression de 200 kg au centimètre carré. Elle peut être associée, sur un même support, à toutes les autres techniques d'impression.

La majorité des imprimeurs utilise des papiers dits « couchés », mats ou brillants. Pour Laville, la recherche du papier fait partie intégrante de la démarche et joue un rôle aussi important que ce qu'on y imprime. Aussi différents papiers d'art sont-ils utilisés en fonction de l'effet graphique et esthétique recherché. Par ailleurs, Laville fabrique ses encres à partir des couleurs primaires (Pantone).

Laville revendique le statut d'artisan, se concrétisant par la capacité à pouvoir imprimer des documents en nombre faible (de cent exemplaires à quelques milliers). Laville déclare souhaiter « *ne pas entrer dans la spirale infernale et artificielle du high-tech, qui nourrit surtout les constructeurs de machines et détruit les savoir-faire anciens qui finissent par se perdre. Nous ne voulons pas être des pousse-boutons*[9] ». Les opérations de façonnage (pliage, découpe, assemblage, encartage, piqûre, couture, reliure, etc., qui donnent aux imprimés leur format final et leur forme définitive) sont partie intégrante du travail d'imprimerie. La majeure partie du façonnage est

9. Allusion faite au développement de l'impression sur commande, dans laquelle le client compose lui-même le bon à tirer. Le travail de conception échappe alors largement à l'imprimeur, réduit à un exécutant de la commande.

réalisée chez Laville, le plus souvent manuellement, vu le nombre réduit d'exemplaires des documents imprimés.

Le développement de Laville dans l'imprimerie braille

L'entreprise a su, grâce à l'inventivité de son dirigeant, utiliser ses machines d'impression en thermo-relief pour investir le marché du braille et développer la transposition graphique tactile en direction des personnes malvoyantes ou non voyantes. Les agences et les institutionnels soucieux d'ouvrir leurs productions à ce public se tournent donc vers l'imprimerie qui, malgré son positionnement de niche, imprime désormais en grandes quantités ces commandes spécifiques.

Le parc machine et l'organisation permettent une production braille et tactile à l'unité (lettres personnelles, épreuves de concours, contrats, factures, signalétique relief, etc.) ou en plus grandes quantités (de cent à plusieurs milliers d'exemplaires, comme des cartes de visite, des invitations, des étiquettes, des brochures en braille ou en caractères agrandis).

Laville a mis au point une technique qui permet d'associer au texte braille des pictogrammes, des dessins, des plans ou tout autre élément graphique « tactile ». Grâce à ces prestations en braille, Laville compte comme clients des musées (musée du Louvre, Cité des Sciences, Centre Beaubourg, musée de la Libération de Paris, Monum, la BNF, etc.), des administrations publiques ou internationales (ministère de la Culture, ministère du Travail, ministère de la Justice, ministère de la Santé, l'ONU, divers conseils régionaux et généraux, la Ville de Paris, etc.), des entreprises (SNCF, La Poste, EDF, l'Imprimerie nationale, L'Oréal, Generali, etc.), des institutions culturelles (Atelier de la Villette, accès Culture, Théâtre Silvia-Monfort, Théâtre de la Colline) et diverses associations… Laville réalise essentiellement pour eux des productions « bi-écriture ».

Consignes d'utilisation et d'analyse du cas

Étape 1   Individuellement

1 Quelle est la modalité de croissance suivie par Laville pour mener sa stratégie d'expansion vers l'impression braille ? Justifiez l'utilisation de cette modalité de croissance.

2 Justifiez en quoi l'entrée de Laville sur le marché du braille est une stratégie d'expansion.

3 Discutez la possibilité de proposer des prestations classiques à ses clients actuels (extension de gamme).

Étape 2   En groupe

1 Procédez comme dans l'étape 1 pour confronter les points de vue et les analyses.

2 Dégagez les points de convergence et de divergence.

3 Proposez une synthèse des analyses et concluez sur une évolution possible de la stratégie d'expansion poursuivie par Laville.

Outils pédagogiques et méthodologiques

Grille d'analyse 1   Identification de la stratégie suivie pour chaque manœuvre

Il s'agit ici d'identifier la stratégie adoptée en s'assurant d'une part qu'il s'agit d'une manœuvre d'expansion (en montrant qu'elle prend appui sur une partie d'un domaine d'activité existant : soit les métiers existants, soit les missions existantes) et d'autre part en caractérisant cette expansion : expansion mission ou expansion métier. Pour cela, et pour chaque manœuvre de croissance considérée, il est nécessaire de lister les points communs (et les différences) entre l'activité concernée par l'analyse et les activités préexistantes dans l'entreprise, soit en termes de métier (technologies, compétences, actifs), soit en termes de mission (clientèle, application, marché). L'analyse de ces points communs et différences éventuelles permettra de conclure le cas échéant à une manœuvre d'expansion mission ou d'expansion métier.

Activités/manœuvres nouvelles	Points communs (métier/mission) entre la nouvelle activité et les activités préexistantes	Éléments nouveaux (métier/mission)
Activité/manœuvre nouvelle 1		
Activité/manœuvre nouvelle 2		
...		

Grille d'analyse 2   Caractérisation de la stratégie d'expansion

Il s'agit ici d'identifier la logique des manœuvres d'expansion (logique offensive ou défensive) et les avantages attendus, ainsi que les leviers mobilisés pour réussir. Cette étude devra être complétée par l'analyse des modalités retenues par l'entreprise pour mener à bien ces manœuvres d'expansion (type de modalité et pertinence de ces modalités).

	Identification	Justification et/ou explicitation
Logique de l'expansion		
Objectifs poursuivis/ Leviers d'action mobilisés		
Modalités		

Pistes de résolution du cas

1
2
3

Grille d'analyse 1   Identification de la stratégie suivie par Laville

Il s'agit ici d'identifier la stratégie adoptée par Laville lors de sa manœuvre de développement du marché du braille. En premier lieu, il s'agit de s'assurer que cette opération est bien une manœuvre d'expansion, prenant appui soit sur les métiers existants, soit sur les missions existantes. Cette expansion sera caractérisée : expansion mission ou expansion métier. Pour cela, il est nécessaire de lister les points communs (et les différences) entre le développement de l'imprimerie braille pour les grands comptes et les activités préexistantes dans l'entreprise, soit en termes de métier (technologies, compétences, actifs), soit en termes de mission (clientèle, application, marché).

Activités/manœuvres nouvelles	Points communs (métier/mission) entre la nouvelle activité et les activités préexistantes	Éléments nouveaux (métier/mission)
Imprimerie braille ou mixte bi-écriture pour grands comptes	*Points communs métier* : Technologie et actifs matériels associés utilisables pour les commandes traditionnelles (cartes de visite, de vœux et d'invitation, papiers à en-tête, petites PLV, etc.) Compétences : savoir-faire en embossage et gaufrage (braille), relation de co-conception de la production avec la clientèle. Traitement des petites séries. *Points communs mission* : Applications identiques, Laville réalisait déjà des productions en braille, sans les avoir développées	*Éléments nouveaux métier* : Renforcement de la technologie braille Savoir-faire de relation clientèle modifiée (l'arrivée du P-DG actuel, ancien consultant, a permis d'acquérir ces nouveaux savoir-faire) *Éléments nouveaux mission* : Clientèle nouvelle, peu approchée jusqu'ici (grandes institutions) Marché à portée nationale, alors que les commandes étaient auparavant largement locales

Pour lancer sa nouvelle activité, Laville s'est globalement appuyé sur son métier d'origine, en mobilisant la technologie (en la modifiant) et des compétences existantes. Elle a en revanche acquis de nouvelles compétences métiers en modifiant ses savoir-faire en relation clientèle. Les points les plus nouveaux concernent la mission : si des applications braille étaient déjà réalisées, la clientèle est ici nouvelle, et d'envergure nationale, clientèle à laquelle Laville était jusqu'ici peu confronté.

Grille d'analyse 2   Caractérisation de la stratégie d'expansion

Il s'agit ici d'identifier la logique de l'expansion (logique offensive ou défensive) et les avantages attendus, ainsi que les leviers mobilisés pour réussir. La modalité retenue par Laville sera également analysée et expliquée.

	Identification	Justification et/ou explicitation
Logique de l'expansion	Logique défensive	Le secteur est peu rentable et en voie de concentration. Les petits acteurs ont le choix entre la perte d'indépendance par l'adossement à un groupe et des stratégies de niche. C'est l'option suivie par Laville.
Objectifs poursuivis/ Leviers d'action mobilisés	Technologie rare, Petite taille Contacts dirigeant	Sur la base d'une technologie rare et maîtrisée, l'entreprise joue sur ses atouts (réactivité, petites séries, respect de délais serrés, travaux spécifiques) pour traiter les commandes atypiques de grands clients.
Modalités	Développement interne sur la base des ressources existantes, sans investissement	L'entreprise dispose d'outils spécifiques, devenus rares sur le marché. La possibilité de croissance externe ne pouvait être envisagée compte tenu de la taille de Laville.

Dans un secteur particulièrement difficile, Laville, petit imprimeur, cherche à défendre ses positions. L'entreprise dispose d'une maîtrise technologique spécifique (car « désuète ») qu'elle peut valoriser grâce à sa petite taille et au profil de son dirigeant. Le choix de la croissance interne modérée est fait.

Réponses aux questions posées à l'étape 1

1 Quelle est la modalité de croissance suivie par Laville pour mener sa stratégie d'expansion vers l'impression Braille ? Justifiez l'utilisation de cette modalité de croissance.

Dans un secteur en déclin, qui est largement une impasse concurrentielle au sens de la matrice BCG 2 (voir le chapitre 2 de l'ouvrage *Les 7 points clés du diagnostic stratégique, op. cit.*), Laville a cherché des relais de croissance à travers la valorisation de ses compétences clés pour de nouvelles applications. Grâce à une niche très restreinte, Laville a trouvé un créneau auprès de grands comptes, pour des applications spécifiques, à côté des créneaux habituels des associations pour aveugles, qui sont les fournisseurs habituels pour des livraisons plus classiques.

Pour se développer, Laville a procédé par croissance organique. Plus précisément, l'entreprise a opté pour la stratégie la moins coûteuse possible. Le secteur de l'imprimerie exige des entreprises des investissements lourds que Laville a essayé de contourner. Plutôt que d'investir pour suivre les grandes tendances du secteur, Laville a préféré trouver des utilisations nouvelles et originales pour une technologie artisanale, voire « désuète », bien maîtrisée. Laville mène une stratégie d'expansion fondée sur la maîtrise de technologies rares, sous une forme artisanale et utilise ces techniques pour de nouveaux usages et de nouvelles clientèles.

2 Justifiez en quoi l'entrée de Laville sur le marché du braille est une stratégie d'expansion (voir grilles 1 et 2).

L'entrée de Laville sur le marché des impressions en braille pour les grands comptes est fondée sur une expansion mission. Laville s'est appuyée sur son métier pour étendre sa mission à de nouvelles clientèles, intéressées à ses productions spécifiques.

La logique d'expansion est largement défensive, dans un secteur très difficile (voir la grille 2). Les leviers sont essentiellement liés à la technologie singulière maîtrisée (gaufrage, embossage, etc.) et à la volonté de l'entreprise d'être proche de ses clients par des productions co-conçues. La modalité de réalisation est interne ; Laville revendique d'ailleurs d'utiliser ses actifs « désuets ». La possibilité de rachat d'un ancien concurrent paraîtrait donc une opération à la fois coûteuse et risquée.

3 **Discutez la possibilité de proposer des prestations classiques à ses clients actuels (extension de gamme).**

Auprès des clients nouvellement trouvés pour les applications de l'écriture braille, l'entreprise pourrait imaginer proposer des prestations plus classiques (extension métier). Pourtant, elle sortirait alors de son statut de spécialiste artisanal, et serait alors confrontée à des concurrents de plus grande taille et ayant des coûts et une technicité meilleurs (respect des délais, grands tirages, maîtrise de la mise en place, etc.).

Il ne faut pas non plus sous-estimer les éléments liés à la volonté du dirigeant et au caractère artisanal de Laville. En effet, le repreneur réalise ici un rêve, mais tient à considérer que l'entreprise ne doit pas viser une croissance trop rapide, qui irait au détriment des équilibres de l'entreprise et de son dirigeant. L'action la plus cohérente avec les attentes des clients, la volonté du dirigeant et le pedigree de l'entreprise consisterait à chercher à développer de nouvelles extensions de clientèle, susceptibles d'être intéressées par des petites séries spécifiques en « bi-écriture ».

Rappelons que Laville utilise des machines classiques pour un imprimeur, d'autres plus spécifiques, permettant l'impression en thermo-relief, le gaufrage, l'embossage. Laville revendique de ne pas faire partie des imprimeurs industriels. Ses possibilités d'expansion sont donc limitées par sa technologie et la volonté de son dirigeant et de l'équipe de rester sur des savoir-faire traditionnels.

Croissance et diversification

Cas 1 — Yue Yuen et la course en tête dans la chaussure de sport[10]

Fiche de présentation du cas

Ce cas présente la situation de Yue Yuen, entreprise chinoise spécialisée dans la fabrication de chaussures de sport en sous-traitance pour les grands équipementiers mondiaux. Le cas présente les caractéristiques du secteur et de la filière des équipements de sport et les principaux acteurs qui les composent, avant de revenir en détail sur le cas de Yue Yuen. Dans ce contexte, il s'agit d'évaluer la pertinence de la stratégie de croissance de Yue Yuen, qui envisage de devenir un équipementier sportif à part entière.

Ce cas est adapté pour un public de formation initiale et continue. Il s'adresse aux étudiants de licence (L2 ou L3) et de master (master 1 et 2), ainsi que d'écoles supérieures de commerce et d'ingénieur (deuxième ou troisième année). Il peut également être utilisé de manière profitable dans des filières spécialisées en management du sport.

10. Ce cas est adapté de « Yue Yuen – Comment maintenir l'avantage de l'entreprise ? De la fabrication de chaussures de sport à une marque mondiale », Gueguen, G., Lechner, C., étude de cas Toulouse Business School (2008).

191

1
2
3

Exposé du cas

Les équipementiers sportifs et le marché de la chaussure de sport

Le marché des équipements de sport se décompose en trois segments distincts : le textile, les chaussures et les équipements sportifs. Si le taux de croissance des équipements est relativement faible (voire négatif), le textile et la chaussure connaissent des taux de croissance élevés le plus souvent à deux chiffres. Dans ce contexte, le secteur se caractérise par une forte concurrence et un fort niveau de concentration accentué par de nombreux rachats opérés au cours de la décennie 2000 et relatifs à la poursuite d'une taille critique (acquisitions de Salomon par Amer Sports, de Rossignol par Quiksilver, d'Oxbow par Lafuma, etc.). Ainsi, sur un marché évalué à environ 120 milliards d'euros, les huit premiers acteurs du secteur réalisent plus de 50 milliards de chiffre d'affaires (CA). En outre, ces groupes déjà très internationalisés (60 % du CA des leaders du secteur réalisés à l'international en moyenne) cherchent à développer leur implantation commerciale dans les zones émergentes à fort potentiel (notamment en Asie et plus particulièrement en Chine). Cette orientation accrue à l'international passe aujourd'hui par la création de points de vente et par une politique active d'ouverture de magasins (par exemple, Adidas a ouvert plus de cinq mille points de vente en Chine entre 2006 et 2008). Dans ce cadre, la chaussure de sport représente la plus grande part de l'activité de ces groupes, avec 47 % du CA en moyenne (contre 33 % pour l'habillement et 20 % seulement pour les équipements). Le tableau 1 présente un bref récapitulatif de l'activité des quatre principaux équipementiers mondiaux (dont les trois premiers sont également les trois leaders de la chaussure de sport).

	Nike	Adidas	Puma	Quiksilver
Chiffres d'affaires	19 200 m$	10 400 m€	2 500 m€	2 000 m$
Résultat d'exploitation	654 m$	500 m€	320 m€	68 m$
CA réalisé sur la chaussure	55 %	47 %	54 %	20 %
CA réalisé à l'international	65 %	71 %	82 %	62 %

Tableau 1 : Récapitulatif de l'activité des principaux équipementiers mondiaux (chiffres 2009)

Plusieurs tendances sont révélatrices, dans le segment des chaussures de sport, de la volonté des groupes de renforcer leur position concurrentielle. Tout d'abord, indépendamment de la tendance à l'internationalisation et de l'attrait pour les pays émergents, on constate que ces entreprises cherchent à améliorer leur maîtrise de la distribution, notamment en augmentant le nombre de points de vente détenus en propre et en déclinant plusieurs types de boutiques en fonction de la localisation ou de la gamme de produits. Ce choix vise non seulement à mieux contrôler leur image et à développer leur notoriété, mais aussi à contrer la puissance croissante des chaînes de distribution spécialisées (qui s'intègrent en amont de manière accentuée, en développant de véritables marques, devenant de ce fait des concurrents sérieux). La politique marketing des équipementiers constitue ici le cœur de leur compétitivité, comme en témoigne l'importance des budgets de publicité (entre 10 et 15 % du CA en moyenne) ; dans ce cadre, le sponsoring d'athlètes représente un levier d'action qui peut se révéler particulièrement rentable : ainsi, lorsque le Jamaïquain Usain Bolt devient champion olympique aux Jeux olympiques de 2008 de Pékin, les chaussures de son équipementier Puma sont montrées en gros plan pendant plusieurs minutes, soit l'équivalent de 250 millions d'euros en investissements publicitaires au plan mondial. Par ailleurs, depuis plusieurs années, les chaussures de sport sont entrées dans la sphère de la mode ; les produits sont détournés de leur utilisation sportive et utilisés de manière quotidienne. En témoignent les partenariats de certaines marques avec les grands créateurs de mode qui associent leur image et leur griffe aux produits sportifs (Puma et feu Alexander McQueen par exemple).

Enfin, il faut souligner le recours massif à la sous-traitance et/ou à la délocalisation dans ce domaine ; la majorité des équipementiers ne disposent pas de structure de production et délocalisent massivement cette étape de la chaîne de valeur soit sous la forme de filiales implantées dans les pays à bas coûts salariaux, soit le plus souvent sous la forme de relations commerciales de long terme avec des sous-traitants indépendants (*Original Equipment Manufacturers*, ou OEM) implantés dans ces pays. Ainsi, les équipementiers sportifs conçoivent et commercialisent des chaussures qu'ils ne fabriquent pas dans la plupart des cas (la part de production externalisée pour les dix plus gros équipementiers dépasse 95 %). Cette tendance, initiée par Nike dès les années 1970, a rapidement touché tous les équipementiers qui ont délocalisé leurs activités en Indonésie et en Chine dans les années 1990, après avoir initialement travaillé dans les années 1970 et 1980 avec des entreprises taïwanaises et coréennes, devenues trop peu compétitives en raison de la hausse du niveau de vie et des

1
2
3

salaires dans leurs pays respectifs. Aujourd'hui par exemple, Nike dispose de sept cents sous-traitants dans le monde (dont environ cent quarante sont situés en Chine) et, en 2008, 80 % de la production mondiale de chaussures de sport étaient réalisés en Asie (58 % en Chine). Cependant, le mouvement de développement de l'économie chinoise et la hausse des salaires qui y est associée inquiètent les équipementiers qui commencent à redélocaliser leur production dans des zones plus avantageuses (Inde ou Laos par exemple). Les objectifs des équipementiers sont clairs : réduire les coûts par la délocalisation dans les pays les moins chers du monde (quitte à modifier leur implantation en cas de hausse des salaires), privilégier l'innovation et la R&D pour assurer l'arrivée d'un flot permanent de nouveaux modèles sur le marché et être en phase avec les attentes du client final (à la fois sur le plan technique et esthétique), assurer une promotion et une commercialisation intensives de leurs produits et maximiser leur présence dans les points de vente localement et internationalement. Cet impératif de disponibilité des produits oblige ainsi les équipementiers à mettre en place un processus logistique particulièrement sophistiqué, notamment du fait de la rapidité du renouvellement des modèles (la rotation des modèles est en général de six mois). L'optimisation de cette chaîne logistique passe alors par la maîtrise des flux informatiques (ou d'information) et des flux physiques entre le pays d'origine de l'équipementier, les zones de production offshore et les zones de consommation.

Yue Yuen et la fabrication de chaussures de sport offshore

Yue Yuen est l'un des fabricants de chaussures de sport les plus importants au monde avec un CA qui dépasse les 3 milliards d'euros; l'entreprise chinoise emploie 300 000 personnes, travaille pour plus de cinquante marques différentes, détient plus de 15 % de part de marché de l'industrie de la fabrication de chaussures de sport et assure près de 20 % de la production de chaussures de Nike. Son activité s'appuie principalement sur la fabrication de chaussures (85 % du CA) et notamment de chaussures de sport (60 %), mais l'entreprise s'est récemment développée vers la distribution d'articles de sport (10 % du CA) et dans la fabrication textile. Yue Yuen distribue ainsi les produits des marques qu'il fabrique au travers de son réseau détenu en propre (près de sept cents boutiques), ainsi que par le biais d'accords de référencement avec des revendeurs indépendants. En outre, l'entreprise élargit la palette de prestations offertes à ses clients avec des modules de prototypage (mise au point de prototypes et tests) qui sont proposés en plus des activités traditionnelles de fabrication (pièces et assemblage) de même que des modules de prise en charge globale de la chaîne logistique permettant de répondre de manière rapide et flexible à la demande du client. Cette stratégie procède de la volonté de faire migrer l'activité vers des étapes du système de valeur à plus forte valeur ajoutée. Au final, le succès de l'entreprise est lié non seulement à sa compétitivité prix (due notamment à son volume de production), mais aussi à la qualité des produits fabriqués (l'entreprise investit massivement en R&D pour améliorer son processus de production), à sa flexibilité dans la réponse aux demandes des clients, et à la richesse des prestations proposées (service logistique clé en main, tests). Enfin, dans le contexte des nombreuses critiques émises au cours des années 2000 et portant sur les conditions de travail des ouvriers dans les usines sous-traitantes, ainsi que sur le recours au travail des enfants, Yue Yuen met l'accent sur un comportement responsable et éthique vis-à-vis de ses salariés. Pourtant, plusieurs menaces se profilent pour Yue Yuen, parmi lesquelles la hausse du coût de la main-d'œuvre en Chine et la montée en puissance de concurrents de plus en plus puissants, de même que la forte dépendance de l'entreprise par rapport à un petit nombre de donneurs d'ordre (Yue Yuen réalise 50 % de son CA sur la base de cinq clients principaux).

Yue Yuen et la conquête du marché des chaussures de sport

Face à ces nouveaux défis, Yue Yuen envisage de développer son activité et de commercialiser des chaussures de sport sous sa propre marque, notamment sur le marché asiatique, à l'image de 361°. L'entreprise chinoise 361° a été créée dans les années 1990 pour assurer la production des chaussures de sport de la marque italienne Diadora. Très rapidement et en s'appuyant sur les compétences développées au travers de sa collaboration avec Diadora, le sous-traitant s'est développé à la fois en termes de nombre de clients et en termes d'activités prises en charge : de la fabrication et la logistique, l'entreprise est passée à la conception pour les donneurs d'ordre avant de lancer sa propre marque distribuée à la fois dans ses boutiques et par un réseau de revendeurs indépendants, devenant l'une des principales marques de chaussures de sport chinoises (et un concurrent local à considérer pour les grands équipementiers occidentaux). Pour mener à bien son projet, Yue Yuen devra donc non seulement s'appuyer

1
2
3

sur son expertise en termes de fabrication et de processus industriel, mais aussi sur sa capacité d'innovation de même que sur ses compétences de gestion de la chaîne logistique. En outre, pour devenir un acteur intégré de la filière de la chaussure de sport (de la fabrication à la distribution au client final), l'entreprise devra développer une marque forte et en assurer le référencement.

Consignes d'utilisation et d'analyse du cas

Étape 1   Individuellement

1 Présentez et caractérisez la manœuvre de diversification envisagée par Yue Yuen.

2 Identifiez et caractérisez les objectifs poursuivis par Yue Yuen dans le cadre de cette stratégie de diversification.

3 Évaluez la pertinence de la diversification envisagée par l'entreprise chinoise.

Étape 2   En groupe

1 Procédez comme dans l'étape 1 pour confronter les points de vue et les analyses.

2 Dégagez les points de convergence et de divergence.

3 Proposez une synthèse des analyses et concluez sur la viabilité de la diversification envisagée par Yue Yuen.

Outils pédagogiques et méthodologiques

Grille d'analyse 1   Caractérisation de la stratégie de diversification

Il s'agit ici d'appréhender les différentes caractéristiques permettant d'identifier et de caractériser la diversification : nature de la diversification (verticale ou horizontale), structure de la diversification (reliée ou non reliée), existence de compétences pivots (technologiques ou commerciales), modalités de mise en œuvre de la diversification (développement interne, alliance ou acquisition).

Critères de caractérisation	Identification du critère	Justification et/ou explicitation
Nature de la diversification		
Structure de la diversification		

Critères de caractérisation	Identification du critère	Justification et/ou explicitation
Compétences pivots existant entre l'activité de base et l'activité de diversification		
Modalités de mise en œuvre de la diversification		

Grille d'analyse 2   Identification des objectifs poursuivis et des avantages recherchés

Il s'agit ici d'identifier la logique de la diversification et les objectifs poursuivis ; dans cette optique, il est nécessaire de caractériser d'une part la logique poursuivie (logique offensive ou défensive) et d'autre part les avantages attendus (exploitation des ressources existantes ou maximisation de la rentabilité globale). Cette analyse devra être complétée par l'identification des objectifs secondaires de l'entreprise (amélioration de l'image, contrôle des approvisionnements, etc.).

	Identification des causes de la diversification	Justification et/ou explicitation
Logique de la diversification		
Avantages attendus		
Objectifs secondaires		

Grille d'analyse 3   Analyse de la pertinence de la diversification

Dans l'optique de réaliser une matrice d'évaluation des projets de diversification, il s'agit ici d'évaluer d'une part le degré de cohérence entre les compétences de l'entreprise et les facteurs clés de succès de l'activité visée par la diversification (soit le degré de maîtrise des facteurs clés de succès de l'activité de diversification) et d'autre part le degré d'attractivité intrinsèque de cette activité.

Pour cela, il est nécessaire de lister les facteurs clés de succès de l'activité visée par la diversification et de les comparer aux facteurs clés maîtrisés par l'entreprise dans le cadre de son activité principale afin de se prononcer sur le degré de cohérence entre l'activité principale et l'activité de diversification (lire ci-après). Cette comparaison donnera lieu à l'attribution d'un score global de une * à trois * (* : faible cohérence ; *** : très forte cohérence), permettant de placer l'activité sur l'axe des abscisses de la matrice d'évaluation des projets de diversification.

Facteurs clés de succès de l'activité de diversification	Degré de cohérence (de « * » faible cohérence à « * * * » forte cohérence)	Justification (sur la base des facteurs clés de succès maîtrisés dans l'activité principale)
Score global		

Puis, il est nécessaire d'évaluer le degré d'attractivité de l'activité visée par la diversification. Pour cela, il faut déterminer un ou plusieurs critères d'attractivité pertinents dans le secteur considéré (taux de croissance, rentabilité moyenne, menace concurrentielle, etc.) avant de procéder à leur évaluation (*cf.* ci-dessous). Cette comparaison donnera lieu à l'attribution d'un score global de une * à trois * (* : attractivité faible ; *** : attractivité forte), permettant de placer l'activité sur l'axe des ordonnées de la matrice d'évaluation des projets de diversification.

Critères retenus	Évaluation de l'attractivité de l'activité (de « * » faible attractivité à « * * * » forte attractivité)	Justification
Score global		

1
2
3

Pistes de résolution du cas

Grille d'analyse 1   Caractérisation de la stratégie de diversification

Il s'agit ici d'appréhender les différentes caractéristiques permettant d'identifier et de caractériser la diversification : le cas étudié concerne une diversification verticale, qui s'appuie sur des compétences communes à l'ancienne et à la nouvelle activité (diversification reliée), notamment en matière de capacités de production et de compétences logistiques. Yue Yuen projette en outre de s'appuyer sur ses ressources et ses capacités internes pour développer ce nouveau DAS (développement interne).

Critères de caractérisation	Identification du critère	Justification et/ou explicitation
Nature de la diversification	Diversification verticale combinée aval et amont	Yue Yuen est déjà présent dans l'activité de fabrication de chaussures de sport (par le biais de son activité de sous-traitant) et envisage de développer une activité de conception, fabrication et commercialisation de chaussures à sa marque. Il s'agit ainsi d'une diversification verticale amont (vers l'étape de conception des modèles) combinée à une diversification verticale aval (vers l'étape de création de marque et de commercialisation).
Structure de la diversification	Diversification reliée	Pour développer sa nouvelle activité (et parvenir à se développer verticalement dans la filière), Yue Yuen va pouvoir s'appuyer sur des compétences présentes au sein de l'organisation et liées aux étapes de la chaîne de valeur qu'elle maîtrise déjà (production, logistique, etc.).
Compétences pivots existantes entre l'activité de base et l'activité de diversification	Pivots technologiques et dans une moindre mesure commerciaux	En ce qui concerne les pivots technologiques, Yue Yuen peut s'appuyer sur ses compétences en matière de production (fabrication et assemblage) à moindre coût (du fait de son échelle de production très importante) de produits de bonne qualité. En outre, Yue Yuen peut s'appuyer sur ses compétences en matière de gestion intégrée de la chaîne logistique (transport, stockage, systèmes d'information) et sur ses compétences en termes d'innovation (processus et produits). Dans une moindre mesure, Yue Yuen peut également s'appuyer sur son réseau commercial (détenu en propre) et sur les partenariats qu'il détient avec les revendeurs indépendants.

Critères de caractérisation	Identification du critère	Justification et/ou explicitation
Modalités de mise en œuvre de la diversification	Développement interne	Yue Yuen projette de mener à bien cette diversification en s'appuyant exclusivement sur le développement de ses capacités et de ses compétences, sans avoir recours à la collaboration avec une autre entreprise ni faire l'acquisition de compétences ou d'actifs issus d'une autre entreprise.

Grille d'analyse 2   Identification des objectifs poursuivis et des avantages recherchés

Il s'agit ici d'identifier la logique de la diversification et les objectifs poursuivis. Dans le cas de Yue Yuen, il s'agit d'une logique mixte, à la fois défensive et offensive ; en outre, si l'objectif majeur semble être de profiter des compétences et des capacités existantes au sein de l'entreprise, cette diversification vise également à augmenter la rentabilité moyenne du portefeuille d'activités de Yue Yuen.

	Identification des causes de la diversification	Justification et/ou explicitation
Logique de la diversification	Mixte : défensive et offensive	Yue Yuen semble être exposé à plusieurs menaces dans le cadre de son activité d'OEM : la hausse des coûts salariaux en Chine peut pousser les équipementiers à relocaliser leurs activités de production dans d'autres pays ; en outre on constate une montée de la concurrence dans le secteur des OEM, et Yue Yuen souffre d'une forte dépendance vis-à-vis d'un petit nombre de donneurs d'ordre (50 % de son CA est réalisé avec seulement cinq clients). D'autre part, l'activité de sous-traitance pour les équipementiers constitue une activité à faible valeur ajoutée, et la diversification pour devenir une marque de chaussures de sport à part entière lui permettrait d'entrer dans un secteur à plus forte valeur ajoutée et à forte croissance.

	Identification des causes de la diversification	Justification et/ou explicitation
Avantages attendus	Multiples : exploitation des ressources existantes et augmentation de la rentabilité moyenne du portefeuille d'activités de Yue Yuen	Si l'objectif majeur semble être de profiter des compétences et des capacités existantes au sein de l'entreprise (notamment en termes de capacités de production, de compétences en matière d'industrialisation et de logistique), cette diversification vise également à augmenter la rentabilité moyenne du portefeuille d'activités de Yue Yuen en faisant entrer l'entreprise dans une activité à plus forte valeur ajoutée dans le cadre de laquelle l'entreprise pourra mettre en place une stratégie de différenciation, synonyme de marges élevées.
Objectifs secondaires	Non pertinent ici	

Grille d'analyse 3   Analyse de la pertinence de la diversification

Dans l'optique de réaliser une matrice d'évaluation des projets de diversification, il s'agit ici d'évaluer d'une part le degré de cohérence entre les compétences de l'entreprise et les facteurs clés de succès de l'activité visée par la diversification et d'autre part le degré d'attractivité intrinsèque de cette activité.

Le tableau ci-après liste donc les facteurs clés de succès attachés à l'activité d'équipementier sportif afin d'évaluer leur degré de cohérence avec l'activité de sous-traitant de Yue Yuen (et par voie de conséquence leur degré de maîtrise potentiel par l'entreprise chinoise). Pour chaque facteur clé de succès, la cohérence avec l'activité principale sera évaluée, ce qui donnera lieu au final à l'attribution d'un score global de * à ***, permettant de placer l'activité sur l'axe des abscisses de la matrice d'évaluation des projets de diversification.

Facteurs clés de succès de l'activité de diversification	Degré de cohérence (de « * » faible cohérence à « *** » forte cohérence)	Justification (sur la base des facteurs clés de succès maîtrisés dans l'activité principale)
Maîtrise des coûts (production)	***	Yue Yuen maîtrise parfaitement ce facteur clé de succès, qui est à l'origine de son avantage concurrentiel dans l'activité de sous-traitance.
Maîtrise de la chaîne logistique	***	Yue Yuen maîtrise parfaitement ce facteur clé de succès, qui est à l'origine de son avantage concurrentiel dans l'activité de sous-traitance.
Maîtrise des canaux de distribution	**	Yue Yuen dispose déjà d'un nombre conséquent de points de vente détenus en propre dans lesquels il distribue les produits de ses clients équipementiers sur le territoire chinois. De même, il dispose d'accords avec des revendeurs indépendants. Cependant, cet accès aux canaux de distribution est limité à la Chine et reste de taille modeste pour l'instant.
Innovation, design, conception des modèles	**	Si Yue Yuen réalise des prototypes et des tests sur les modèles conçus par les services de R&D des équipementiers, il ne dispose pas de l'expérience nécessaire à la création originale de modèles de chaussures de sport à un rythme élevé (rotation des collections). Cependant, dans un premier temps, l'entreprise chinoise peut probablement s'appuyer sur les modèles développés par ses clients afin de trouver des sources d'inspiration.
Marketing, suivi de la mode et des tendances	*	Ce facteur clé de succès constitue le point faible de Yue Yuen, qui ne dispose pas des compétences nécessaires dans ce domaine, d'autant plus qu'une part non négligeable du segment de la chaussure de sport se confond avec le secteur du prêt-à-porter sportswear (partenariat avec les créateurs, association avec des marques prestigieuses, etc.). Il semble difficile pour l'entreprise de créer de toutes pièces une marque forte permettant d'alimenter de manière efficace sa stratégie de différenciation. De même, le sous-traitant pourra-t-il consentir les investissements indispensables en communication et en publicité pour développer sa notoriété et sa crédibilité sur le marché des équipementiers ?
Score global		2,2

Au final, le degré de cohérence entre l'activité «sous-traitance» de Yue Yuen et l'activité de diversification «équipementier sportif» apparaît assez élevé, notamment du fait du niveau d'intégration déjà important de l'entreprise chinoise dans la filière (production, gestion logistique, tests et prototypage, distribution en Chine, etc.). Cependant, les barrières liées aux compétences de création et à la nécessité d'une marque forte restent problématiques pour Yue Yuen.

Une fois le score de cohérence évalué, il est nécessaire d'évaluer le degré d'attractivité intrinsèque de l'activité visée par la diversification («équipementier»). Plusieurs critères sont mobilisés (croissance, rentabilité et intensité de la concurrence au sein de l'activité). Après avoir évalué chaque critère, un score global est attribué, permettant de placer l'activité sur l'axe des ordonnées de la matrice.

Critères retenus	Évaluation de l'attractivité de l'activité (de «*» faible attractivité à «* * *» forte attractivité)	Justification
Croissance de l'activité visée	* * *	Forte croissance du segment de la chaussure de sport
Rentabilité de l'activité visée	* * *	Forte marge dans le segment
Degré de concurrence au sein de l'activité visée	*	La concurrence fait rage dans le secteur des équipementiers sportifs, comme en témoignent le mouvement de concentration et la poursuite de la taille critique par les principaux acteurs de ce segment.
Score global	2,3	

Au final, le degré d'attractivité de l'activité visée par Yue Yuen est élevé, malgré une forte concurrence (qui augmente également dans son activité principale).

Réponses aux questions posées à l'étape 1

1 **Présentez et caractérisez la manœuvre de diversification envisagée par Yue Yuen.**

La diversification envisagée par Yue Yuen consiste à développer une activité d'équipementier sportif spécialisé dans la chaussure de sport (conception, fabrication et commercialisation de chaussures à sa marque). Compte tenu de son activité existante de sous-traitant pour les grandes marques d'équipements de sport, il s'agit ici d'une diversification verticale amont (vers l'étape de conception des modèles) combinée à une diversification verticale aval (vers l'étape de création de marque et de commercialisation). En outre, cette diversification reliée s'appuie sur un pivot technologique et commercial : production, gestion intégrée de la chaîne logistique, innovation et accès à un réseau commercial (voir la grille 1).

2 **Identifiez et caractérisez les objectifs poursuivis par Yue Yuen dans le cadre de cette stratégie de diversification.**

Si l'objectif majeur de Yue Yuen semble être de profiter des compétences et des capacités existantes au sein de l'entreprise (cohérence des ressources), cette diversification vise également à augmenter la rentabilité moyenne du portefeuille d'activités de l'entreprise (en se développant vers des activités à plus forte valeur ajoutée). En outre, l'origine de ce projet réside à la fois dans la volonté de compenser des risques liés à l'activité de sous-traitance (hausse des coûts salariaux en Chine, risque de relocalisation des équipementiers dans d'autres pays, concurrence croissante au sein du secteur des OEM et forte dépendance vis-à-vis d'un petit nombre de donneurs d'ordre) et dans la recherche d'un relais de croissance dans un secteur à forte marge et à forte croissance (équipementier).

3 **Évaluez la pertinence de la diversification envisagée par l'entreprise chinoise.**

À la suite de l'évaluation du degré de cohérence entre les compétences de l'entreprise et les facteurs clés de succès de l'activité visée par la diversification et du degré d'attractivité intrinsèque de cette activité (voir la grille 3), il est possible de réaliser la matrice ci-dessous.

1
2
3

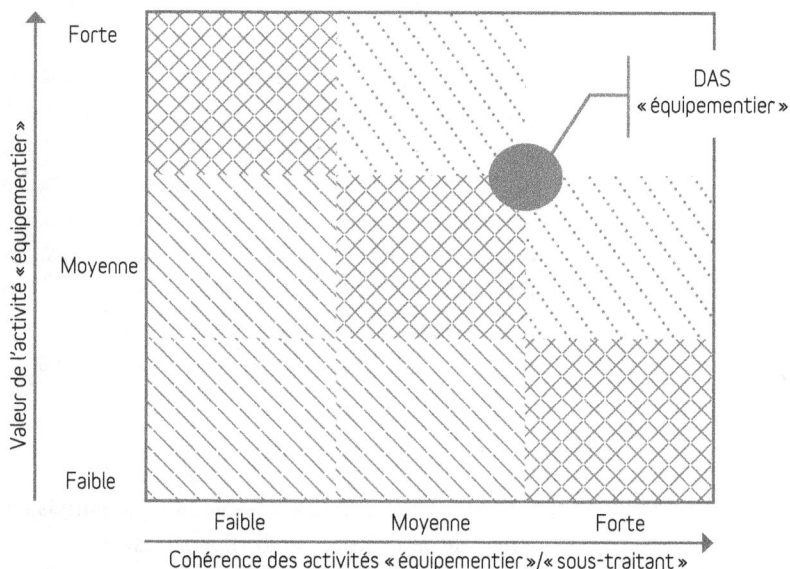

Figure 1 : Matrice d'évaluation les projets de diversification Yue Yuen et l'activité « équipementier »

L'analyse de la matrice nous pousse à conclure à l'intérêt de ce projet de diversification pour Yue Yuen. Cependant, un risque existe qui doit nous amener à reconsidérer la faisabilité de ce projet. En effet, sa réalisation induit un changement de statut de Yue Yuen, qui devient alors un concurrent de ses clients, notamment sur l'un des marchés les plus prometteurs (marché chinois). La mise en œuvre de la diversification risque alors d'inciter les équipementiers à se détourner de Yue Yuen et à travailler avec d'autres sous-traitants. La seule solution pour l'entreprise chinoise, qui perdrait ainsi l'essentiel de ses sources de revenus, consisterait alors à passer d'une situation où l'entreprise réalise 90 % de son CA comme sous-traitant à une situation où elle réaliserait 90 % de son CA en tant qu'équipementier. Cette hypothèse apparaît improbable, compte tenu du volume d'affaires de l'entreprise et du temps nécessaire pour construire les compétences nécessaires (notamment une marque forte et une identité marketing). En conséquence, notre analyse nous conduit à déconseiller cet axe de diversification à Yue Yuen.

Cas 2 Google à la poursuite du e-leadership

Fiche de présentation du cas

Ce cas présente la stratégie de croissance de Google, géant américain de l'Internet. Créé en 1998 par deux étudiants de l'université californienne Stanford, Larry Page et Sergey Brin, le moteur de recherche a depuis lancé plus de cent services (messagerie, cartographie, réseaux sociaux, téléphonie mobile, etc.) et s'attaque aujourd'hui au cœur de métier de Microsoft avec le lancement d'un système d'exploitation gratuit (Chrome OS). Le cas présente la stratégie de croissance de Google et revient sur les principales étapes de son développement de 1998 à 2010. Dans ce contexte, il vous est demandé d'analyser et de caractériser les manœuvres de diversification engagées par l'entreprise.

Ce cas est adapté pour un public de formation initiale et continue. Il s'adresse aux étudiants de licence (L2 ou L3) et de master (master 1 et 2), ainsi que d'écoles supérieures de commerce et d'ingénieur (deuxième ou troisième année). Il peut également être utilisé de manière profitable dans des filières spécialisées en management des nouvelles technologies.

1
2
3

Exposé du cas

Google est né en 1998 sur une idée simple : repérer, identifier, classer et archiver les informations disponibles sur Internet. Le besoin satisfait par l'entreprise naît de la croissance exponentielle des informations disponibles sur le Web à partir de la fin des années 1990 et de la difficulté à trouver l'information pertinente pour l'utilisateur. Pour remplir sa mission, Google a opté dès l'origine pour une automatisation massive et dispose de robots logiciels qui parcourent les sites Internet et stockent les copies des pages Web dans la mémoire des serveurs géants[11] de l'entreprise, en attente des recherches et des requêtes des utilisateurs. Dans ce cadre, Google utilise un algorithme complexe (fondé notamment sur le nombre de liens renvoyant à une page) qui lui permet de classer de manière pertinente les résultats des requêtes (« PageRank »). Pour satisfaire les requêtes des utilisateurs et afficher les résultats avec une très grande rapidité (élément clé de la popularité d'un moteur de recherche), l'entreprise dispose d'une puissance de calcul considérable et d'un matériel à la capacité extensible quasi à l'infini[12] ; avec la multiplication de ses centres de données, l'entreprise a d'ailleurs développé une véritable compétence dans la construction de ces infrastructures.

Le modèle économique de Google

À sa création, le site n'accueille pas d'annonces publicitaires et son modèle économique repose uniquement sur la vente de sa technologie de moteur de recherche d'informations à d'autres sociétés comme Yahoo!. Cependant, en 2000, l'entreprise s'ouvre aux annonceurs en facturant les liens publicitaires « au clic » (les annonceurs ne paient que si l'utilisateur clique sur le lien) et, en 2002, l'essentiel de ses revenus provient

11. Google dispose d'un nombre de serveurs évalué entre 500 000 et un million, ce qui représente une consommation d'énergie électrique colossale (supérieure selon certains à la consommation de tous les ordinateurs personnels connectés au Web dans le monde), de même qu'une émission de chaleur très importante. C'est d'ailleurs ce qui pousse Google à explorer la possibilité de serveurs flottants : les parcs de serveurs seraient installés sur des navires capables de récupérer l'énergie issue du mouvement de l'eau et d'utiliser cette eau pour évacuer la chaleur.
12. Malgré les tentatives des concurrents, Google reste de loin le moteur de recherche le plus performant en matière d'ergonomie et de pertinence des résultats.

des annonces publicitaires. La force du service d'annonces publicitaires de Google repose sur sa capacité à cibler les clients potentiels des annonceurs sans avoir besoin de mobiliser les informations personnelles relatives à ces clients (identité, âge, sexe, intérêts, etc.). L'annonce publicitaire n'est affichée que lorsque l'utilisateur a exprimé son intérêt pour un domaine particulier. En effet, le système de Google s'appuie sur les mots clés des requêtes effectuées par les internautes pour faire apparaître les bannières publicitaires en relation avec cette requête (par exemple, un annonceur pourra acheter le mot clé «ordinateur» et son annonce apparaîtra lors de requête sur ce mot). Indépendamment de ce système de mots clés («AdWords»), Google dispose également du système «AdSense» qui ne s'appuie pas sur un seul mot clé, mais qui combine plusieurs mots pour déterminer le sens du contenu d'un texte et faire apparaître les annonces en relation avec la recherche (par exemple «meuble contemporain italien»). Google offre ainsi la possibilité pour les annonceurs de personnaliser leur publicité, en la diffusant au consommateur, au moment où celui-ci est particulièrement réceptif, puisque cette thématique fait l'objet de sa recherche sur Internet. La performance de Google sur ce créneau fait de lui le leader du segment publicitaire le plus porteur (le lien sponsorisé) dont la croissance est largement plus rapide que celle des dépenses publicitaires traditionnelles. C'est ce succès qui explique la croissance de ses résultats depuis 2005 (voir le tableau 1).

	2009	2008	2007	2006	2005
Chiffres d'affaires (en millions d'euros)	16 500	15 200	11 600	7 400	4 300
Résultat net (en millions d'euros)	4 550	2 950	2 930	2 150	1 000
Cours boursier (au 30 décembre)	622 $	307 $	702 $	468 $	426 $
Rentabilité financière[13]	18,1 %	15 %	18,5 %	18 %	15,5 %

Tableau 1 : Principales données financières et boursières – Google (2005-2009)

13. La rentabilité financière est calculée par le ratio résultat net/capitaux propres.

1
2
3

À partir des années 2000, grâce à la qualité et à la puissance de son algorithme de recherche, Google devient le leader indiscutable des moteurs de recherche. Aujourd'hui, il détient 90 % des parts de marché en France, plus de 60 % des parts de marché aux États-Unis, et son nom est étroitement associé à la recherche d'informations. En dix ans, Google est passé du traitement de dix mille requêtes par jour à plus de deux cent cinquante millions, et son activité de régie publicitaire lui permet de transformer cette audience en chiffre d'affaires (en 2009, l'entreprise réalise 97 % de son CA sur son activité de régie publicitaire).

L'expansion du géant du Web

Dans cette optique, et forte de ce succès, l'entreprise multiplie les nouveaux services gratuits qui lui permettent de générer une hausse de trafic qui sera valorisée auprès des annonceurs : géolocalisation (Google Earth), messagerie (Gmail), messagerie instantanée (Google Talk), vidéo (Google video), informations (Google News), gestion de photos sur Internet (Picasa), etc. Tous ces lancements ne sont pas pour autant couronnés de succès : ainsi, Google Talk est un échec (dominé par son concurrent MSN Messenger) et, en 2006, Google rachète YouTube pour 1,6 milliard de dollars pour compenser l'échec de Google Video. Le rachat de YouTube, considéré comme le plus populaire des sites d'échange de vidéos permet à Google d'espérer à terme de nouveaux débouchés publicitaires. Start-up créée en 2005 et permettant aux internautes d'échanger leurs vidéos en ligne, YouTube est devenue en un an le plus gros site de vidéos au monde avec plus de trois milliards de vidéos visionnées chaque jour et trente millions de visiteurs par mois en 2006 (cinq milliards de clips visionnés par mois en 2009). Cependant deux problèmes se posent lors du rachat : d'une part, l'entreprise ne gagne pas d'argent et, d'autre part, elle est menacée par la législation sur les droits d'auteur de contenus et par l'absence de gestion de ces droits. En ce qui concerne les droits d'auteur, dès le rachat, Google passe plusieurs accords, avec Universal Music et Sony BMG notamment, aux termes desquels YouTube va distribuer les clips vidéo de ces entreprises et s'engage à retirer les vidéos litigieuses pouvant porter atteinte aux droits d'auteur. YouTube se positionne également sur le marché de la diffusion cinématographique et télévisée. Pourtant aujourd'hui, l'entreprise parvient difficilement à générer de la rentabilité : les annonceurs sont réticents à s'associer à des images produites par les internautes, et YouTube est obligée de dissocier les publicités intégrées aux vidéos pour des raisons légales liées au droit d'auteur. Dans ce contexte, Google envisage de lancer une offre payante pour des vidéos en téléchargement (pour l'instant seuls les partenaires officiels peuvent se faire payer pour les vidéos dont ils détiennent les droits). Par ailleurs, Google renforce son activité principale, avec par exemple le rachat en 2007 de l'une des principales régies publicitaires spécialisées dans le Net : DoubleClick pour 3,1 milliards de dollars (installé à New York, DoubleClick compte mille cinq cents clients, dont TimeWarner).

Parallèlement à son activité de régie publicitaire, Google commence à attaquer le géant Microsoft. En effet, en 2005, l'entreprise rachète Android, une start-up californienne qui produit des logiciels destinés aux téléphones mobiles. Ce rachat donne lieu au lancement en 2008 d'un système d'exploitation destiné aux téléphones mobiles et ouvert à toutes les applications extérieures (c'est-à-dire que, sur le modèle des logiciels libres tels que Linux, tout développeur pourra utiliser Android pour proposer de nouvelles applications, favorisant ainsi la créativité et l'invention de nouveaux programmes). Ce système d'exploitation est né avec la collaboration d'opérateurs de téléphonie mobile et de fabricants de téléphones mobiles, mais aussi celle d'Intel ou d'eBay. Ce système d'exploitation permet à Google de disposer d'une plateforme spécialement adaptée à ses services Internet (moteur de recherche, Gmail, Google Map, YouTube, etc.), avec l'espoir d'augmenter ses recettes publicitaires sur téléphone mobile (segment aujourd'hui limité, mais appelé à un développement très rapide dans les années à venir). En 2010, il s'est vendu plus de téléphones mobiles équipés de système Android que d'iPhone ou de BlackBerry aux États-Unis. Ce succès s'explique d'abord par la gratuité d'Android : les fabricants de «smartphones» sont donc poussés à l'intégrer dans leurs produits (c'est le cas notamment pour Motorola, Sony Ericsson ou HTC). Sur le plan mondial, avec 10 % de part de marché, Android est loin derrière le leader Symbian (Nokia) avec 38 % des parts de marché, et RIM pour son BlackBerry (18 %), mais la croissance d'Android est impressionnante (886 % au deuxième trimestre 2010), et 160 000 téléphones équipés d'Android sont activés chaque jour. Le directeur général de Google, Eric Schmidt, a pour objectif le milliard d'utilisateurs et a déclaré qu'il suffisait que chaque utilisateur rapporte 10 dollars par an... En 2005, Google lance également Google Docs, suite logicielle en ligne de Google constituée d'un traitement de texte, d'un tableur et d'un outil de création de diaporamas, directement concurrente du Microsoft Office et gratuite. Très rapidement, ce produit deviendra «Google Apps» (proche de Google Docs, mais complété par des fonctionnalités et des services notamment destinés aux professionnels).

1
2
3

Constituée principalement d'une messagerie (basée sur Gmail) et de logiciels collaboratifs (traitement de texte, tableur, gestionnaire de planning, téléphonie sur Internet, création de pages Internet, etc.), cette suite logicielle inclut de l'espace de stockage, des adresses e-mail personnalisées au nom de l'entreprise, la possibilité d'associer l'application à des systèmes informatiques existants, une assistance permanente et une page d'accueil Google personnalisée, au design de l'entreprise. L'application, facturée 40 euros par utilisateur et par an, a séduit en 2010 plus d'un million d'entreprises. En septembre 2008, Google lance Google Chrome, un navigateur Internet gratuit et *open source* ; disponible sur tous les systèmes d'exploitation, Google Chrome propose des fonctionnalités nouvelles visant à naviguer de manière plus rapide, plus ergonomique et plus sécurisée.

Enfin, en 2010, Google annonce le lancement d'un nouveau système d'exploitation destiné aux *netbooks* : Chrome OS (en 2010, Microsoft équipe neuf ordinateurs sur dix dans le monde avec Windows). Les *netbooks* désignent les mini-ordinateurs portables à bas prix (moins de 500 euros) et constituent le gisement de croissance attendu le plus important du marché des PC (100 % de croissance en 2009 contre 4 % pour le marché global des PC). Le principe de Chrome OS s'appuie sur le *cloud computing*[14] : l'ordinateur ne possède pas de disque dur et aucun logiciel installé, hormis le système d'exploitation et le navigateur Chrome, qui lui permettent d'avoir accès à toutes les applications dont il a besoin en ligne sur Internet (e-mail, calendrier, traitement de texte, messagerie instantanée, etc.) et de stocker ses données sur des serveurs, accessibles *via* Internet. L'intérêt de ce système réside dans sa légèreté et sa rapidité (Google annonce un démarrage de l'ordinateur en moins de dix secondes), notamment dans le cas de *netbooks* par définition peu puissants. Avec Chrome OS, Google entend bien menacer l'iPad d'Apple sur le terrain de la simplicité et de la réactivité. En outre, avec la suite complète de ses logiciels, Google entre pleinement en concurrence avec Microsoft (Chrome contre Internet Explorer, Gmail contre Hotmail, Google Apps contre Microsoft Office, Android contre Windows mobile, etc.). Si Google parvient à contester Microsoft et à imposer son modèle, l'entreprise aura un accès facilité à tous les utilisateurs qui se connecteront pour accéder à leurs données et/ou logiciels. Cependant, ce succès dépend de la volonté des constructeurs de PC d'adopter Chrome OS. En 2010, Google est en pleine négociation avec Dell, Acer, HP ou Lenovo.

14. Le *cloud computing* consiste à déporter les logiciels et les données du disque dur des ordinateurs vers les serveurs des éditeurs de logiciels. Les éditeurs deviennent alors des prestataires de service.

Consignes d'utilisation et d'analyse du cas

Étape 1   Individuellement

1 Définissez et caractérisez le DAS historique de Google et les facteurs clés de succès associés à son métier de base. Google maîtrise-t-il ces facteurs clés de succès?

2 Caractérisez la diversification mise en œuvre par Google avec le développement de son offre Chrome OS et Google Apps.

3 Identifiez et caractérisez les objectifs poursuivis par Google dans le cadre de cette stratégie de diversification.

Étape 2   En groupe

1 Procédez comme dans l'étape 1 pour confronter les points de vue et les analyses.

2 Dégagez les points de convergence et de divergence.

3 Proposez une synthèse des analyses et concluez sur la caractérisation des diversifications mises en œuvre par Google.

Outils pédagogiques et méthodologiques

Grille d'analyse 1   Caractérisation du DAS historique de l'entreprise et des facteurs clés de succès[15]

Il s'agit tout d'abord de caractériser le DAS historique de l'entreprise : pour cela, il est nécessaire de définir l'offre proposée (nature du produit, type de métier, technologie, etc.) et la demande qui correspond à cette offre (nature de la clientèle, fonction recherchée par le client, types d'attentes ou de besoins satisfaits). Dans un second temps, il faut lister les facteurs clés de succès qui y sont attachés.

---

15. Pour aller plus loin et sur les notions de DAS et de facteurs clés de succès, le lecteur pourra consulter le chapitre 1 des *7 points clés du diagnostic stratégique avec la méthode des cas, op. cit.*

1
2
3

	DAS
Caractérisation de l'offre	
Caractérisation de la demande	
Facteurs clés de succès	

Grille d'analyse 2   Caractérisation de la stratégie de diversification

Il s'agit ici d'appréhender les différentes caractéristiques permettant d'identifier et de caractériser la diversification : nature de la diversification (verticale ou horizontale), structure de la diversification (reliée ou non reliée), existence de compétences pivots (technologiques ou commerciales), modalités de mise en œuvre de la diversification (développement interne, alliance ou acquisition).

Critères de caractérisation	Identification du critère	Justification et/ou explicitation
Nature de la diversification		
Structure de la diversification		
Compétences pivots existant entre l'activité de base et l'activité de diversification		
Modalités de mise en œuvre de la diversification		

Grille d'analyse 3 Identification des objectifs poursuivis et des avantages recherchés

Il s'agit ici d'identifier la logique de la diversification et les objectifs poursuivis ; dans cette optique, il est nécessaire de caractériser d'une part la logique poursuivie (offensive ou défensive) et d'autre part les avantages attendus (exploitation des ressources existantes ou maximisation de la rentabilité globale). Cette analyse devra être complétée par l'identification des objectifs secondaires de l'entreprise (amélioration de l'image, contrôle des approvisionnements, etc.).

	Identification des causes de la diversification	Justification et/ou explicitation
Logique de la diversification		
Avantages attendus		
Objectifs secondaires		

1
2
3

Pistes de résolution du cas

Caractérisation du DAS historique de l'entreprise et des facteurs clés de succès

Il s'agit tout d'abord de caractériser le DAS historique de l'entreprise : pour cela, il est nécessaire de définir l'offre proposée (régie publicitaire en ligne associée au site Google) et la demande qui correspond à cette offre (annonceurs à la recherche d'une publicité ciblée). Les facteurs clés de succès sont liés à la capacité à générer de l'audience sur son site et à exposer les consommateurs aux bannières publicitaires qui sont directement reliées à leurs centres d'intérêt.

	DAS
Caractérisation de l'offre	Dans le cadre de son activité historique, Google propose aux annonceurs des bannières publicitaires personnalisées, associées aux recherches des internautes effectuées sur son moteur de recherche (systèmes « AdWords » et « AdSense »). Son offre n'est donc pas directement une offre liée à la recherche d'informations sur Internet, mais bien une offre de services publicitaires aux entreprises qui s'appuient sur le service de recherche offert par son site. Cependant, si l'activité de moteur de recherche n'est que le support qui lui permet de fournir les services publicitaires ciblés aux annonceurs, l'intérêt des annonceurs vis-à-vis de son offre dépend avant tout de l'audience et du trafic obtenus grâce à cette activité de moteur de recherche, offerte gratuitement aux internautes.
Caractérisation de la demande	Les clients de l'offre de Google sont les entreprises à la recherche d'une publicité ciblée et adaptée aux comportements et aux attentes du consommateur (et donc de ce fait plus efficace). La proposition de Google aux annonceurs permet de cibler la publicité dans la mesure où elle va être en rapport avec les pages Internet recherchées ou consultées par l'internaute.
Facteurs clés de succès de l'activité	— Audience et trafic sur le site du moteur de recherche (ergonomie et rapidité du moteur de recherche, puissance et capacité des serveurs informatiques associés au moteur, qualité et pertinence des résultats de la recherche). — Capacité à adapter la publicité aux internautes et à cibler les annonces sur les attentes des utilisateurs du moteur de recherche.

Grille d'analyse 2 Caractérisation de la stratégie de diversification

Il s'agit ici d'appréhender les différentes caractéristiques permettant d'identifier et de caractériser la diversification : le cas étudié concerne le développement du système d'exploitation Chrome OS et de la suite logicielle «Google Apps». Nous pouvons caractériser cette diversification de «diversification horizontale reliée»; Google s'appuie notamment sur ses ressources en termes de capacités de stockage et de traitement des données pour proposer sa nouvelle offre de *cloud computing*.

Critères de caractérisation	Identification du critère	Justification et/ou explicitation
Nature de la diversification	Diversification horizontale	Le développement d'un système d'exploitation et d'une suite logicielle bureautique élargie correspond bien à une diversification par rapport au DAS historique de Google : il s'agit d'une activité différente tant sur le plan des compétences requises que sur le plan des attentes clients visées. Avec cette diversification, Google se place ainsi sur un nouveau DAS (voire un nouveau secteur d'activité) : celui du «logiciel», en concurrence directe avec le géant incontesté du secteur, Microsoft. En outre, ce DAS ne se trouve ni en aval ni en amont de l'activité historique de Google; nous pouvons donc en déduire qu'il s'agit d'une diversification horizontale.
Structure de la diversification	Diversification reliée	Dans le cadre de cette diversification dans le secteur du logiciel, Google s'appuie sur des ressources et des compétences préexistantes dans l'organisation, à la fois sur le plan technologique et commercial.
Compétences pivots existant entre l'activité de base et l'activité de diversification	Pivots technologiques et dans une moindre mesure commerciaux	En ce qui concerne les pivots technologiques, Google a fait le choix du *cloud computing*, dans le cadre duquel les logiciels et les données ne sont plus stockés dans le disque dur de l'utilisateur, mais dans les serveurs des éditeurs de logiciels; ce choix lui permet d'utiliser les compétences et les ressources développées pour l'activité de moteur de recherche en matière de «centres de serveurs» et ses capacités très importantes de stockage et de traitement des données, ainsi que sa puissance de calcul. En ce qui concerne le pivot commercial, Google peut s'appuyer sur son image à la fois dynamique et innovante, ainsi que sur sa notoriété mondiale particulièrement forte pour crédibiliser et populariser ses produits.

1
2
3

Critères de caractérisation	Identification du critère	Justification et/ou explicitation
Modalités de mise en œuvre de la diversification	Développement interne	Google réalise cette diversification en s'appuyant sur le développement de ses capacités et de ses compétences, sans devoir collaborer avec une autre entreprise ni faire l'acquisition de compétences ou d'actifs issus d'une autre entreprise.

Grille d'analyse 3 Identification des objectifs poursuivis et des avantages recherchés

Il s'agit ici d'identifier la logique de la diversification et les objectifs poursuivis. Dans le cas du développement du système d'exploitation Chrome OS et de la suite logicielle « Google Apps », Google adopte une logique offensive et vise à exploiter certaines de ces ressources pour générer des effets de synergie. La diversification considérée s'apparente alors à une diversification d'extension.

Logique de la diversification	Identification des causes de la diversification	Justification et/ou explicitation
Logique de la diversification	Offensive	L'activité de régie publicitaire en ligne de Google est particulièrement florissante tant en termes de taux de croissance de l'activité que de perspectives de rentabilité. Google est le leader mondial incontesté de son DAS et présente des taux de croissance impressionnants (400 % en cinq ans). Sa décision de se diversifier n'est donc clairement pas liée à la volonté de compenser une situation insatisfaisante dans son activité principale. En revanche, avec la décision de se lancer dans le logiciel, Google se positionne sur ce que beaucoup d'observateurs considèrent comme la révolution à venir de l'informatique (*cloud computing*), qui plus est sur le segment des PC à plus forte croissance (marché des *netbooks*). Il s'agit bien ici d'une manœuvre offensive destinée, d'une part, à saisir une opportunité en se positionnant sur une activité à très fort potentiel, et d'autre part, à contester la domination du marché de Microsoft.
Avantages attendus	Exploitation des ressources existantes	Les avantages attendus sont liés à l'exploitation de compétences existantes au sein de l'entreprise (pivot technologique), ainsi qu'à la recherche d'effets de synergie, entre l'activité principale et cette activité de diversification. En effet, si Google parvient à contester le leadership de Microsoft et à équiper une partie du parc de *netbooks* mondial, l'entreprise aura un accès facilité à tous les utilisateurs qui se connecteront pour accéder à leurs données et/ou logiciels. Cet accès pourra alors être utilisé dans son activité de régie publicitaire.
Objectifs secondaires	Non pertinent ici	

1
2
3

Réponses aux questions posées à l'étape 1

1 **Définissez et caractérisez le DAS historique de Google et les facteurs clés de succès associés à son métier de base. Google maîtrise-t-il ces facteurs clés de succès ?**

Dans le cadre de son activité historique, Google propose aux annonceurs des bannières publicitaires personnalisées, associées aux recherches des internautes effectuées sur son moteur de recherche (systèmes « AdWords » et « AdSense »). Son offre n'est donc pas directement liée à la recherche d'informations sur Internet, mais bien une offre de services publicitaires aux entreprises qui s'appuient sur le service de recherche offert par son site. Les facteurs clés de succès sont liés à la capacité à générer de l'audience sur son site et à exposer les consommateurs aux bannières publicitaires qui sont directement reliées à leurs centres d'intérêt (voir la grille 1).

Leader mondial des moteurs de recherche grâce à ses choix d'automatisation totale et à la qualité de son algorithme, Google réalise l'essentiel de son chiffre d'affaires sur son activité de régie publicitaire Internet adossée à son moteur de recherche. Sa maîtrise des facteurs clés de succès et ses systèmes de ciblage des clients (« Adword » et « Adsense ») particulièrement efficaces, lui ont permis de développer un avantage concurrentiel solide sur cette activité. Outre la croissance explosive de son CA, cet avantage concurrentiel lui permet d'atteindre des taux de rentabilité commerciale (résultat net/CA) supérieurs à 20 % et des taux de rentabilité financière supérieurs à 15 %.

2 **Caractérisez la diversification mise en œuvre par Google avec le développement de son offre Chrome OS et Google Apps.**

Avec le développement du système d'exploitation Chrome OS et de la suite logicielle « Google Apps », Google réalise une diversification horizontale reliée ; Google s'appuie sur des ressources et des compétences préexistantes dans l'organisation, notamment sur le plan technologique. En effet, Google a fait le choix du *cloud computing*, ce qui lui permet d'utiliser les compétences et les ressources développées pour l'activité de moteur de recherche en matière de « centres de serveurs » et ses capacités très importantes de stockage et de traitement des données, ainsi que sa puissance de calcul (voir la grille 2).

3 **Identifiez et caractérisez les objectifs poursuivis par Google dans le cadre de cette stratégie de diversification.**

Compte tenu du succès de l'activité de régie publicitaire en ligne de Google et des choix « visionnaires » de Google en matière de cible, d'environnement et de technologie pour son offre de logiciels (*cloud computing* ciblé sur les *netbooks*), l'entreprise adopte clairement une logique offensive. En outre, Google vise à exploiter des effets de complémentarité et de synergie entre son activité historique et son activité « logiciel » : en cas de succès, l'entreprise accédera facilement à tous les utilisateurs qui se connecteront aux données et/ou logiciels. Cet accès pourra alors être utilisé dans son activité de régie publicitaire. La diversification considérée ici s'apparente donc à une diversification d'extension (voir la grille 3).

Croissance et internationalisation

Cas 1 — L'internationalisation d'Apollo Tyres ou les maharajas au pays de la tulipe[16]

Fiche de présentation du cas

Ce cas présente la situation d'Apollo Tyres, une entreprise indienne spécialisée dans la fabrication de pneus, qui se distingue de ses concurrents indiens, car elle a décidé de combiner à la fois expansion locale et internationalisation. Cette expansion internationale rapide l'a conduite à réaliser une opération peu courante : l'acquisition d'une firme d'un pays développé, en l'occurrence la firme hollandaise Vredestein. En quelques années, Apollo Tyres est devenue une «multinationale émergente». Ce cas se propose de détailler les grandes étapes de l'expansion internationale d'Apollo Tyres, d'identifier sa stratégie d'internationalisation et de souligner les spécificités de son approche des marchés étrangers.

Ce cas est adapté à un public d'étudiants de formation initiale et continue. Il s'adresse aux étudiants de licence (L3) et de master (master 1 et 2), ainsi que d'écoles de management et d'ingénieur (deuxième ou troisième année).

16. Il s'agit d'une reproduction partielle et adaptée de «The international expansion of Apollo Tyres or the making of an emerging multinational» qui est une étude de cas en cours de dépôt à ECCH. Celle-ci a été écrite par Meschi, P.-X., Mukhi, U. (les deux auteurs ont accordé l'autorisation de reproduire cette étude de cas dans ce livre).

1
2
3

Exposé du cas

De la firme indienne à la « multinationale émergente »

Créée en 1972 par M. T. Marattukalam et J. Thomas, puis rachetée en 1974 par R. Singh, la société Apollo Tyres a démarré son activité dans l'industrie pneumatique en important et en distribuant localement des pneus fabriqués en Europe et aux États-Unis. C'est en 1977 que la société indienne se lance dans la production de pneus avec son premier site industriel à Perambra, dans l'État du Kerala (qui détient encore aujourd'hui environ 2 % du capital d'Apollo Tyres). De taille moyenne par rapport aux principaux acteurs de l'industrie pneumatique en Inde (notamment MRF et JK Tyres), Apollo Tyres a toujours cherché à se différencier de sa concurrence locale.

Tout d'abord, l'entreprise indienne a été l'une des toutes premières à produire des pneus utilisant la technologie radiale (aujourd'hui encore, une grande majorité de pneus fabriqués et vendus en Inde utilisent la technologie diagonale) : c'est en 1982 qu'Apollo Tyres a produit ses premiers pneus radiaux pour voitures dans son site industriel du Kerala. Au début des années 2000, l'entreprise est le premier acteur indien à produire seul des pneus *tubeless*. Aujourd'hui, avec ses technologies radiale et *tubeless*, Apollo Tyres produit dans neuf sites industriels des pneus pour tous les segments de cette industrie : pneus pour voitures, pour véhicules industriels et bus, pour SUV et 4×4, pour deux-roues, pour le matériel agricole, et pour le génie civil et le tout-terrain. Cette gamme de pneus est commercialisée en Inde à l'aide d'un réseau de distribution en propre de plus de cent cinquante points de vente (connus sous le nom «Apollo Zones» pour les pneus de voitures et «Apollo Trust» pour les pneus de véhicules industriels), ainsi qu'au travers de milliers de revendeurs indépendants exclusifs et multimarques; cette clientèle (autrement définie comme le segment «remplacement») représente 85 % du chiffre d'affaires total de la firme et le reste provient de la vente directe aux constructeurs automobile (autrement définie comme le segment «OEM»). Cette gamme élargie de pneus est commercialisée sous la marque Apollo. Au cours du temps, d'autres marques ont été créées (Kaizen Tyres) ou acquises (Dunlop, Regal Tyres, Vredestein et Maloya). Ces marques se distinguent selon qu'elles sont généralistes (c'est-à-dire couvrant tous les segments de pneus) ou plutôt spécialistes (c'est-à-dire associées à un ou deux segments) (voir le tableau 1).

	Voitures	Véhicules industriels et bus	Deux-roues	SUV et 4×4	Matériel agricole	Génie civil et tout-terrain
Part dans le chiffre d'affaires	33 % (avec les SUV et 4×4)	56 %	1 %	—	1 %	9 %
Apollo	■	■		■	■	■
Kaizen Tyres		■				
Maloya	■					
Regal Tyres	■					
Dunlop	■	■		■	■	■
Vredestein	■		■ (vélos uniquement)	■	■	■

Tableau 1 : Segments de pneus et marques d'Apollo Tyres (2010)[17]

Ensuite, Apollo Tyres a su combiner croissance organique (avec le développement de nouvelles marques comme Regal Tyres) et croissance externe. L'histoire de l'entreprise est ponctuée par les acquisitions de concurrents : Gujarat Tyres en Inde (1987), Premier Tyres en Inde (1998), Dunlop Tyres en Afrique du Sud (2006) et Vredestein aux Pays-Bas (2009). Ce sont réellement ces deux dernières acquisitions qui ont contribué de manière significative à la croissance de l'entreprise. Entre 2005 et 2007, le chiffre d'affaires est passé de 358 à 743 millions d'euros (progression consécutive au rachat de Dunlop Tyres). Entre 2008 et 2010, le chiffre d'affaires est passé de 737 à 1 336 millions d'euros (progression consécutive au rachat de Vredestein).

Enfin, Apollo Tyres est la seule entreprise indienne à avoir poursuivi une expansion internationale forte, aussi bien sur le plan commercial qu'industriel. Aujourd'hui, Apollo Tyres distribue ses pneus dans soixante-dix pays et possède des sites industriels en Inde (trois sites au total, dont deux dans l'État du Kerala et un dans l'État du Gujarat), en Afrique du Sud (deux sites), au Zimbabwe (un site de rechappement de pneus) et aux Pays-Bas (un site). La production totale de ces sites industriels est 1 180 tonnes de pneus par jour (dont 850 tonnes dans les sites indiens), ce qui correspond à 16,8 millions de pneus par an. Cette forte expansion internationale dis-

17. Source : www.apollotyres.com/downloads/atl_corporate_presentation.pdf (consultation du 22 janvier 2011).

tingue significativement Apollo Tyres du reste de ses concurrents indiens qui restent focalisés sur un marché domestique dont la croissance est en moyenne de 7 à 8 % par an. Cette recherche de la différenciation est soulignée dans le rapport annuel d'activité de 2009-2010 (voir la page 4). En effet, dans le message que le P-DG d'Apollo Tyres, Onkar S. Kanwar, adresse à ses actionnaires, il met en avant qu'« *il a toujours été convaincu que pour créer de la valeur actionnariale, il devait penser et agir différemment des autres* [c'est-à-dire de ses concurrents directs indiens] ».

Ces différents éléments font qu'aujourd'hui, avec un chiffre d'affaires de 1 336 millions d'euros et plus de quinze mille salariés, Apollo Tyres se hisse à la quinzième place mondiale de l'industrie pneumatique en bénéficiant d'un accroissement significatif de son résultat d'exploitation (voir le tableau 2).

Millions d'euros	2005-2006	2006-2007	2007-2008	2008-2009	2009-2010
Chiffre d'affaires	486	743	737	739	1 336
Actifs	357	482	497	465	998
Dettes à long terme	139	142	32	69	140
Capitaux propres	117	161	186	200	323
Capitalisation boursière	205	224	316	136	588
Résultat d'exploitation	42	70	96	66	198

Tableau 2 : Données financières d'Apollo Tyres (2005-2010)[18]

L'expansion internationale d'Apollo Tyres

Démarré en 2006 avec l'acquisition de Dunlop Tyres en Afrique du Sud, le processus d'internationalisation a été mené très rapidement. En l'espace de quelques années, la firme indienne est passée d'un chiffre d'affaires à l'international quasi nul en 2005 à 38 % aujourd'hui (voir le tableau 3). Cette première étape africaine dans l'internationalisation d'Apollo Tyres a

18. Source : rapports annuels d'activité d'Apollo Tyres.

permis à l'entreprise indienne d'acquérir deux sites de production de pneus en Afrique du Sud (d'une capacité totale de production de 180 tonnes de pneus par jour) et un site de réchappement de pneus au Zimbabwe. Ainsi, Apollo Tyres a ajouté 180 millions d'euros à son chiffre d'affaires indien. Ce chiffre d'affaires additionnel est réalisé principalement en Afrique du Sud, mais aussi dans trente et un autres pays d'Afrique grâce aux points de vente existants de Dunlop. Aujourd'hui, la région «Afrique» représente 13,5 % du chiffre d'affaires total d'Apollo Tyres. Cette acquisition prend également une dimension marketing importante pour l'entreprise, car cela a permis à une firme d'un pays émergent, dont l'image de marque était exclusivement locale, d'accéder à une marque ayant une forte renommée au niveau mondial (avec également l'accès à la marque économique de Dunlop en Afrique, Regal Tyres). Aujourd'hui, pour Apollo Tyres et sa filiale Apollo Dunlop, la concurrence est rude en Afrique en dépit d'une forte croissance de ce marché. Cette concurrence est principalement constituée des marques Bridgestone, Firestone, Continental et Goodyear (en Afrique du Sud par exemple, avec Apollo, ces cinq marques représentent 70 % des ventes de pneus).

L'acquisition de la firme néerlandaise Vredestein en mai 2009 constitue la deuxième étape de l'internationalisation d'Apollo Tyres. Vredestein est à l'époque une filiale du groupe russe Amtel, qui est spécialisé dans la production de pneus. Amtel avait acquis Vredestein en avril 2005 pour 195 millions d'euros. Cette acquisition a été réalisée à un prix d'achat de 37 millions d'euros, ce qui est très avantageux pour Apollo Tyres (prix d'achat à comparer au prix payé par Amtel en 2005). Cette opération a pu se faire, car le groupe Amtel était en faillite et cherchait à céder rapidement un certain nombre d'actifs. Cette opportunité s'est présentée à un moment où Apollo Tyres conduisait des négociations pour créer un site de production en Hongrie d'une capacité de sept millions de pneus par an et correspondant à un investissement estimé à 230 millions d'euros. Cette opération de croissance internationale a permis à Apollo Tyres d'accéder à une capacité de production de 150 tonnes de pneus par jour, à un chiffre d'affaires additionnel de 327 millions d'euros, à une gamme de pneus de qualité supérieure qui est vendue principalement à Audi et à Porsche (le marché allemand représentant un tiers de ses ventes totales), enfin à une marque économique Maloya (représentant 30 % de ses ventes totales). Cependant, de la même manière que pour l'acquisition de Dunlop Tyres en Afrique du Sud, la logique marketing d'accès à une marque de renommée mondiale prédomine dans cette opération de croissance internationale. Aujourd'hui, pour Apollo Tyres et sa filiale Apollo Vredestein, il

1
2
3

est difficile de croître dans un marché européen arrivé à maturité. La situation concurrentielle y est difficile, avec cinq marques (Bridgestone, Continental, Dunlop, Michelin et Pirelli) constituant 85 % des ventes.

Inde	Afrique	Europe	Total
8 29[19]	180	327	1 336
62,0 %	13,5 %	24,5 %	100,0 %

Tableau 3 : Répartition géographique du chiffre d'affaires d'Apollo Tyres (2010)

Apollo Tyres a utilisé les relais commerciaux de Dunlop et de Vredestein pour vendre sa marque Apollo en Afrique et en Europe. Aujourd'hui, les sites industriels de Dunlop et de Vredestein produisent localement des pneus sous la marque Apollo. L'objectif est de faire d'Apollo une marque mondiale. Comme le note Sunam Sarkar, directeur financier d'Apollo Tyres, « *notre objectif est de vendre un million de pneus pour voitures de marque Apollo en Europe dans les deux prochaines années, et cela en utilisant le réseau de distribution de Vredestein[20]* ». En plus de la marque Apollo, la firme indienne exporte la marque économique de Dunlop en Afrique du Sud, Regal Tyres, respectivement sur le marché européen grâce au réseau de distribution de Vredestein et sur le marché indien grâce au réseau de distribution d'Apollo Tyres. Seule la marque Dunlop n'est pas exportée en Inde, car Apollo Tyres ne détient les droits de la marque que pour l'Afrique. En ce qui concerne l'Inde, la filiale Dunlop India (et le droit d'utilisation de la marque Dunlop en Inde) a été acquise en 2005 par le groupe indien Ruia, qui possède également Falcon Tyres. Cette recherche de mondialisation des marques du portefeuille d'Apollo Tyres touche aussi les marques Vredestein et Maloya, qui sont vendues en Inde au travers des points de vente « Apollo Zones ».

19. Unité : millions d'euros.
20. *The Hindu Business Line*, article du 23 mai 2009 rédigé par Pratim R. Bose, www.thehindubusinessline.com/2009/05/23/stories/2009052350730300.htm, consultation du 26 janvier 2011.

Figure 1 : Sites industriels, marchés et marques d'Apollo Tyres (2010)

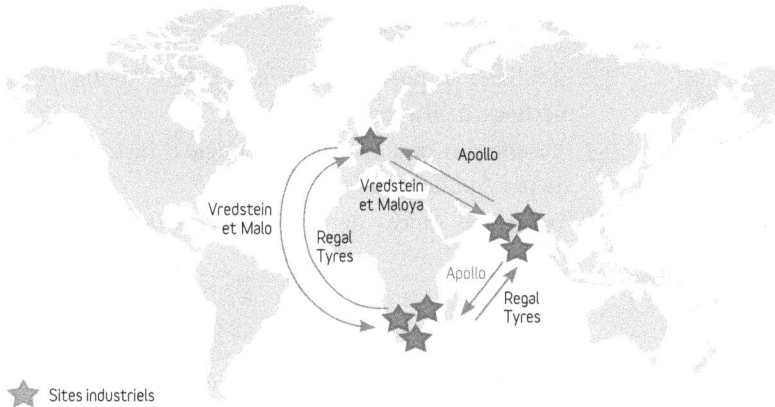

Au niveau de l'organisation de ses filiales de production en Afrique du Sud et aux Pays-Bas, Apollo Tyres exerce un contrôle étroit sur celles-ci à l'aide de procédures d'audit qui sont répétées plusieurs fois dans l'année. Ce contrôle porte sur l'essentiel des décisions prises par la filiale Apollo Dunlop en Afrique du Sud et Apollo Vredestein aux Pays-Bas. L'objectif du contrôle des deux filiales est de s'assurer que toutes les décisions vont dans le sens d'une forte standardisation des procédures de management et d'une réduction du coût des produits commercialisés au niveau de chaque filiale. Dans le rapport annuel d'activité de 2009-2010, les procédures d'audit des filiales étrangères sont présentées de la manière suivante : « *Apollo Tyres déploie des systèmes de technologies d'information avancés, robustes et standardisés afin de contrôler les opérations locales* [...]. *L'organisation possède aussi un processus d'audit robuste comprenant à la fois des audits internes et externes pour s'assurer de la cohérence et de l'efficacité des contrôles au sein des systèmes d'information. Cette année, les systèmes d'information ont été réaudités dans le cadre ISO 27 001 par BSI et ont été jugés conformes aux standards*[21]. » En termes d'allocation (ou de réallocation) des ressources, Apollo Tyres n'a pas réalisé de transfert important vers la maison mère. Par exemple, le centre de R&D de Vredestein a été maintenu et travaille en étroite collaboration avec celui d'Apollo Tyres en Inde.

---

21. www.apollotyres.com/downloads/annual_report_2009-10_part1.pdf, consultation du 26 janvier 2011.

Consignes d'utilisation et d'analyse du cas

Étape 1　Individuellement

1　Établissez la position internationale d'Apollo Tyres à partir de la méthode de Rugman et Verbeke.

2　Présentez et caractérisez la stratégie d'internationalisation poursuivie par Apollo Tyres.

3　Évaluez le succès de la stratégie d'internationalisation d'Apollo Tyres.

Étape 2　En groupe

1　Procédez comme dans l'étape 1 pour confronter les points de vue et les analyses.

2　Dégagez les points de convergence et de divergence.

3　Proposez une synthèse des analyses et concluez sur la performance de la stratégie d'internationalisation poursuivie par Apollo Tyres.

Outils pédagogiques et méthodologiques

Grille d'analyse 1　Diagnostic de la position internationale

La méthode utilisée ici pour faire un diagnostic de la position internationale de l'entreprise est celle de Rugman et Verbeke (2004). Cette méthode distingue quatre positions internationales. La première position, « firme de région d'origine », correspond à des entreprises qui réalisent plus de 50 % de leurs ventes dans leur région d'origine. Il s'agit souvent d'entreprises à périmètre d'activité local ou ayant une expansion internationale limitée aux pays proches. La deuxième position, « firme bi-régionale », correspond à des entreprises fortement actives dans deux régions du monde avec une répartition comprise entre 20 et 50 % de leurs ventes dans ces deux régions. La troisième position, « firme de région d'accueil », renvoie à des entreprises dont la part des ventes dans une région distincte de leur région d'origine dépasse 50 % des ventes totales. La dernière position, « firme globale », correspond à des entreprises très actives dans trois régions du monde. Celles-ci réalisent entre 20 et 50 % de leurs ventes dans chacune de ces trois régions.

Grille d'analyse 2 — Caractérisation de la stratégie d'internationalisation

Il s'agit ici d'appréhender les différentes caractéristiques permettant d'identifier et de caractériser la stratégie d'internationalisation : rythme d'internationalisation, mode d'internationalisation, pays ou régions cibles, degré d'adaptation locale, degré d'efficacité globale, classification de la stratégie d'internationalisation, allocation des ressources entre la maison mère et les filiales étrangères, type de contrôle de la maison mère sur les filiales étrangères et classification de la structure organisationnelle.

Critères de caractérisation	Identification du critère	Justification et/ou explicitation
Rythme d'internationalisation		
Mode d'internationalisation		
Pays ou régions cibles		
Degré d'adaptation locale		
Degré d'efficacité globale		
Classification de la stratégie d'internationalisation		
Allocation des ressources entre la maison mère et les filiales étrangères		
Type de contrôle de la maison mère sur les filiales étrangères		
Classification de la structure organisationnelle		

Grille d'analyse 3 — Analyse de la performance de la stratégie d'internationalisation

L'analyse de la performance de la stratégie d'internationalisation passe par l'utilisation d'indicateurs et le suivi de ces indicateurs au cours du temps. En termes de méthodologie d'analyse, il s'agit dans un premier temps de déterminer un ou plusieurs indicateurs (chiffre d'affaires à l'international, rentabilité commerciale, économique et financière, performance boursière, etc.) avant de procéder à leur évaluation (lire ci-après).

1
2
3

Cette évaluation se fera en attribuant un score de une * à trois * (* : faible performance ; *** : forte performance) pour chaque indicateur. Le calcul d'un score global synthétisant le niveau de performance de la stratégie d'internationalisation se fera à partir de la moyenne des scores des indicateurs utilisés.

Indicateurs	Mesure et évolution au cours du temps	Évaluation (de « * » faible à « * * * » forte)
Score global		

Pistes de résolution du cas

Grille d'analyse 2 Caractérisation de la stratégie d'internationalisation d'Apollo Tyres

Critères de caractérisation	Identification du critère	Justification et/ou explicitation
Rythme d'internationalisation	Rapide	Le chiffre d'affaires à l'international, proche de zéro en 2005, se situe autour de 38 % aujourd'hui.
Mode d'internationalisation	Croissance externe Mode d'entrée capitalistique (acquisition)	2006 : acquisition de Dunlop South Africa (ajout de 180 millions d'euros de chiffre d'affaires et ouverture du marché africain). 2009 : acquisition de Vredestein (ajout de 327 millions d'euros de chiffre d'affaires et ouverture du marché européen).
Pays ou régions cibles	Afrique, puis Europe	Le choix des pays est plus guidé par des opportunités d'acquisition et de croissance rapide que par une logique incrémentale et de réduction de la distance culturelle (ou psychique).
Degré d'adaptation locale	Moyenne	Apollo Tyres conserve pour l'instant les marques acquises (Dunlop, Regal Tyres, Vredestein et Maloya), mais il est probable qu'à l'avenir le portefeuille de marques de la firme indienne ne comportera que des marques ayant réussi à accéder à une renommée mondiale.
Degré d'efficacité globale	Forte	Apollo Tyres cherche à obtenir un effet de taille et des économies d'échelle globales. La course à la taille et la conquête de chiffre d'affaires additionnel constituent les principaux objectifs stratégiques d'Apollo Tyres.
Classification de la stratégie d'internationalisation	Stratégie globale	Apollo Tyres poursuit une stratégie d'internationalisation visant à s'appuyer sur des marques mondiales. Néanmoins, l'entreprise indienne maintient une certaine adaptation locale en conservant des marques locales. Cela permet à Apollo Tyres de pallier le déficit d'image que la marque indienne a en Afrique et en Europe.

Critères de caractérisation	Identification du critère	Justification et/ou explicitation
Allocation des ressources entre la maison mère et les filiales étrangères	Équilibrée	Les ressources à forte valeur ajoutée sont réparties entre les trois zones géographiques (Inde, Afrique du Sud et Pays-Bas). Seule, la R&D va être progressivement concentrée au niveau de la maison mère indienne.
Type de contrôle de la maison mère sur les filiales étrangères	Étroit et élargi	Apollo Tyres exerce un contrôle fort s'appuyant sur des audits répétés dans ses différentes filiales. L'objectif de ce contrôle est d'obtenir une forte standardisation des procédures de management et une réduction du coût des produits commercialisés au niveau de chaque filiale.
Classification de la structure organisationnelle	Structure globale	La stratégie d'expansion internationale poursuivie par Apollo Tyres est cohérente avec sa structure organisationnelle à l'international.

Grille d'analyse 3   Analyse de la performance de la stratégie d'internationalisation d'Apollo Tyres

L'analyse de la performance de la stratégie d'internationalisation d'Apollo Tyres se fait à partir de quatre indicateurs (activité, rentabilité, endettement et réactions boursières) qui sont suivis de 2005 à 2010. Une évaluation de ces indicateurs est réalisée en attribuant un score de une * à trois * (* : faible performance ; *** : forte performance) pour chacun d'entre eux. Un score global synthétisant le niveau de performance de la stratégie d'internationalisation d'Apollo Tyres est calculé à partir de la moyenne des scores des quatre indicateurs utilisés.

Indicateurs	Mesure et évolution au cours du temps	Évaluation (de « * » faible à « * * * » forte)
Activité	Forte progression du chiffre d'affaires Multiplication par 2,7 en cinq ans	* * *
Rentabilité	Rentabilité commerciale (= résultat d'exploitation/chiffre d'affaires) 8,6 % en 2005-2006 14,8 % en 2009-2010 Rentabilité économique (= résultat d'exploitation/actifs) 11,7 % en 2005-2006 19,3 % en 2009-2010 Apollo Tyres réalise une croissance rentable (mais progression irrégulière de sa rentabilité sur les cinq ans).	* *
Endettement	Ratio d'endettement (= endettement à long terme/capitaux propres) 1,2 en 2005-2006 0,4 en 2009-2010 Le niveau d'endettement résulte directement des deux opérations de croissance externe (Dunlop South Africa et Vredestein). Bonne gestion de l'endettement	* * *
Réactions boursières	Ratio de *market-to-book* (= capitalisation boursière/capitaux propres) 1,7 en 2005-2006 1,8 en 2009-2010 Prime boursière, mais progression boursière assez faible	* *
Score global	2,5	

1
2
3

Réponses aux questions posées à l'étape 1

1 **Établissez la position internationale d'Apollo Tyres à partir de la méthode de Rugman et Verbeke.**

L'application de la méthode de Rugman et Verbeke permet de conclure qu'Apollo Tyres peut être définie comme une firme bi-régionale (Inde/Asie et Afrique).

2 **Présentez et caractérisez la stratégie d'internationalisation poursuivie par Apollo Tyres.**

Apollo Tyres poursuit une stratégie globale privilégiant l'efficacité globale à l'adaptation locale (voir la grille 2 et la figure 2). Cependant, Apollo Tyres maintient une certaine adaptation locale en conservant les marques locales acquises, notamment Dunlop et Vredestein. Cela s'explique par le fait que la firme indienne souffre d'un déficit d'image dans les marchés des pays développés. Dans le futur, il est probable qu'Apollo Tyres rationalisera son portefeuille de marques en ne gardant que les marques ayant réussi à se développer simultanément sur ses trois marchés : indien, africain et européen.

Figure 2 : La stratégie d'internationalisation d'Apollo Tyres

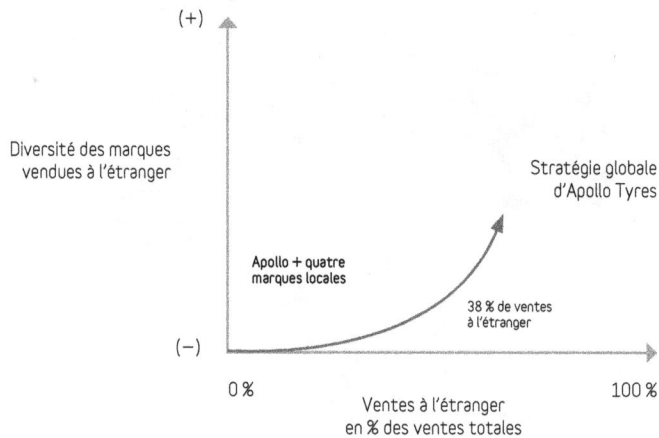

(+)

Diversité des marques
vendues à l'étranger

Stratégie globale
d'Apollo Tyres

Apollo + quatre
marques locales

38 % de ventes
à l'étranger

(−)

0 %   100 %

Ventes à l'étranger
en % des ventes totales

3 **Évaluez le succès de la stratégie d'internationalisation d'Apollo Tyres.**

Apollo Tyres réussit à combiner une croissance forte de son chiffre d'affaires à l'international et une progression de sa rentabilité commerciale et économique (voir la grille 3). L'internationalisation de l'entreprise indienne s'inscrit dans une croissance rentable et apparaît comme un véritable succès.

Cas 2 L'internationalisation de Gamesa ou la marche forcée à l'international d'un challenger de l'éolien

Fiche de présentation du cas

Ce cas présente la situation de Gamesa, l'un des pionniers européens de l'industrie des éoliennes. Cette entreprise espagnole est confrontée à un paradoxe : d'un côté, elle bénéficie d'une croissance spectaculaire de son marché, et de l'autre, sa rentabilité stagne et sa performance boursière est médiocre. Il vous est demandé de comprendre les raisons de cette « croissance non rentable » et d'en tirer des conséquences au niveau de la stratégie d'internationalisation de Gamesa et d'une possible réorientation géographique future.

Ce cas est adapté pour un public de formation initiale et continue. Il s'adresse aux étudiants de licence (L3) et de master (master 1 et 2), ainsi que d'écoles de management et d'ingénieur (deuxième ou troisième année). Il peut également être utilisé de manière profitable dans des filières spécialisées en développement durable.

1 2 3

Exposé du cas

Fondé en 1976, Gamesa, initialement connu sous le nom Grupo Auxiliar Metalúrgico, est un groupe espagnol spécialisé dans l'industrie mécanique. Gamesa travaille principalement comme sous-traitant pour des constructeurs aéronautiques tels qu'Embraer, Bombardier et Airbus. C'est à partir de 1994 que Gamesa se lance dans la fabrication d'éoliennes. Gamesa est une entreprise intégrée qui produit seule et assemble tous les éléments nécessaires à la fabrication d'une éolienne : la turbine électrique, le mât, la nacelle, le rotor et les pales. Son premier grand contrat est signé en 1996 avec Iberdrola pour l'installation du parc éolien La Plana III en Aragon. L'année 2000 est une année charnière avec la cotation en Bourse (sur le marché boursier espagnol) et le début de l'expansion internationale de Gamesa. Les contrats à l'export se multiplient en France, au Portugal, en Allemagne, et plus généralement dans l'ensemble de l'Union européenne. Cette internationalisation s'accélère en 2005 avec la construction de deux sites industriels hors d'Espagne, le premier à Tianjin (Chine) et le second en Pennsylvanie (États-Unis). Afin de faire face à ces investissements importants, l'entreprise espagnole décide de se concentrer exclusivement sur la construction d'éoliennes et cède toutes les autres activités (notamment aéronautique et de fabrication de panneaux solaires). En formant une alliance avec Iberdrola Renovables (le plus gros gérant de parcs éoliens au monde) en 2009, Gamesa s'intègre en aval en développant une nouvelle activité : la production d'électricité éolienne. Aujourd'hui, le nouveau P-DG, Jorge Calvet, se doit de consolider la position concurrentielle de l'entreprise et de repenser la stratégie d'internationalisation de Gamesa pour lui permettre de faire face à la fois au leader de cette industrie, la firme danoise Vestas, aux grands conglomérats industriels qui se sont diversifiés récemment dans cette industrie (notamment Siemens et General Electric), et à certaines firmes des pays émergents (comme l'entreprise indienne Suzlon Energy ou l'entreprise chinoise Sinovel) qui ont une forte volonté de croissance, notamment sur les marchés des pays développés.

Gamesa face à ses concurrents

Jorge Calvet, qui a pris la direction de Gamesa en octobre 2009, a donné les grandes lignes de la stratégie à mettre en œuvre dans les années à venir : « *Gamesa doit se concentrer sur l'amélioration de la rentabilité et de la*

1

2

3

productivité plutôt que sur la progression du volume d'affaires[22]. » En effet, Gamesa a cherché à suivre et à capter une part de la croissance spectaculaire du marché de la fabrication et de l'installation des éoliennes. Celui-ci a progressé à un taux annuel de 28 % sur la dernière décennie. Sur la seule année 2009, le taux de croissance a été de 31 %[23]. Cette progression n'est pas près de ralentir, comme le notent les experts de BTM Consult : « *La puissance éolienne représente 1,6 % de l'électricité produite dans le monde en 2010. D'ici à 2019, l'électricité éolienne pourra représenter 8,4 % de la consommation mondiale d'électricité*[24]. » Ainsi, en l'espace de cinq ans, le chiffre d'affaires de Gamesa a doublé, tandis que le résultat d'exploitation est resté pratiquement au même niveau (voir le tableau 1). La situation boursière n'est pas meilleure, même si l'action Gamesa a été intégrée dans plusieurs indices boursiers reflétant la performance des sociétés cotées travaillant dans des industries en lien avec le développement durable (par exemple, intégration dans le Dow Jones Sustainability Index en 2009). L'impact boursier de cette stagnation de la rentabilité dans un contexte de croissance de l'activité est négatif, traduisant l'impatience et la déception des actionnaires de Gamesa en particulier, et du marché boursier en général.

Millions d'euros	2005	2006	2007	2008	2009
Chiffre d'affaires	1 743	2 390	3 260	3 646	3 187
Actifs	3 428	3 667	4 253	4 618	4 718
Dettes à long terme	810	794	548	255	396
Capitaux propres	797	1 084	1 256	1 501	1 570
Capitalisation boursière	3 007	5 072	7 715	3 063	2 832
Résultat d'exploitation	282	351	368	329	266

Tableau 1 : Données financières de Gamesa (2005-2009)[25]

22. Message aux actionnaires du rapport annuel d'activité 2009, www.gamesa. es/recursos/doc/accionistas-inversores/informacion-financiera/memoria-anual/ english/annual-report-2009.pdf, consultation du 27 janvier 2011.
23. S : Global Wind Energy Council, www.gwec.net, consultation du 27 janvier 2011.
24. Reuters, article du 29 mars 2010, www.reuters.com/article/ idUSTRE62S12620100329, consultation du 27 janvier 2011.
25. Source : rapports annuels d'activité de Gamesa.

Sur les cinq dernières années, l'entreprise espagnole s'est essentiellement concentrée sur le développement de sa gamme d'éoliennes et sur la conquête de nouveaux marchés. Gamesa propose une gamme large d'éoliennes terrestres (ou *onshore*), d'une capacité de 875 kW à 4,5 MW (mégawatts ou millions de watts). D'un point de vue général, le marché des éoliennes se segmente selon la puissance des turbines, celle-ci étant liée à la force du vent. Ainsi, ce marché se distingue entre, d'un côté, les éoliennes d'une puissance inférieure ou égale à 2 MW (correspondant à des éoliennes pour vent faible ou moyen) et, de l'autre, les éoliennes d'une puissance supérieure à 2 MW (correspondant à des éoliennes pour vent fort). La puissance actuelle maximale d'une éolienne est aujourd'hui de 10 MW. Les éoliennes les plus puissantes sont destinées au marché maritime (ou *offshore*), ce qui explique l'absence de Gamesa sur ce marché. C'est sur le marché maritime et sur le segment des éoliennes à forte puissance que l'on retrouve les produits à plus forte valeur ajoutée et les marges les plus élevées. Le tableau 2 présente les puissances cumulées installées chaque année par Gamesa et illustre la progression de son volume d'activité. Il est important de noter que 70 % des ventes de Gamesa sont réalisées avec des éoliennes d'une puissance de 2 MW.

2006	2007	2008	2009
2 402	3 006	3 168	3 145

Tableau 2 : Puissances cumulées des éoliennes installées par Gamesa (2006-2009)[26]

Gamesa est confrontée à une concurrence de plus en plus forte ces dernières années. Les experts de l'industrie des éoliennes considèrent que sa part de marché en 2009 a baissé brutalement par rapport à 2008. Celle-ci s'établit aujourd'hui à 6,7 %. Cette forte concurrence est la conséquence d'un double mouvement : d'abord, l'entrée sur le marché des grands conglomérats industriels européens et américains a exercé une pression forte sur les acteurs existants, et notamment sur Gamesa. Cette entrée s'est faite rapidement grâce à des acquisitions dans l'industrie des éoliennes : Siemens a ainsi créé sa division « Siemens Wind Power », suite à l'acquisition en 2004 de la firme danoise Bonus Energy ; General Electric a procédé de la même manière en prenant le contrôle d'Enron Wind en 2002 et en créant la division « GE Wind Energy ». Ensuite, l'arrivée sur le

26. Unité : MW.

1
2
3

marché de nouveaux entrants des pays émergents, notamment de Chine, a constitué une nouvelle pression concurrentielle forte sur Gamesa. Certains acteurs chinois, quasi inexistants il y a quelques années, se situent aujourd'hui parmi les cinq plus gros acteurs de l'industrie des éoliennes (Sinovel et Goldwind). Cette pression a surtout été ressentie au niveau du segment des éoliennes de puissance inférieure ou égale à 2 MW. Ce segment est l'objet d'une forte concurrence au niveau des prix de vente. Ces fortes pressions concurrentielles se traduisent par une volatilité des parts de marché d'une année sur l'autre, avec notamment dans le cas de Gamesa une réduction de moitié de sa part de marché mondiale (voir le tableau 3).

Société	Pays	Part de marché 2008	Part de marché 2009	Tendance
Vestas	Danemark	19,2 %	12,5 %	↓
GE Wind Energy	États-Unis	16,4 %	12,4 %	↓
Sinovel	Chine	4,4 %	9,2 %	↑
Enercon	Allemagne	8,8 %	8,5 %	←
Goldwind	Chine	3,5 %	7,2 %	↑
Gamesa	Espagne	11,5 %	6,7 %	↓
Dongfang	Chine	–	6,5 %	↑
Suzlon Energy	Inde	7,2 %	6,4 %	→
Siemens Wind Power	Allemagne	6,1 %	5,9 %	→
Autres	–	22,9 %	24,7 %	

Tableau 3 : Parts de marché dans l'industrie des éoliennes (2008-2009)[27]

Gamesa et la marche forcée à l'international

2005 est l'année zéro de l'expansion internationale de Gamesa dans l'industrie des éoliennes. En 2004, Gamesa réalisait 16,5 % de son chiffre d'affaires à l'international, exclusivement grâce à des opérations d'export

27. Source : Eurobserver (2009) et Reuters/BTM Consult (2010).

de ses éoliennes. En 2006, son chiffre d'affaires à l'international était passé à 60,3 % ! En 2009, le chiffre d'affaires à l'international représente 68,9 % du chiffre d'affaires total de Gamesa. Cette progression est expliquée en grande partie par l'implantation d'un site industriel aux États-Unis (Pennsylvanie) et en Chine (à Tianjin). Ces deux implantations industrielles ont permis d'accéder à deux grands marchés éoliens dans le monde (voir le tableau 4).

Unité : MW	Puissances cumulées 2009	%
Chine	13 000	34,7
Europe	10 526	28,1
États-Unis	9 922	26,5
Inde	1 271	3,4
Amérique latine	622	1,7
Afrique et Moyen-Orient	230	0,6
Autres	1 895	5,1
Total	37 466	100,0

Tableau 4 : Puissances cumulées des éoliennes installées dans le monde (2008-2009)[28]

Ces implantations industrielles aux États-Unis et en Chine ont été complétées en 2009 par un investissement à Chennai en Inde. Aujourd'hui, Gamesa dispose d'une capacité de production annuelle de 4 400 MW, qui se répartit de la manière suivante entre les différents sites industriels : 45 % en Espagne (capacité de 2 000 MW), 27 % aux États-Unis (capacité de 1 200 MW), 25 % en Chine (capacité de 1 100 MW) et 3 % en Inde (capacité de 100 MW). Si les implantations en Chine et en Inde sont très prometteuses du point de vue de l'accès à des nouveaux marchés et de la réduction des coûts de production, il n'en reste pas moins que le principal débouché demeure l'Europe et le marché domestique espagnol (voir le tableau 5). Cependant, ce marché, traditionnellement orienté sur les éoliennes de moyenne capacité (c'est-à-dire 2 MW), se tourne de plus en plus vers l'éolien maritime et les parcs éoliens terrestres équipés de turbines à très forte puissance (c'est-à-dire au-delà de 4,5 MW).

28. Source : Global Wind Energy Council (2010).

Unité : MW	Puissances cumulées 2006	Puissances cumulées 2007	Puissances cumulées 2008	Puissances cumulées 2009
Espagne	1028 (43 %)	1358 (45 %)	1040 (33 %)	849 (27 %)
Reste de l'Europe	453 (19 %)	368 (12 %)	453 (14 %)	1007 (32 %)
États-Unis	298 (12 %)	664 (22 %)	900 (28 %)	472 (15 %)
Chine	246 (10 %)	518 (17 %)	499 (16 %)	471 (15 %)
Reste du monde	377 (16 %)	98 (4 %)	276 (9 %)	346 (11 %)
Total	2402 (100 %)	3006 (100 %)	3168 (100 %)	3145 (100 %)

Tableau 5 : Répartition géographique des puissances cumulées des éoliennes installées par Gamesa (2006-2009)[29]

29. Source : rapports annuels d'activité de Gamesa.

Consignes d'utilisation et d'analyse du cas

Étape 1 Individuellement

1 Donnez les raisons de la «croissance non rentable» de Gamesa.
2 Établissez la position internationale de Gamesa à partir de son indice de mondialisation des ventes (IMV).
3 Présentez et caractérisez la stratégie d'internationalisation poursuivie par Gamesa.

Étape 2 En groupe

1 Procédez comme dans l'étape 1 pour confronter les points de vue et les analyses.
2 Dégagez les points de convergence et de divergence.
3 Proposez une synthèse des analyses et concluez sur une réorientation possible de la stratégie d'internationalisation poursuivie par Gamesa.

Outils pédagogiques et méthodologiques

Grille d'analyse 1 Identification de l'origine des difficultés de l'entreprise

Il s'agit ici d'identifier les facteurs explicatifs de la «croissance non rentable» de l'entreprise. En termes de méthodologie d'analyse, il s'agit dans un premier temps de déterminer une ou plusieurs causes possibles (concurrence, choix de segments de produits, etc.) avant d'évaluer leur impact sur la baisse de la rentabilité de l'entreprise.

Identification des causes des difficultés	Impact sur la baisse de rentabilité	Justification et/ou explicitation
Concurrence		
Choix de segments de produits		
Choix géographiques		

1
2
3

Grille d'analyse 2   Diagnostic de la position internationale

La méthode utilisée ici pour faire un diagnostic de la position internationale de l'entreprise est celle de Lasserre (2003). Cette méthode fondée sur le calcul d'un indice de mondialisation des ventes (IMV) propose un positionnement de l'entreprise sur un cycle d'internationalisation en comparant le niveau de mondialisation des ventes de l'entreprise à celui de son marché respectif. L'indice de mondialisation des ventes (IMV) se calcule de la manière suivante pour une firme i :

$$IMV_i = \Sigma I_n[CumV_{in} + (CumV-V)_{in}]$$

Où I_n représente la répartition des ventes de l'industrie I dans chaque région n (toutes firmes confondues), V_{in} représente la répartition des ventes de l'entreprise i dans chaque région n, et $CumV_{in}$ représente les ventes cumulées par ordre croissant de l'entreprise i pour l'ensemble des régions. Cette procédure de calcul donne un indice compris entre 0 et 100. La correspondance entre cet indice et le diagnostic de la position internationale de Lasserre se fait de la manière suivante : la position d'« exportateur ou pas d'expansion internationale » correspond à un indice compris entre 0 et 25, celle d'« acteur régional » à un indice compris entre 25 et 50, celle d'« acteur dominant régional » à un indice compris entre 50 et 75 et celle d'« acteur mondial » à un indice compris entre 75 et 100.

Grille d'analyse 3   Stratégie d'internationalisation

Il s'agit ici d'appréhender les différentes caractéristiques permettant d'identifier et de caractériser la stratégie d'internationalisation : rythme et mode d'internationalisation, pays ou régions cibles, degré d'adaptation locale, degré d'efficacité globale et classification de la stratégie.

Critères de caractérisation	Identification du critère	Justification et/ou explicitation
Rythme		
Mode		
Pays ou régions cibles		
Degré d'adaptation locale		
Degré d'efficacité globale		
Classification de la stratégie		

Pistes de résolution du cas

Grille d'analyse 1   Identification de l'origine des difficultés de Gamesa

Il s'agit ici d'identifier les facteurs explicatifs de la « croissance non rentable » de Gamesa. Trois facteurs sont analysés en relation avec la baisse de la rentabilité de l'entreprise espagnole sur les cinq dernières années.

Identification des causes des difficultés	Impact sur la baisse de la rentabilité	Justification et/ou explicitation
Concurrence	Impact fort	**1.** Concurrence des conglomérats industriels européens et américains sur les éoliennes à forte valeur ajoutée. **2.** Forte concurrence sur les prix des nouveaux entrants asiatiques. En synthèse, Gamesa est prise en tenaille entre ces deux formes de concurrence.
Choix de segments de produits	Impact assez fort	Gamesa est principalement positionnée sur les éoliennes de puissance faible ou moyenne (c'est-à-dire inférieure ou égale à 2 MW). Ce segment de produits est la cible prioritaire des nouveaux entrants asiatiques.
Choix géographiques	Impact assez faible	Gamesa a su saisir de nombreuses opportunités commerciales grâce à ses implantations asiatiques (en Chine et en Inde). Cette expansion asiatique a aussi permis à la firme espagnole de réduire ses coûts de production. Gamesa peut espérer réduire davantage ses coûts en diversifiant ses implantations industrielles en Europe, notamment en Europe de l'Est.

1
2
3

Grille d'analyse 2   Diagnostic de la position internationale de Gamesa

Le calcul de l'indice de mondialisation des ventes (méthode de Lasserre) pour Gamesa en 2009 a été adapté en utilisant les puissances des éoliennes installées comme indicateur des ventes de Gamesa et de l'industrie des éoliennes. Plus précisément, l'indice de mondialisation des ventes (IMV) se calcule de la manière suivante pour Gamesa :

$$IMV_{Gamesa} = \Sigma I_n[CumV_{Gamesa, n} + (CumV\text{-}V)_{Gamesa, n}]$$

Où I_n représente la répartition des puissances des éoliennes installées dans chaque région n (toutes firmes confondues), $V_{Gamesa, n}$ représente la répartition des puissances des éoliennes installées par Gamesa dans chaque région n, et $CumV_{Gamesa, n}$ représente le cumul des puissances des éoliennes installées par ordre croissant de l'entreprise espagnole pour l'ensemble des régions.

Gamesa	Reste du monde	États-Unis	Chine	Europe
I_n	0,107	0,265	0,347	0,281
V_n	0,110	0,150	0,150	0,590
$CumV_n$	0,110	0,260	0,410	1,000
$(CumV\text{-}V)_n$	0,000	0,110	0,260	0,410
$CumV_n + (CumV\text{-}V)_n$	0,110	0,370	0,670	1,410
$I_n[CumV_n + (CumV\text{-}V)_n]$	1,2%	9,8%	23,2%	39,6%
IMV	73,8			

Grille d'analyse 3   Caractérisation de la stratégie d'internationalisation de Gamesa

Critères de caractérisation	Identification du critère	Justification et/ou explicitation
Rythme d'internationalisation	Très rapide	Le chiffre d'affaires à l'international, proche à 16,5 % en 2004, se situe à 68,9 % aujourd'hui.
Mode d'internationalisation	Croissance externe Mode d'entrée capitalistique (filiale gérée en propre)	2005 : implantation d'un site industriel aux États-Unis (Pennsylvanie) et en Chine (Tianjin). 2009 : implantation d'un site industriel en Inde (à Chennai).
Pays ou régions cibles	Asie et Amérique du Nord	Le choix des pays est plus guidé par des opportunités de croissance rapide que par une logique incrémentale et de réduction de la distance culturelle (ou psychique).
Degré d'adaptation locale	Faible	Il n'y a pas d'adaptation des éoliennes aux marchés étrangers. Il s'agit de produits hautement standardisés.
Degré d'efficacité globale	Forte	Gamesa cherche à accéder à de nouveaux marchés et à réduire ses coûts de production. La recherche d'économies d'échelle globales et la conquête de chiffre d'affaires additionnel étaient jusqu'en 2009 les principaux objectifs stratégiques de Gamesa.
Classification de la stratégie d'internationalisation	Stratégie exclusivement globale	Gamesa privilégie exclusivement la recherche d'efficacité globale.

Réponses aux questions posées à l'étape 1

1 **Donnez les raisons de la « croissance non rentable » de Gamesa.**

Gamesa est confronté à un problème majeur. Celui-ci s'énonce de la manière suivante : le chiffre d'affaires de l'entreprise espagnole a plus que doublé entre 2005 et 2009 tandis que sa rentabilité commerciale a été réduite de moitié (16,1 % en 2005 et 8,3 % en 2010). En d'autres termes, Gamesa s'inscrit dans une dynamique dangereuse qui risque de le conduire rapidement à une situation de « croissance non rentable ». Le principal facteur explicatif de cette situation est la pression forte exercée par les différentes catégories de nouveaux entrants (voir la grille 1).

2 **Établissez la position internationale de Gamesa à partir de son indice de mondialisation des ventes (IMV).**

L'indice de mondialisation des ventes de Gamesa (voir la grille 2) montre que la firme espagnole se situe dans une position d'« acteur dominant régional » dans le cycle d'internationalisation. La région dans laquelle Gamesa exerce une position dominante est l'Europe.

3 **Présentez et caractérisez la stratégie d'internationalisation poursuivie par Gamesa.**

Gamesa poursuit une stratégie globale privilégiant exclusivement l'efficacité globale (voir la grille 3 et la figure 1).

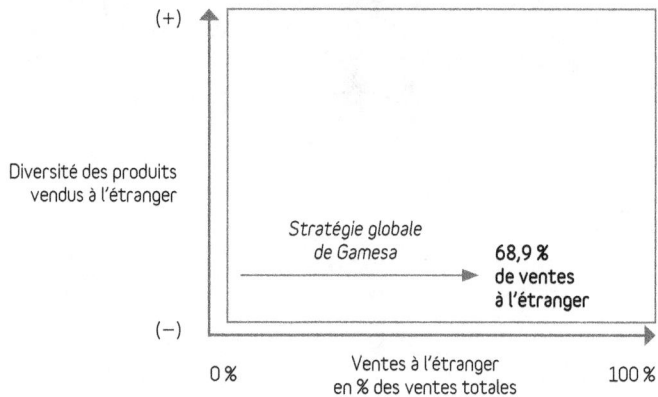

Figure 1 : La stratégie d'internationalisation de Gamesa

Croissance et fusion-acquisition

Cas 1 L'OPA d'AS Watson sur Marionnaud ou la revanche du Sud...[30]

Fiche de présentation du cas

Ce cas présente l'opération de rachat, en 2005, du groupe Marionnaud, leader français de la distribution de parfums et produits de beauté, par AS Watson, entreprise hongkongaise filiale de Hutchinson Whampoa, holding chinoise détenue par le mystérieux milliardaire Li Ka-Shing. À partir de ces informations, il vous est demandé de réaliser une analyse de l'opération de fusion-acquisition (F/A) permettant de caractériser ce rachat et d'identifier les causes et les risques qui y sont associés.

Ce cas est adapté pour un public de formation initiale et continue. Il s'adresse aux étudiants de licence (L2 ou L3) et de master (master 1 et 2), ainsi que d'écoles supérieures de commerce et d'ingénieur (deuxième ou troisième année). Il peut également être utilisé de manière profitable dans des filières spécialisées en management de la distribution.

30. Pour une étude complète du secteur de la distribution des produits cosmétiques et du rachat par AS Watson de Marionnaud, le lecteur pourra consulter avec profit le cas « L'OPA d'AS Watson sur Marionnaud et l'émergence d'un nouveau leader de la distribution sélective », Brulhart, F., Centrale des Cas et des Médias Pédagogiques, CCIP, Paris, G 1480, 2006.

1
2
3

Exposé du cas

Marionnaud et le secteur de la distribution sélective de produits cosmétiques

Le secteur des produits cosmétiques recouvre les parfums et eaux de toilette, ainsi que les produits de soin et de maquillage. Dans ce cadre, la distribution s'opère sur quatre circuits principaux : la diffusion sélective (parfumeries et instituts de beauté, chaînes franchisées, groupements ou chaînes succursalistes), la grande diffusion (hypermarchés et supermarchés), les pharmacies et parapharmacies, enfin la vente directe (correspondance, Internet, relation). La distribution sélective représente le circuit majoritaire pour les produits cosmétiques avec 45 % des ventes, et se concentre sur les produits de moyenne et haut de gamme. Au sein du segment de la distribution sélective, Marionnaud est le leader français en 2005 avec près de 1250 magasins, dont 660 à l'étranger (330 en Italie, Suisse, Autriche, 183 en Espagne et Portugal, 3 au Maghreb, 137 en Pologne, République tchèque, Slovaquie, Hongrie, Roumanie) ; il est également le deuxième opérateur européen et réalise un chiffre d'affaires (CA) de plus de 1 milliard d'euros.

L'entreprise naît au milieu des années 1980 sous l'impulsion de l'entrepreneur français Marcel Frydman qui rachète une première parfumerie en 1984. En réinvestissant systématiquement les bénéfices dans le rachat de nouveaux points de vente, Marcel Frydman va progressivement bâtir un empire (63 points de vente en 1996, 578 en 2000, 1232 en 2004) fondé sur un modèle économique simple : *« le luxe à prix discount »*. Pour proposer des prix compétitifs (inférieurs d'environ 20 % à ses concurrents indépendants), Marionnaud s'appuie sur le volume d'achat. En augmentant le nombre de points de vente, il fait croître ses débouchés et peut bénéficier d'importants effets de taille dans la négociation avec les fournisseurs. Il répercute alors une partie des économies réalisées dans la baisse des prix de vente, ce qui a pour effet d'augmenter son volume d'affaires... Une autre force de l'entreprise réside dans l'attachement de son personnel à l'enseigne et dans l'existence d'une culture organisationnelle forte. Depuis la création de l'entreprise, le salarié est au centre des préoccupations du management, au même titre que les clients. Les salariés bénéficient d'importants avantages sociaux et se sentent « considérés » ; en conséquence, leur motivation est forte. En outre, 60 % des salariés sont actionnaires de l'entreprise, et le turnover est particulièrement faible, ce qui est capital dans un secteur où la main-d'œuvre qualifiée est difficile à trouver.

Enfin, l'entreprise consent de gros efforts en matière de formation, destinés à améliorer le service et le conseil offerts aux clients de l'enseigne. Au final, la force de Marionnaud repose en grande partie sur ses salariés fortement dédiés à l'entreprise. Par ailleurs, l'une des priorités de Marionnaud consiste à établir une relation durable avec le client, et l'entreprise met l'accent sur la fidélisation au travers de nombreux programmes (cartes de fidélité, chèques cadeaux, promotions, lettres d'information, etc.). Cette stratégie s'est avérée payante puisque Marionnaud dispose de l'un des parcs clients les plus importants (neuf millions de porteurs de cartes de fidélité). C'est en affichant des résultats en progression constante que le groupe génère la confiance des banques et des investisseurs (introduction en Bourse en 1998), ce qui lui permet de financer sa croissance fulgurante : entre 1998 et 2004, l'entreprise lève près de 700 millions d'euros, et son cours passe de 15 à plus de 70 euros en novembre 2000. Cependant, à partir des années 2003-2004, des difficultés multiples vont apparaître (problèmes financiers, endettement pléthorique, accusations de manipulations comptables, corrections d'erreurs dans les comptes, retard à publier les comptes, crise des « flacons testeurs » détournés par les salariés pour les revendre, ralentissement de la croissance de l'entreprise, etc.). Ces difficultés vont déclencher une crise boursière majeure, et en décembre 2004, le titre recule à 14,95 euros. En outre, à partir de 2004, son concurrent principal en France, Sephora, est en train de regagner du terrain (avec 22 % de parts de marché contre 30 % pour Marionnaud).

AS Watson : nouveau leader mondial de la distribution sélective de produits cosmétiques

C'est dans ce contexte de débâcle comptable et financière (voir le tableau 1) que le groupe AS Watson, filiale du conglomérat hongkongais Hutchinson Whampoa Limited (HWL), annonce qu'il va débourser 900 millions d'euros pour prendre le contrôle du distributeur français.

	31 décembre 2004	31 décembre 2003	31 décembre 2002	31 décembre 2001
Chiffre d'affaires	1 164 380	1 087 384	1 026 899	770 905
Résultat d'exploitation	31 818	48 962	43 211	68 340
Résultat net	− 98 038	12 764	9 400	36 204
Capitaux propres consolidés	408 082	518 569	484 001	458 353
Actif immobilisé net	784 615	793 318	760 229	616 490
Total du bilan	1 490 566	1 511 434	1 348 479	1 011 444

Tableau 1 : Éléments financiers Marionnaud 2001-2004 (en K€)

L'objectif du groupe chinois est clair : sortir l'entreprise du rouge et faire du nouvel ensemble le numéro un de la distribution sélective de parfums dans le monde. HWL est implanté dans plus de cinquante pays et réalise un CA d'environ 25 milliards de dollars pour un effectif de plus de deux cent mille employés. Le groupe est très diversifié (gestion portuaire, télécommunications, énergie, etc.) et évolue sur le segment de la distribution et des biens de consommation par le biais de sa filiale ASW. Avec le rachat de Marionnaud et de The Perfume Shop en 2005 (cent trente-cinq points de vente dans les grandes villes du Royaume-Uni, d'Irlande et d'Australie), par sa filiale AS Watson, HWL devient également le premier distributeur mondial de produits cosmétiques. En effet, ASW est déjà implanté dans le secteur de l'hygiène et beauté et dispose alors de onze enseignes de distribution : Watsons (leader des distributeurs hygiène et beauté en Asie, implanté à Hong Kong, en Chine, à Taiwan, à Singapour, à Macao, en Corée, aux Philippines, en Turquie et en Estonie), Nuance Watson (trente-quatre magasins *duty free* en Asie), Kruidvat (racheté par ASW en 2002 pour 35 % de son CA, l'entreprise est leader indiscuté de la distribution de produits d'hygiène et beauté aux Pays-Bas et également l'un des plus connus en Belgique), Trekpleister (racheté en 1998 par Kruidvat, l'entreprise dispose de deux cents points de vente aux Pays-Bas), ICI PARIS XL (racheté par Kruidvat en 1996 et leader du marché belge), Rossmann (mille cinq cents points de vente spécialisés dans les produits de soin et d'hygiène en Europe du Nord : Allemagne, Pologne, Hongrie, République tchèque), Drogas (chaîne spécialisée en produits d'hygiène et beauté, implantée en Lituanie et en Lettonie), Superdrug (l'un des plus gros distributeurs de produits hygiène et beauté au Royaume-Uni), Savers (quatre cent quarante magasins implantés en Angleterre, Écosse, Pays de Galles et Pays-Bas) et Spektr (première chaîne de distribution de produits d'hygiène et beauté à Saint-Pétersbourg). ASW réalise un chiffre d'affaires de plus de 70 milliards de dollars Hong Kong et son taux de marge brute évolue entre 2 et 4 % (voir le tableau 2).

	31 décembre 2004	31 décembre 2003	31 décembre 2002	31 décembre 2001
Chiffre d'affaires	74 445	63 945	39 471	29 543
Résultat d'exploitation	3 654	2 331	1 031	537
Résultat net	1 705	588	299	− 229

Tableau 2 : Éléments financiers ASW 2001-2004 (en M$HK)

L'offre publique d'achat et les nouvelles orientations du groupe

Le 14 janvier 2005, l'OPA sur Marionnaud est lancée avec une offre de 21,80 euros par action (le dernier cours de l'entreprise s'établit à 17,40 euros). En janvier, la famille Frydman (qui détient 22 % des actions) s'engage à apporter ses titres à l'offre. Le 11 mai 2005, AS Watson détient 95 % de la totalité du capital, puis 96,5 % en septembre, ce qui l'autorise à retirer l'entreprise de la cote. Quelques semaines après la prise de contrôle, le nouvel actionnaire annonce son programme et ses ambitions. Dans un premier temps, Marcel Frydman est maintenu dans la structure comme consultant, ainsi que son fils, directeur général chargé des finances (pourtant jugé très durement par les investisseurs), afin de faciliter la transition, notamment du fait de l'attachement du personnel à la figure charismatique du fondateur de l'enseigne. La direction de l'entreprise est restructurée, et des nouveaux directeur financier et directeur général sont nommés. Quelques mois plus tard, devant l'impossible collaboration entre la nouvelle équipe et l'ancien dirigeant, ce dernier est remercié contre une indemnité de 2,5 millions d'euros. L'ambition d'ASW avec ce rachat est de constituer une implantation massive sur le marché français et de compléter la politique d'extension du réseau européen entrepris depuis 2000 avec la multiplication des acquisitions. En outre, le rachat de Marionnaud et de The Perfume Shop semble annoncer une entrée accentuée dans la distribution sélective (les autres enseignes étant plutôt positionnées « grande

1
2
3

consommation » et « *mass market* »). Par ailleurs, ASW va poursuivre le développement de Marionnaud en Europe, voire au-delà, développement qui est bloqué depuis des mois, faute de financements. La stratégie commerciale d'ASW est de se concentrer sur la classe moyenne et d'initier une démarche de diversification de l'offre (par exemple en commercialisant des produits nouveaux, venant pour une bonne part d'Asie : accessoires, cosmétiques asiatiques haut de gamme, produits sous marque propre, etc.).

Cependant, pour redevenir compétitif, la nouvelle équipe de direction devra assainir la situation, restructurer l'entreprise et modifier son mode de management. Ainsi, l'entreprise devra parvenir à acheter en moins grande quantité (pour réduire ses stocks) tout en améliorant les conditions tarifaires (en tentant de centraliser les achats des 4 800 magasins dans le monde appartenant à ASW). Par ailleurs, pour la seule année 2006, le groupe va dépenser 70 millions d'euros en France, dans la rénovation des magasins et de l'informatique ; la restructuration va également concerner la logistique (sous-traitance de l'activité logistique et fermeture des vingt-cinq entrepôts régionaux pour ne plus garder que deux plateformes nationales), ainsi que le siège, ce qui va entraîner le premier plan social de l'histoire de l'entreprise (trois cents suppressions de postes environ) accompagné de manifestations et de grèves. Enfin, un audit de chacun des points de vente a été réalisé, et des fermetures ont été annoncées, même si elles devraient être compensées par de nouvelles ouvertures (deux cent cinquante magasins dans le monde à l'horizon de cinq ans).

Consignes d'utilisation et d'analyse du cas

Étape 1   Individuellement

1 Présentez l'opération de F/A et caractérisez les modalités de cette manœuvre.
2 Identifiez les causes de l'opération et la logique poursuivie par ASW. Justifiez.
3 Évaluez les risques et les limites associés à la F/A. Explicitez.

Étape 2   En groupe

1 Procédez comme dans l'étape 1 pour confronter les points de vue et les analyses.
2 Dégagez les points de convergence et de divergence.
3 Proposez une synthèse des analyses et concluez sur la caractérisation de l'opération.

Outils pédagogiques et méthodologiques

Grille d'analyse 1   Caractérisation de la manœuvre de F/A

Il s'agit ici d'appréhender les différentes caractéristiques permettant d'identifier et de cerner la manœuvre de F/A : nature de l'opération (F/A verticale, horizontale ou de diversification), rapport de force entre les entreprises concernées (prise de contrôle ou fusion égalitaire), modalités de mise en œuvre de la F/A (achat ou échange d'actions, et, en cas de société cotée, OPA, OPE ou offre mixte), degré d'hostilité de l'opération et mécanismes de défense éventuels mis en œuvre (en cas de société cotée), forme juridique de la F/A (fusion-absorption, création de société nouvelle, filialisation), enfin stratégie de croissance sous-jacente (spécialisation, expansion, diversification).

Critères de caractérisation	Identification du critère	Justification et/ou explicitation
Nature de l'opération		
Rapport de force entre les partenaires		
Modalités de mise en œuvre		
Degré d'hostilité de l'opération		
Forme juridique		
Stratégie de croissance sous-jacente		

Grille d'analyse 2 Identification des objectifs poursuivis et des avantages recherchés

Il s'agit ici d'identifier les causes de la F/A ; dans cette optique, il est nécessaire de caractériser d'une part la logique poursuivie (logique financière ou stratégique) et d'autre part les avantages attendus de l'opération de F/A en termes d'accès aux marchés, d'accès aux compétences et de maîtrise des coûts. En outre, cette grille pourra être mobilisée pour identifier le cas échéant les facteurs exogènes favorables (ou défavorables) à la F/A et le rôle de certaines parties prenantes (intervention des pouvoirs publics, pressions syndicales, rôle des institutions financières, etc.).

	Identification des causes de la F/A	Justification et/ou explicitation
Logique de la F/A		
Avantages poursuivis		
Facteurs exogènes (environnement, rôle des parties prenantes externes, etc.)		

Grille d'analyse 3   Identification des risques associés à la F/A

Il s'agit ici d'identifier les principaux risques susceptibles de pénaliser la performance de la F/A tant sur le plan des conditions préalables à la fusion (compatibilités organisationnelle et culturelle des entreprises, complémentarité des partenaires, réalisation des synergies attendues, etc.) que sur le plan du déroulement de la phase d'intégration (mode de communication, risque de conflit social, niveau d'anxiété au sein du personnel, etc.).

Risques et/ou limites associées à l'opération	Identification des risques et des limites	Justification et/ou explicitation
Conditions préalables		
Processus d'intégration		

Pistes de résolution du cas

Grille d'analyse 1   Caractérisation de la manœuvre de F/A

Il s'agit ici d'appréhender les différentes caractéristiques permettant d'identifier et de cerner la manœuvre de F/A. La F/A étudiée ici concerne la prise de contrôle par une OPA lancée en janvier 2005 par ASW sur Marionnaud, dans le contexte d'une stratégie d'expansion (extension de gamme).

Critères de caractérisation	Identification du critère	Justification et/ou explicitation
Nature de l'opération	F/A horizontale	AS Watson (ASW) est déjà implanté dans le secteur de l'hygiène et beauté et dispose alors de onze enseignes de distribution : Watsons, Kruidvat, The Perfume Shop, Rossmann, etc.
Rapport de force entre les partenaires	Prise de contrôle	Il s'agit clairement d'un rachat par ASW de Marionnaud, alors en grande difficulté et en position de faiblesse.
Modalités de mise en œuvre	OPA (achat d'actions)	L'OPA est lancée en janvier 2005 au prix de 21,80 euros par action (soit une prime d'acquisition d'environ 25 % par rapport au dernier cours).
Degré d'hostilité de l'opération	Offre amicale	ASW dispose en effet de l'appui des dirigeants de l'entreprise (Frydman), également actionnaires de référence.
Forme juridique	Filialisation	Le groupe Marionnaud est en effet retiré de la cote, mais garde son intégrité (la société est intégrée au groupe ASW).
Stratégie de croissance sous-jacente	Expansion (extension de gamme)	Si ASW est déjà positionné dans le secteur de la distribution de produits cosmétiques, il détient essentiellement des enseignes orientées sur les produits de grande consommation. Le rachat de Marionnaud contribue à sa stratégie d'extension de gamme vers le haut, en lui permettant de s'implanter sur la distribution sélective de produits haut de gamme (le rachat simultané de The Perfume Shop vient d'ailleurs appuyer cette stratégie).

Grille d'analyse 2   Identification des objectifs poursuivis et des avantages recherchés

Il s'agit ici d'identifier les causes de la F/A. dans cette optique, il faut souligner le caractère stratégique de cette acquisition pour ASW, qui lui permet d'obtenir un accès à de nouveaux marchés, à des compétences complémentaires et qui lui offre des perspectives de réduction des coûts. En outre, le contexte de crise boursière majeure permet à ASW de profiter d'une baisse de cours favorable à son OPA.

	Identification des causes de la F/A	Justification et/ou explicitation
Logique de la F/A	Logique stratégique	Le rachat de Marionnaud s'inscrit clairement dans une stratégie à long terme de développement de l'activité d'ASW et de pénétration de la distribution sélective en Europe.
Avantages poursuivis (1)	Accès et maîtrise des marchés	— Pénétration du marché français où ASW n'est pas présent. — Développement de son implantation européenne, notamment en Europe du Sud où ASW est peu présent. — Accès au marché des cosmétiques « haut de gamme ».
Avantages poursuivis (2)	Accès et maîtrise des ressources	— Accès aux clients fidélisés de Marionnaud. — Accès à un personnel formé compétent et fidélisé. — Accès aux compétences de la distribution sélective (par opposition au marché du « mass market »).
Avantages poursuivis (3)	Maîtrise des coûts	— Effet de taille : augmentation du pouvoir de négociation grâce à la possibilité de négocier les achats à l'échelle mondiale pour le groupe. — Restructuration et rationalisation de la gestion : informatique, logistique (économies d'échelle), augmentation du contrôle interne.
Facteurs exogènes (environnement, rôle des parties prenantes externes, etc.)	Crise sociopolitique, boursière et financière à l'origine d'une chute du cours, rendant l'OPA plus facile et l'entreprise plus attractive car moins chère.	Fin 2004, Marionnaud connaît de graves difficultés non seulement liées à une gestion défaillante (dette pléthorique, ralentissement de la croissance), mais aussi à des soupçons de pratiques illégales (manipulations comptables, détournements de flacons testeurs, etc.).

1 2 3

Grille d'analyse 3   Identification des risques associés à la F/A

Il s'agit ici d'identifier les principaux risques susceptibles de pénaliser la performance de la F/A. Dans ce cadre, il faut souligner l'existence d'un risque culturel dû au choc de l'acquisition, ainsi que d'un risque financier et d'un risque social.

Risques et/ou limites associées à l'opération	Identification des risques et des limites	Justification et/ou explicitation
Conditions préalables	Risque culturel (compatibilité culturelle)	Marionnaud a une culture forte (histoire, fondateur, etc.) et le risque de conflit dû à un changement des méthodes de travail, de la structure hiérarchique ou des habitudes est fort.
	Risque financier	Marionnaud est en grande difficulté (rentabilité, endettement, remise en cause du modèle économique), et le prix d'achat reste élevé (plus de 75 % du CA contre 35 % pour le rachat de Kruidvat). La réussite de l'opération dépend donc en grande partie de la capacité à générer les synergies prévues (achats, informatique, logistique, etc.).
Processus d'intégration	Risque fort de dégradation du climat social (qui constitue une des forces de Marionnaud)	Forte inquiétude des salariés au départ du fondateur charismatique de l'entreprise : incertitude, anxiété (liées au maintien des avantages sociaux par exemple), conflit social. Le maintien de Marcel Frydman par la nouvelle direction visait à limiter ce risque, mais l'impossibilité de collaborer force ASW à se séparer de l'ancien dirigeant. Cette situation peut générer des comportements de démotivation, d'absentéisme, de rotation du personnel, etc.

Réponses aux questions posées à l'étape 1

1 **Présentez l'opération de F/A et caractérisez les modalités de cette manœuvre.**

L'acquisition de Marionnaud par ASW en 2005 s'apparente à une prise de contrôle amicale, effectuée par le biais d'une OPA à la suite d'une crise boursière majeure ayant déclenché une chute radicale du cours du titre. Cette acquisition peut être qualifiée d'« inversée », car elle désigne le rachat d'une entreprise occidentale par un groupe issu d'un pays émergent. En outre, elle correspond à la volonté d'ASW de mettre en œuvre une stratégie d'expansion et d'extension de gamme sur le marché européen (voir la grille 1).

2 **Identifiez les causes de l'opération et la logique poursuivie par ASW. Justifiez.**

Les causes de ce rachat sont multiples et renvoient à la fois à la volonté d'ASW d'accéder à de nouveaux marchés porteurs sur lesquels il est absent ou peu présent, ainsi qu'à la volonté d'accéder à des ressources critiques (personnel formé et fidèle par exemple). En outre, le groupe ASW a l'ambition de réaliser un gain financier, grâce, d'une part, à une restructuration de la gestion de Marionnaud et, d'autre part, à des effets de volume (effets de taille ou économies d'échelle) ou de synergie. Enfin, certains éléments environnementaux favorisent cette OPA : « *in the mood for deal*[31] » (voir la grille 2).

3 **Évaluez les risques et les limites associés à la F/A. Explicitez.**

Trois risques principaux doivent être évoqués : un risque culturel tout d'abord, mais aussi un risque financier et un risque social. Ces trois éléments sont en effet susceptibles de dégrader la rentabilité ou la performance de cette opération (voir la grille 3).

---

31. Le contexte est favorable aux « affaires » c'est-à-dire à un achat *via* OPA.

Cas 2 La fusion Carrefour-Promodès ou la recherche d'une taille critique mondiale

Fiche de présentation du cas

Ce cas présente le rapprochement de Carrefour et de Promodès, au sein du secteur de la grande distribution, sous la forme d'une OPE amicale lancée par Carrefour en août 1999. Il revient sur les motivations de ce rapprochement, ainsi que sur les principales étapes du processus qui a donné naissance au deuxième acteur mondial de ce secteur.

Ce cas est adapté pour un public de formation initiale et continue. Il s'adresse aux étudiants de licence (L2 ou L3) et de master (master 1 et 2), ainsi que d'écoles supérieures de commerce et d'ingénieur (deuxième ou troisième année). Il peut également être utilisé de manière profitable dans des filières spécialisées en distribution.

Exposé du cas

En août 1999, Carrefour et Promodès, par la voix de leurs deux dirigeants (qui se connaissent depuis longtemps et sont amis), annoncent leur fusion, sous la forme d'une OPE amicale lancée par Carrefour sur Promodès. Le leader français propose six de ses actions contre une action Promodès (soit une prime d'acquisition d'environ 20 % en faveur de Promodès par rapport à la dernière parité de cours entre les deux entreprises). Après avoir effectué un rapide panorama du secteur de la grande distribution, nous reviendrons sur les profils des deux entreprises concernées par le rapprochement, avant d'aborder la mise en œuvre de la fusion et ses résultats.

Le secteur de la grande distribution

À la fin des années 1990, c'est la période des grandes manœuvres dans le secteur de la distribution mondiale, et le mouvement de concentration semble s'accélérer. En effet, les possibilités de croissance interne sont limitées, et la seule option de développement passe par le rachat. Ainsi, Ahold, premier distributeur néerlandais et deuxième mondial, très présent sur le marché américain, veut développer son implantation européenne et poursuivre sa croissance après les rachats de Drugstore, Van der Speek et d'une chaîne de supermarchés en Espagne et s'intéresse également à Promodès. De son côté, Wal-Mart vient de racheter Asda (troisième distributeur britannique) pour près de 11 milliards de dollars, ainsi que les chaînes Wartkauf et Interspar en Allemagne ; le leader mondial américain apparaît alors particulièrement intéressé par le rachat de Carrefour (qui lui permettrait de consolider sa place de leader mondial et de renforcer son implantation internationale), il dispose de moyens impressionnants (200 milliards de dollars de capitalisation boursière). Les distributeurs français ne sont pas en reste dans ce mouvement et, contraints par une réglementation qui bride les nouvelles implantations (lois Raffarin et Galland), Carrefour et Promodès multiplient également les opérations de croissance externe (rachat de Félix Potin en France, de Simago en Espagne et Minoprego au Portugal pour Promodès, mais échec de sa tentative d'OPA sur Casino ; rachat de Docks de France, de Cora à hauteur de 41 %, de Comptoirs Modernes et de Mammouth pour Carrefour).

1
2
3

Le profil des groupes

En 1999, Carrefour est le premier distributeur français et le troisième mondial, avec un chiffre d'affaires (CA) de plus de 27 milliards d'euros et un résultat net de plus de 700 millions d'euros (chiffres 1998). Il réalise 57 % de son CA en France (71 % en Europe) et accentue sa démarche d'internationalisation notamment sur la zone Amérique (23 % du CA) et en Asie (6 %). Dans ce cadre, l'entreprise est présente dans plus de vingt pays et s'appuie sur cinq marchés principaux : la France, le Brésil, l'Espagne, l'Argentine et Taiwan. Adossé principalement à son activité hypermarché, dont il est le spécialiste, et dans une moindre mesure à celles de supermarché et de hard-discount, Carrefour est un groupe intégré et particulièrement centralisé, longtemps focalisé sur un seul format de magasins possédés en propre. Il dispose notamment (à l'époque) des enseignes Carrefour, Ed, Stock, Picard, etc. Inventeur de la grande surface à la française, le groupe maîtrise en outre des compétences fortes dans le domaine du management et du marketing (innovation produits, publicité, techniques de merchandising, etc.). L'actionnariat du groupe (27 milliards d'euros de capitalisation boursière pour plus de trente-huit millions de titres en circulation) est très dispersé, et les familles fondatrices de l'enseigne détiennent moins de 15 % des droits de vote, qui s'ajoutent à 7 % des droits de vote dans le cadre d'un pacte d'actionnaires conclu en mars 1999 avec une vingtaine d'actionnaires importants. Au total, moins de 22 % des droits de vote qui ne peuvent protéger le groupe d'un rachat hostile (seules sa taille et sa forte valorisation boursière constituent un frein à une OPA éventuelle).

En 1999, Promodès est le sixième distributeur français et génère un chiffre d'affaires de plus de 15 milliards d'euros, avec ses nombreuses enseignes (Huit à Huit, Champion, Continent, Promocash, Puntocash, Shopi, Prodirest, etc.). Créé en 1961, le groupe normand va se développer rapidement à l'international et majoritairement en Europe (47 % de son CA en Europe hors France). Issu du métier de grossiste, Promodès est présent en 1999 sur tous les formats de la distribution et sur tous les types de surfaces de vente (hypermarché, magasin de détail, grossiste, etc.) ; il réalise un peu plus de 40 % de son CA sur les hypermarchés, plus de 30 % sur les supermarchés et 15 % sur le hard-discount et la distribution pour professionnels. Depuis sa création, l'entreprise a su développer une compétence forte en matière d'achat et de logistique (une chaîne logistique unique pour tous les formats du groupe). En outre, son réseau présente la particularité d'être composé pour partie de franchisés. À la différence de l'actionnariat de Carrefour, l'actionnariat de Promodès apparaît plus solide, car le groupe est contrôlé par la famille Halley (fondateur de l'entreprise), qui détient 37 % du capital et 52 % des droits de vote. L'entreprise a su au cours des années 1990 consolider sa position en Europe mais l'échec de son OPA sur Casino lui a fermé la possibilité de dépasser Carrefour en France.

La mise en œuvre de la fusion

Après l'accord des autorités de la concurrence, l'opération est mise en œuvre et le succès de l'OPE donne naissance à un nouveau géant français de la distribution. Par le biais du décalage des structures actionnariales des deux groupes (actionnariat concentré chez Promodès et dispersé chez Carrefour), les actionnaires de référence de Promodès (famille Halley), qui détenaient 52 % des droits de vote de l'entreprise normande, deviennent les premiers actionnaires du groupe Carrefour avec 33,5 % du capital et 35,8 % des droits de vote. Dès l'annonce du rapprochement, Luc Vandevelde, ancien de Promodès, est nommé en charge de l'intégration (responsable des fonctions marchandises, organisation et système, ressources humaines). De même, la composition du conseil d'administration (présidé par Daniel Bernard, l'ancien patron de Carrefour) est annoncée, ainsi que le nouvel organigramme du groupe. Celui-ci montre que les directeurs généraux issus de Carrefour sont plus nombreux que ceux de Promodès ; cependant, l'organigramme mis en place permet de faire en sorte que 99 % des anciens salariés de Promodès rendent compte à un ancien manager de leur entreprise. En revanche, cet organigramme ne présente que les directions des grandes fonctions et les salariés « de base » doivent attendre pour connaître leur sort.

Si Wal-Mart reste le leader mondial incontesté du secteur (son CA est égal à deux fois le CA cumulé de Promodès et Carrefour en 1998), cette fusion permet à Carrefour-Promodès de prendre la première place en termes d'implantation internationale (implanté dans vingt-six pays contre dix pour Wal-Mart, le nouveau groupe sera leader en France, Espagne, Portugal, Grèce et Italie pour l'Europe, ainsi qu'au Brésil, en Argentine, à Taiwan, en Indonésie et en Corée du Sud) et en termes de nombre de magasins (9 000 points de vente au total dont 680 hypermarchés, 2 600 supermarchés, 3 600 hard-discount et 2 000 magasins de proximité). Le nouveau groupe français ainsi créé garde le nom de Carrefour et présente un profil impressionnant : 240 000 salariés dans

1
2
3

le monde, 52 milliards d'euros de CA, 1,2 milliard d'euros de bénéfices net. En outre, le rapprochement modifie la répartition de son activité à la fois en termes de zones géographiques et de formats de magasins (voir le tableau 1).

Répartition du CA par activité	2000	1999	1998
Hypermarchés	60 %	66 %	95 %
Supermarchés	20 %	13 %	1 %
Hard discount	7 %	7 %	3 %
Autres	13 %	14 %	1 %
Répartition du CA par zone géographique	2000	1999	1998
France	52 %	62 %	57 %
Europe	27 %	22 %	14 %
Amérique	15 %	11 %	23 %
Asie	6 %	5 %	6 %

Tableau 1 : Répartition du CA - Carrefour 1998-2000

Avec cette fusion, les centrales d'achat du nouveau groupe représentent 30 % des parts de marché en France (21 % pour la centrale d'achat commune Leclerc et Système U) et leur puissance d'achat atteint 50 milliards d'euros. Cette situation inquiète les producteurs agricoles, qui remettent en question les pratiques de la distribution qu'ils considèrent comme abusives (marges arrière) ; de la même façon, les industriels s'élèvent contre ce qu'ils considèrent comme des centrales d'achats « illégales », du fait de la situation de dépendance économique qu'elles génèrent pour les fournisseurs (en France en 2000, 80 % du CA des grands industriels étaient réalisés par six enseignes de grande distribution).

Dans ce contexte, les économies attendues pour Carrefour sont évaluées à plus d'un milliard d'euros : gains en termes d'achats, d'optimisation logistique, de centralisation des systèmes informatiques, d'efficacité commerciale (alignement des magasins sur le modèle le plus performant par une comparaison systématique des pratiques dans les deux enseignes et une recherche des meilleures procédures), baisse des coûts marketing et de communication et des frais généraux (services administratifs). Cependant cette fusion implique une réorganisation importante, notamment en matière de politique d'enseignes ; la règle adoptée est de ne conserver qu'une seule enseigne par format : Carrefour pour les hypermarchés, Champion pour les supermarchés, Ed pour le hard-discount en France, Shopi et Huit à Huit pour les magasins de proximité... Cette règle implique donc de transformer certaines enseignes : Continent passe sous enseigne Carrefour, Stock passe sous enseigne Champion, etc. Pour mener à bien ces réformes, une organisation spécifique en charge de la fusion a été élaborée, constituée de groupes de travail (composés de personnels des deux entreprises) et d'un comité de coordination, en charge de la réflexion sur toutes les mesures de réorganisation (achat, logistique, organisation commerciale, enseignes, systèmes d'information, etc.). En outre, des séminaires sont organisés dans les six premiers mois, et une publication interne est diffusée régulièrement pour informer les salariés. Sur le plan social, le nombre de suppressions de postes reste limité (liées à la réorganisation des services centraux, informatiques, logistiques, achats et à la fusion des enseignes, ces suppressions sont partiellement compensées par de nouvelles ouvertures de magasins), et le plan social ne concerne que cent cinquante personnes (un dispositif d'aide au reclassement est mis en place pour ces salariés). Enfin, les salaires des personnels sont alignés sur la grille la plus avantageuse (celle de Carrefour).

Les résultats de la fusion

Deux ans après la fusion, en août 2001, le bilan est mitigé. Les ventes accusent un net recul en France et Leclerc a repris le leadership en termes de parts de marché sur le territoire national. Le bouleversement des enseignes et la modification des assortiments de produits qui y ont été associés ont perturbé certains clients ; en outre, la volonté de dégager de la marge et des liquidités pour financer le développement international a pénalisé la compétitivité-prix de l'enseigne. Les chantiers d'unification des systèmes informatiques et de la logistique sont loin d'être achevés, et les syndicats critiquent la lenteur de l'harmonisation des grilles salariales. Les départs (souhaités ou subis) des cadres sont nombreux : une dizaine sur les cinquante cadres dirigeants (notamment les départs du directeur financier du groupe ou du directeur adjoint des ressources humaines). Enfin, les résultats financiers sont inférieurs aux prévisions, et les nouvelles acquisitions du groupe (en Italie, en Grèce et en Belgique) pèsent sur l'endettement. Le cours boursier s'en ressent, avec une baisse de 17 % en un an. En 2010, certains analystes attribuent les difficultés du groupe

1
2
3

aux conséquences de cette fusion mal maîtrisée : le cours du titre évolue autour des 35 euros contre plus de 90 euros en 1999. Pourtant, le CA atteint 85 milliards d'euros en 2009, mais le résultat net n'est que de 320 millions, en nette baisse par rapport à 2008. C'est la raison pour laquelle le groupe annonce en janvier 2010 une réorganisation majeure à la fois au niveau du management, des achats, de la logistique, de la gestion des magasins, et de l'organisation des enseignes (Champion devient Carrefour Market par exemple).

Consignes d'utilisation et d'analyse du cas

Étape 1   Individuellement

1. Présentez l'opération de F/A et caractérisez les modalités de cette manœuvre.
2. Identifiez les causes de l'opération et la logique poursuivie par Carrefour. Justifiez.
3. Évaluez les risques et les limites associés à la F/A. Explicitez.
4. Commentez l'importance de la prime d'acquisition en faveur des actionnaires de Promodès.

Étape 2   En groupe

1. Procédez comme dans l'étape 1 pour confronter les points de vue et les analyses.
2. Dégagez les points de convergence et de divergence.
3. Proposez une synthèse des analyses et concluez sur la caractérisation de l'opération.

Outils pédagogiques et méthodologiques

Grille d'analyse 1   Caractérisation de la manœuvre de F/A

Il s'agit ici d'appréhender les différentes caractéristiques permettant d'identifier et de cerner la manœuvre de F/A : nature de l'opération (F/A verticale, horizontale ou de diversification), rapport de force entre les entreprises concernées (prise de contrôle ou fusion égalitaire), modalités de mise en œuvre de la F/A (achat ou échange d'actions et, en cas d'entreprise cotée, OPA, OPE ou offre mixte), degré d'hostilité de l'opération et mécanismes de défense éventuels mis en œuvre (en cas d'entreprise cotée), forme juridique de la F/A (fusion absorption, création de société nouvelle, filialisation), enfin stratégie de croissance sous-jacente (spécialisation, expansion, diversification).

1
2
3

Critères de caractérisation	Identification du critère	Justification et/ou explicitation
Nature de l'opération		
Rapport de force entre les partenaires		
Modalités de mise en œuvre		
Degré d'hostilité de l'opération		
Forme juridique		
Stratégie de croissance sous-jacente		

Grille d'analyse 2   Identification des objectifs poursuivis et des avantages recherchés

Il s'agit ici d'identifier les causes de la F/A. Dans cette optique, il est nécessaire de caractériser, d'une part, la logique poursuivie (logique financière ou stratégique), et, d'autre part, les avantages attendus de l'opération de F/A en termes d'accès aux marchés, d'accès aux compétences et de maîtrise des coûts. En outre, cette grille pourra être mobilisée pour identifier le cas échéant les facteurs exogènes favorables (ou défavorables) à la F/A et le rôle de certaines parties prenantes (intervention des pouvoirs publics, pressions syndicales, rôle des institutions financières, etc.).

	Identification des causes de la F/A	Justification et/ou explicitation
Logique de la F/A		
Avantages poursuivis		
Facteurs exogènes (environnement, rôle des parties prenantes externes, etc.)		

Grille d'analyse 3 Identification des risques associés à la F/A

Il s'agit ici d'identifier les principaux risques susceptibles de pénaliser la performance de la F/A tant sur le plan des conditions préalables à la fusion (compatibilité organisationnelle et culturelle des entreprises, complémentarité des partenaires, réalisation des synergies attendues, etc.) que sur le plan du déroulement de la phase d'intégration (mode de communication, risque de conflit social, niveau d'anxiété au sein du personnel, etc.).

Risques et/ou limites associées à l'opération	Identification des risques et des limites	Justification et/ou explicitation
Conditions préalables		
Processus d'intégration		

Pistes de résolution du cas

Grille d'analyse 1   Caractérisation de la manœuvre de F/A

Il s'agit ici d'appréhender les différentes caractéristiques permettant d'identifier et de cerner la manœuvre de F/A. La F/A étudiée ici concerne la prise de contrôle par une OPE lancée en août 1999 par Carrefour sur Promodès, dans le contexte d'une stratégie de spécialisation.

Critères de caractérisation	Identification du critère	Justification et/ou explicitation
Nature de l'opération	F/A horizontale	Carrefour est le leader français de la grande distribution et troisième acteur mondial. Il se rapproche du sixième acteur du secteur pour atteindre une taille critique.
Rapport de force entre les partenaires	Prise de contrôle	Il s'agit clairement d'un rachat par Carrefour de Promodès (en témoigne la composition du conseil d'administration et du groupe de directeurs généraux, dominé par les « anciens Carrefour »), même si les actionnaires de référence du nouvel ensemble sont les actionnaires de référence de Promodès.
Modalités de mise en œuvre	OPE (échange d'actions)	L'OPE est annoncée en août 1999 avec une parité proposée de six actions Carrefour pour une action Promodès (soit une prime d'acquisition d'environ 20 % par rapport aux derniers cours respectifs des deux entreprises).
Degré d'hostilité de l'opération	Offre amicale	L'offre réunit l'accord des dirigeants des deux groupes qui se connaissent bien et qui annoncent conjointement l'opération à la presse.
Forme juridique	Fusion-absorption	Le nouveau groupe prend le nom de Carrefour et les enseignes de Promodès sont intégrées à l'entreprise.
Stratégie de croissance sous-jacente	Spécialisation et internationalisation	Avec ce rapprochement, Carrefour, leader français et troisième groupe mondial de grande distribution consolide sa position dans le secteur en devenant deuxième mondial et en renforçant sa position en Europe. Cependant, compte tenu de la domination du segment « hyper » dans le profil de Carrefour, cette acquisition peut également être interprétée comme la volonté de mettre en œuvre une stratégie d'expansion (extension de gamme via le renforcement des segments « super » et « magasins de proximité »).

Grille d'analyse 2   Identification des objectifs poursuivis et des avantages recherchés

Il s'agit ici d'identifier les causes de la F/A ; dans cette optique, il faut souligner le caractère stratégique de cette acquisition pour Carrefour, qui lui permet d'obtenir un accès à de nouveaux marchés, à des compétences complémentaires, et qui lui offre des perspectives de réduction des coûts. En outre, ce rapprochement éloigne la menace d'une OPA hostile de Wal-Mart sur Carrefour.

	Identification des causes de la F/A	Justification et/ou explicitation
Logique de la F/A	Logique stratégique	La fusion de Carrefour et Promodès s'inscrit clairement dans une stratégie à long terme de développement de l'activité et de croissance dans le secteur de la grande distribution.
Avantages poursuivis (1)	Accès et maîtrise des marchés (complémentarité en termes de zones géographiques et de format de magasins)	— Pénétration du marché européen pour Carrefour (complémentarité des positionnements géographiques des deux entreprises) et diversification des risques en équilibrant la répartition des activités (répartition géographique du CA entre 1998 et 2000). — Accès renforcé aux autres segments de la distribution (« super » et « magasins de proximité ») du fait de la complémentarité des deux groupes en termes de format d'enseigne (Carrefour très focalisé sur les « hyper ») : équilibrage de la répartition des activités par format (répartition du CA par activité entre 1998 et 2000).
Avantages poursuivis (2)	Accès et maîtrise des ressources	— Accès aux compétences et transferts de connaissances (logistique de Promodès et marketing de Carrefour). — Restructuration et réorganisation (adoption des meilleures pratiques issues des deux entreprises).
Avantages poursuivis (3)	Maîtrise des coûts	— Effet de taille : augmentation du pouvoir de négociation auprès des fournisseurs (producteurs et industriels) du fait de l'importance de la centrale d'achat créée par la fusion. — Économies d'échelle (logistique, informatique et marketing).

1
2
3

	Identification des causes de la F/A	Justification et/ou explicitation
Facteurs exogènes (environnement, rôle des parties prenantes externes, etc.)	Dispersion de l'actionnariat de Carrefour	Ce rapprochement permet de mettre Carrefour à l'abri d'une OPA hostile éventuelle (notamment grâce à l'actionnariat très solide et très stable de Promodès) de son plus gros concurrent Wal-Mart, à la recherche d'un renforcement de son positionnement en Europe.

Grille d'analyse 3   Identification des risques associés à la F/A

Il s'agit ici d'identifier les principaux risques susceptibles de pénaliser la performance de la F/A. Dans ce cadre, il faut souligner l'existence d'un risque culturel dû au choc de l'acquisition, ainsi que d'un risque financier et d'un risque social.

Risques et/ou limites associées à l'opération	Identification des risques et des limites	Justification et/ou explicitation
Conditions préalables	Risque culturel (compatibilité culturelle)	Les deux groupes sont très différents : groupe familial privilégiant l'autonomie des magasins (franchisés) et issu du métier de grossiste pour Promodès *versus* groupe centralisé et intégré (magasins détenus en propre), créateur du concept de grande distribution en France.
Processus d'intégration (1)	Risque social (inquiétude, incertitude des salariés)	Malgré la volonté de Carrefour de réussir cette intégration (groupes de travail mixtes, comité de coordination, séminaires, lettres d'information, etc.) et la rapidité d'action, de même que l'impact social limité, les salariés sont inquiets. Le processus d'intégration, s'il a commencé rapidement, semble subir des retards importants (les chantiers de la logistique et de l'informatique ne sont pas achevés deux ans après, et les syndicats se plaignent de la lenteur de l'harmonisation des grilles de salaire).
Processus d'intégration (2)	Risque financier et boursier	Il existe un risque financier fort lié à la réalisation des synergies prévues et au succès de la fusion. Dix ans après, certains analystes attribuent les difficultés du groupe à cette fusion et à la difficile intégration des deux entreprises. Les mauvais résultats financiers et boursiers pénalisent la croissance de l'entreprise.

Réponses aux questions posées à l'étape 1

1 Présentez l'opération de F/A et caractérisez les modalités de cette manœuvre.

Le rapprochement de Carrefour et de Promodès correspond à une F/A horizontale dans le secteur de la grande distribution. Par cette OPE amicale sur Promodès, qui lui permet de prendre le contrôle du sixième groupe de distribution français, Carrefour développe sa stratégie de spécialisation sur le secteur et poursuit sa stratégie de croissance, bridée par une réglementation contraignante qui limite les nouvelles implantations (voir la grille 1).

2 Identifiez les causes de l'opération et la logique poursuivie par Carrefour. Justifiez.

Cette fusion permet tout d'abord à Carrefour d'éloigner la menace d'une OPA hostile de son concurrent le plus menaçant, Wal-Mart, à la recherche d'un renforcement de sa position en Europe. Pour Carrefour, c'est également le moyen de s'implanter (ou de renforcer son implication) sur de nouveaux marchés (soit en termes géographiques, soit en termes d'activités). En effet la complémentarité des deux groupes sur le plan des formats de magasins et de l'implantation géographique permet à Carrefour de réduire sa focalisation sur la France et de renforcer ses activités sur l'Europe hors France ; de même, cela lui permet de réduire sa focalisation sur les hypermarchés et de renforcer les activités « super » et « magasins de proximité ». Cette fusion vise également à transférer les connaissances et à capter les meilleures compétences des deux groupes (compétences fortes en termes de marketing pour Carrefour et en termes de gestion de la chaîne logistique pour Promodès, par exemple). Enfin, des synergies financières sont attendues du fait de l'augmentation de la puissance d'achat (centrale d'achat et effet de taille) et des économies d'échelle dues à la centralisation de certains services tels que l'informatique, la logistique ou la communication (voir la grille 2).

3 Évaluez les risques et les limites associés à la F/A. Explicitez.

Toute opération de F/A implique des risques. Si Carrefour et Promodès tentent de limiter les problèmes liés au processus d'intégration (groupes de travail mixtes, rapidité d'action, comité de coordination, communication active, etc.), les deux groupes n'en demeurent pas moins très éloignés

1

2

3

sur le plan culturel (groupe centralisé et intégré *versus* groupe familial décentralisé et appuyé sur des franchises), ce qui induit potentiellement des risques de blocage. En témoignent le caractère inachevé de certains chantiers d'intégration deux ans après l'annonce de la fusion et les commentaires pessimistes de certains analystes qui considèrent que la fusion n'a pas véritablement porté ses fruits dix ans après (voir la grille 3).

4 **Commentez l'importance de la prime d'acquisition en faveur des actionnaires de Promodès.**

L'explication de cet avantage accordé aux actionnaires de Promodès par le biais de la prime d'acquisition (20 %) est probablement liée à la différence de situation entre les deux groupes. Carrefour est menacé par Wal-Mart, et son capital est fragile car très dispersé (il a donc besoin d'agir très vite pour protéger son indépendance), alors que Promodès est caractérisé par un actionnariat beaucoup plus solide. En outre, ce dernier sait qu'il ne peut plus prétendre au leadership et dispose de nombreuses propositions de rachat ; le groupe familial normand est donc en position de force pour négocier, ce qui explique cette prime d'acquisition.

6 Croissance et alliances

Cas 1 L'alliance avec Apollo Tyres : étape transitoire ou échec pour Michelin en Inde[32]

Fiche de présentation du cas

Ce cas présente l'alliance entre Michelin et Apollo Tyres. Cette alliance s'est concrétisée par la formation en 2003 d'une filiale commune, Michelin Apollo Tyres Limited (MATL). Ce cas se propose de présenter l'évolution de cette alliance de sa création à sa rupture en 2005. À partir de ce cas, il sera possible d'analyser la stratégie d'expansion de Michelin sur le marché indien du pneu et d'évaluer la pertinence du choix de la filiale commune comme mode d'entrée sur ce marché.

Ce cas est adapté à un public d'étudiants de formation initiale et continue. Il s'adresse aux étudiants de licence (L3) et de master (master 1 et 2), ainsi que d'écoles de management et d'ingénieur (deuxième ou troisième année).

32. Ce cas est adapté de « The international expansion of Apollo Tyres and the making of an emerging multinational », qui est une étude de cas en cours de dépôt à ECCH. Celle-ci a été écrite par Meschi, P.-X., Mukhi, U.

1
2
3

Exposé du cas

Michelin en 2003 : Une firme globale ou un champion franco-américain ?

Avec 20,1 % de parts de marché (en valeur) en 2003, l'entreprise française Michelin est le leader de l'industrie pneumatique devant Bridgestone et Goodyear. C'est également un leader technologique qui a toujours été à la pointe de l'innovation avec des nouveaux produits qui sont devenus des standards de l'industrie pneumatique : pneu radial en 1946, pneu « *tubeless* » en 1976 et pneu PAX « increvable » en 1996. Michelin est une entreprise qui a démarré très tôt son expansion internationale. Celle-ci a principalement été dirigée vers les États-Unis. Cependant, à partir des années 2000, cette expansion internationale marque le pas. Ainsi, la proportion de chiffre d'affaires hors d'Europe est passée de 52,2 % en 2000 à 47,7 % en 2003 (*cf.* tableau 1).

Région	2000	2001	2002	2003
Europe	7 309	7 447	7 560	8 035
Amérique du Nord	5 959	6 286	6 068	5 311
Reste du monde	2 126	2 041	2 016	2 023
Total	15 394	15 774	15 644	15 369

Tableau 1 : Répartition géographique du chiffre d'affaires de Michelin (2000-2003)[33]

Pour ce qui est des autres marchés, Michelin a une présence significative en Asie, mais celle-ci est fortement concentrée sur la Chine. Michelin y est présent depuis 1995, date à laquelle il a formé sa première filiale commune, Michelin Shenyang Tire, avec la municipalité de Shenyang. Plus tard en 2001, Michelin forme une autre filiale commune, Shanghai Michelin Warrior Tire, avec Shanghai Tire & Rubber (détenant 28,5 % du capital de la filiale commune) et Shanghai Minhang United Development (détenant 1,5 % du capital). Par la suite, ces deux filiales communes ont été transformées en filiales gérées en propre par Michelin : pour Michelin Shenyang Tire, cette transformation s'est faite en 2003 et pour Shanghai

---

33. Unité : millions d'euros.

Michelin Warrior Tire, en 2009. L'exemple chinois montre que Michelin suit une stratégie spécifique d'entrée sur les marchés émergents : la firme française privilégie l'entrée dans le pays à l'aide d'une filiale commune avec un partenaire local. Même s'il privilégie l'alliance, Michelin cherche néanmoins à avoir la majorité du capital des filiales communes. Puis, après avoir acquis une meilleure connaissance du marché local et lorsque la législation du pays autorise la création de filiales étrangères gérées en propre (à partir du début des années 2000 pour l'industrie pneumatique en Chine), Michelin rachète la participation de ses partenaires locaux et prend le contrôle total des filiales communes.

En 2003, Michelin décide de relancer son processus d'internationalisation avec comme priorité l'entrée sur les marchés émergents. Cependant, cette expansion internationale doit se faire en veillant à ce que les ressources et l'avance technologiques de Michelin soient protégées. C'est dans ce contexte que Michelin décide de s'implanter sur le marché indien.

L'expansion indienne de Michelin

Michelin ne connaît pratiquement pas le marché pneumatique indien, qui est fortement concurrentiel, avec plus de quarante acteurs. C'est un marché fortement spécifique où les ventes de pneus de technologie diagonale sont encore majoritaires. Le marché indien se « radialise », mais très lentement. De plus, les deux marchés du pneu, le remplacement et les constructeurs automobiles, sont difficiles d'accès pour des investisseurs étrangers : le marché du remplacement est fragmenté en plusieurs dizaines de milliers de distributeurs exclusifs ou multimarques ; celui des constructeurs automobiles est beaucoup plus concentré, mais les pressions exercées sur les prix d'achat des pneus sont telles que les fournisseurs indiens de pneus ont des marges très réduites. Ces différents facteurs expliquent l'absence des grands acteurs de l'industrie pneumatique mondiale : « *Dans les différents coins du monde, c'est toujours une partie de jeu à quatre : Michelin, Bridgestone, Goodyear et Continental. Mais j'ai été très surpris de constater que ces "poids lourds" de l'industrie mondiale du pneu étaient à peine visibles en Inde*[34]. » Cependant, les choses changent et les concurrents de Michelin, notamment Bridgestone et Goodyear, ont commencé à s'implanter en Inde. En ce qui concerne Michelin, des pneus de la firme française

---

34. Interview du P-DG de Goodyear India, *The Economic Times*, 2005.

1
2
3

sont exportés en Inde, mais ceux-ci sont frappés de droits de douane très importants. Ces derniers peuvent aller jusqu'à 90 % du prix de vente.

Le 17 novembre 2003, Michelin annonce simultanément la création d'une filiale commune avec la firme indienne Apollo Tyres et une prise de participation directe de 14,9 % dans le capital du partenaire indien pour un montant de 28 millions de dollars. Cette prise de participation minoritaire correspond à un maximum autorisé par la législation indienne. Au-delà de 15 %, l'entreprise doit s'engager dans une procédure d'OPA. Dans le projet de contrat d'alliance, Michelin doit posséder 51 % du capital de la filiale commune dénommée Michelin Apollo Tyres Limited (MATL), le reste du capital devant être détenu par Apollo Tyres. L'objectif de MATL est de produire et commercialiser en Inde des pneus radiaux pour véhicules industriels (camions et bus). Il s'agit là d'un segment de marché de petite taille (environ 2 % du marché pneumatique indien) mais qui est en très forte croissance (20 % par an en moyenne). À la signature, les deux parties mettent en avant des attentes fortes vis-à-vis de cette alliance. Le P-DG d'Apollo Tyres, Onkar S. Kanwar, présente MATL de la manière suivante : « *La création de cette joint-venture avec Michelin fera date dans l'histoire d'Apollo Tyres. Le développement rapide des infrastructures, qui met l'accent sur la construction d'un excellent réseau d'autoroutes, devrait donner un formidable coup de pouce au secteur indien des transports. La commercialisation de ces pneus, qui permettent des économies de carburant tout en étant parfaitement adaptés aux conditions de circulation locales, constitue une nouvelle étape dans l'amélioration du confort des conducteurs*[35]. »

Dans cette alliance, la répartition des tâches est la suivante : Michelin apporte ses technologies en matière de pneu radial pour véhicules industriels, son process industriel et ses méthodes de management ; de son côté, Apollo Tyres apporte son réseau de distribution en propre de plus de cent cinquante points de vente (connus sous le nom « Apollo Zones » pour les pneus de voitures et « Apollo Trust » pour les pneus de véhicules industriels) et un accès à plus de 4 500 distributeurs indépendants multimarques. Les deux partenaires ont également prévu d'investir ensemble 70 millions de dollars dans la construction d'une usine à Pune dans l'État de Maharashtra. Cette usine, dont le démarrage est prévu en 2005, doit avoir une capacité de production de 300 000 à 350 000 pneus radiaux par an. Ces pneus porteront la double marque Michelin et Apollo.

35. Communiqué de presse de Michelin : www.michelin.com/corporate/news/group/article?articleID=8368, consultation du 21 février 2011.

Hervé Dub, un cadre expatrié de Michelin, qui doit devenir le P-DG de MATL à partir de mai 2004, résume ainsi les apports respectifs des deux partenaires : « *La présence des deux marques sur le pneu est la démonstration concrète du partenariat scellé entre Apollo Tyres et Michelin et de leur complémentarité dans la joint-venture. Michelin, grâce à sa technologie et à son expertise industrielle, et Apollo Tyres, dont le réseau de distribution est leader en Inde, forment ainsi un duo gagnant* [36].» Michelin espère exercer un contrôle étroit des ressources technologiques qu'il va transférer à la filiale commune en dominant la direction générale et en s'assurant une majorité d'administrateurs (quatre pour Michelin et trois pour Apollo Tyres) au sein du conseil d'administration de MATL. En attendant que le site de production de Pune soit pleinement opérationnel, MATL importera 15 000 à 20 000 pneus provenant des usines chinoises de Michelin.

Le 30 décembre 2005, les deux partenaires annoncent d'un commun accord le report de la construction de l'usine de Pune et la rupture de la filiale commune MATL sous la forme d'un rachat par Michelin de la participation de 49 % d'Apollo Tyres dans MATL. MATL devient ainsi une filiale gérée en propre par Michelin. En fait, cette décision est initiée par Michelin. La firme française motive sa décision de la manière suivante : « *Cette décision est fondée sur l'analyse des conditions actuelles du marché et de la croissance plus lente que prévue de la demande de pneus radiaux poids lourd*[37]. » Différentes sources en Inde ont eu une interprétation différente des motifs de rupture entre les deux partenaires : « *Michelin a refusé d'apporter son assistance technique* [...] *et a annoncé un développement séparé dans les pneus radiaux pour voitures* via *MATL*[38]. » Entre 2005 et 2009, Michelin va vendre progressivement sa participation de 14,9 % au capital d'Apollo Tyres sur le marché boursier de Bombay. Cette vente rapportera à Michelin environ 35 millions de dollars, correspondant à une plus-value de 25 % par rapport au prix d'achat.

Le développement de Michelin en Inde ne s'est pas terminé avec la rupture de l'alliance avec Apollo Tyres. Bien au contraire, l'entreprise française se sent désormais suffisamment expérimentée sur le marché indien pour s'y lancer seule. De plus, le marché indien des pneus radiaux pour véhicules industriels présente une croissance plus forte (hausse de 51 % en 2010, après une baisse de 10 % en 2009). L'entreprise française a annoncé

36. *Ibid.*
37. Rapport annuel 2005 de Michelin, page 16, www.michelin.com/corporate/FR/finance/documents, consultation du 22 février 2011.
38. Article de Krishna Kant, *The Economic Times*, 3 octobre 2005.

le 8 décembre 2010 un investissement record de 870 millions de dollars sur les cinq années à venir. Cet investissement doit permettre de créer une filiale de production de pneus radiaux pour véhicules industriels dans l'État du Tamil Nadu (Michelin India Tamil Nadu Tyres), où Michelin a acheté au gouvernement de cet État un terrain à Chennai de 250 hectares. La production de l'usine de Chennai, qui doit démarrer au premier semestre 2012 avec 1 500 salariés, sera de 300 000 pneus radiaux par an. Si cet investissement s'avère rentable, Michelin envisagera de construire une seconde usine sur le site de Pune (où devait initialement se trouver le site de production de MATL). Cette seconde usine produira des pneus radiaux pour voitures.

En conclusion et afin d'évaluer le succès de la nouvelle stratégie d'expansion internationale lancée au début des années 2000 par Michelin, le tableau 2 fait un état de l'évolution de la répartition géographique des salariés de l'entreprise française entre 2005 et 2010.

Région	2005		2010	
Europe	82 354	63,8 %	63 441	60,4 %
Amérique du Nord	24 100	18,7 %	20 994	20,0 %
Amérique du Sud	6 240	4,8 %	5 086	4,8 %
Asie	12 677	9,8 %	14 458	13,8 %
Afrique et Moyen-Orient	3 684	2,9 %	1 078	1,0 %
Total	129 055	100,0 %	105 057	100,0 %

Tableau 2 : Répartition géographique du personnel de Michelin (2005-2010)

Consignes d'utilisation et d'analyse du cas

Étape 1   Individuellement

1 Établissez la position internationale de Michelin en 2003 à partir de la méthode de Rugman et Verbeke.

2 Présentez et caractérisez l'alliance entre Michelin et Apollo Tyres.

3 Évaluez la contribution de l'alliance au succès de la stratégie d'entrée de Michelin en Inde.

Étape 2   En groupe

1 Procédez comme dans l'étape 1 pour confronter les points de vue et les analyses.

2 Dégagez les points de convergence et de divergence.

3 Proposez une synthèse des analyses et concluez sur la performance de la stratégie d'expansion internationale de Michelin en général, et en Inde en particulier.

Outils pédagogiques et méthodologiques

Grille d'analyse 1   Diagnostic de la position internationale

La méthode utilisée ici pour faire un diagnostic de la position internationale de l'entreprise est celle de Rugman et Verbeke (2004) (voir le chapitre 2 « Croissance et internationalisation », partie 1).

Grille d'analyse 2   Caractérisation de l'alliance

Il s'agit ici de présenter les différentes caractéristiques permettant d'identifier et de caractériser une alliance : forme de l'alliance (nombre, nationalité des partenaires et dimension capitalistique de l'alliance), objectifs, critères de choix par rapport à d'autres modes de croissance et critères de succès.

Critères de caractérisation	Identification du critère	Justification et/ou explicitation
Forme de l'alliance		
Objectifs de l'alliance		
Critères de choix de l'alliance par rapport aux autres modes de croissance		
Critères de succès de l'alliance		

Grille d'analyse 3   Analyse de la contribution de l'alliance au succès de la stratégie d'entrée dans le pays cible

L'analyse de l'impact de l'alliance (envisagée comme mode d'entrée) sur le succès de la stratégie d'entrée dans le pays cible passe par l'utilisation d'indicateurs et le suivi de ces indicateurs au cours du temps. En termes de méthodologie d'analyse, il s'agit dans un premier temps de déterminer plusieurs indicateurs spécifiques à la contribution de l'alliance au succès de la stratégie d'entrée dans le pays cible. Puis, il s'agit de procéder à l'évaluation de ces indicateurs (lire ci-après). Cette évaluation se fera en attribuant un score de une * à trois * (* : faible performance ; *** : forte performance) pour chaque indicateur. Le calcul d'un score global synthétisant le niveau de performance de la stratégie d'entrée dans le pays cible se fera à partir de la moyenne des scores des indicateurs utilisés.

Indicateurs	Mesure et évolution au cours du temps	Évaluation (de « * » faible à « * * * » forte)
Score global		

Pistes de résolution du cas

Grille d'analyse 2 Caractérisation de l'alliance entre Michelin et Apollo Tyres

Critères de caractérisation	Identification du critère	Justification et/ou explicitation
Forme de l'alliance	Nombre, nationalité des partenaires et dimension capitalistique de l'alliance	Il s'agit d'une alliance bilatérale, internationale et à dimension capitalistique. Cette alliance associe une entreprise française, Michelin, et une entreprise indienne, Apollo Tyres. C'est une alliance capitalistique, car elle se concrétise par la formation d'une filiale commune et une prise de participation minoritaire dans le capital du partenaire indien. Le partenaire étranger (Michelin) doit transférer des ressources « amont » à la filiale commune, tandis que le partenaire local (Apollo Tyres) doit apporter des ressources « aval ».
Objectifs de l'alliance		Pour le partenaire étranger, l'objectif assigné à l'alliance est double : entrer sur le marché indien du pneu (objectif d'internationalisation) et développer une meilleure connaissance du marché indien, de ses clients et réseaux de distribution (objectif d'apprentissage inter-organisationnel).
Critères de choix de l'alliance par rapport aux autres modes de croissance	Temps, coûts de transaction, investissement, protection des ressources, contrôle et réversibilité	Michelin valorise plusieurs critères simultanément : un accès rapide au marché indien, le partage de l'investissement et des risques et la sortie aisée de l'alliance (réversibilité).
Critères de succès de l'alliance	Réalisation des objectifs d'internationalisation et d'apprentissage interorganisationnel de Michelin	L'alliance a été courte (seulement deux ans : formation (annonce) — 17 novembre 2003 et dissolution — 30 décembre 2005) et elle est présentée comme un échec. Néanmoins, au-delà de l'échec apparent, deux interprétations opposées peuvent être faites : la dissolution anticipée de MATL peut être une indication d'une non-satisfaction de l'un ou de l'ensemble des partenaires vis-à-vis de l'alliance. Ou au contraire, cela peut indiquer que les partenaires ont obtenu rapidement ce qu'ils désiraient et, de ce fait, l'alliance n'a plus d'objet et peut donc être dissoute. Voir grille 3 et question 3 pour des développements supplémentaires

1
2
3

Grille d'analyse 3   Analyse de la contribution de l'alliance avec Apollo Tyres au succès de la stratégie d'entrée de Michelin en Inde

L'analyse de l'impact de l'alliance avec Apollo Tyres sur le succès de la stratégie d'entrée de Michelin en Inde se fait à partir d'indicateurs mesurant le degré de réalisation des objectifs de Michelin (internationalisation et apprentissage interorganisationnel), la présence effective de Michelin sur le marché indien et le rééquilibrage entre 2005 et 2010 de la présence géographique de Michelin en direction des pays émergents (notamment asiatiques). Une évaluation de ces indicateurs est réalisée en attribuant un score de une * à trois * (* : faible performance ; *** : forte performance) pour chacun d'entre eux. Un score global synthétisant le niveau de succès de la stratégie d'entrée de Michelin en Inde est calculé à partir de la moyenne des scores des quatre indicateurs utilisés.

Indicateurs	Mesure et évolution au cours du temps	Évaluation (de « * » faible à « *** » forte)
Réalisation de l'objectif d'internationalisation	Succès mitigé de l'entrée sur le marché indien : Michelin n'est présent que commercialement sur le marché indien *via* l'importation de pneus fabriqués en Chine. Il n'y a pas à ce jour de fabrication locale de pneus Michelin. Il faudra attendre 2012 pour voir les premiers pneus fabriqués par Michelin localement.	* *
Réalisation de l'objectif d'apprentissage inter-organisationnel	Succès, car après l'échec de la filiale commune MATL, Michelin ne quitte pas l'Inde. Au contraire, l'entreprise française se sent suffisamment « expérimentée » sur ce marché émergent pour se lancer seule dans le cadre d'un investissement très important (environ douze fois plus grand que celui qui était envisagé dans MATL).	* * *
Présence effective de Michelin sur le marché indien	C'est le bémol important, car il faudra attendre 2012 (au minimum) pour voir les premiers pneus fabriqués par Michelin en Inde. Il se sera écoulé pratiquement dix années entre l'annonce de l'implantation de Michelin en Inde (*via* une filiale commune) et son implantation effective. Il s'agit sans doute du délai nécessaire pour permettre à Michelin de mieux connaître ce marché et de le laisser « mûrir » (la « radialisation » du marché pneumatique indien n'a pas été aussi rapide que prévu).	*

Indicateurs	Mesure et évolution au cours du temps	Évaluation (de « * » faible à « * * * » forte)
Rééquilibrage entre 2005 et 2010 de la présence géographique de Michelin en direction des pays émergents (notamment asiatiques)	Au vu de l'évolution de la répartition géographique du personnel entre 2005 et 2010, nous pouvons noter que le rééquilibrage en direction des pays émergents n'est que partiel. Seule la zone asiatique en a bénéficié (progression de 9,8 à 13,8 % de la part du personnel asiatique). En soi, c'est un succès. Mais d'un autre côté, la part des autres zones émergentes a stagné (pour l'Amérique du Sud) ou s'est réduite (pour l'Afrique et le Moyen-Orient).	* *
Score global	2	

Réponses aux questions posées à l'étape 1

1 **Établissez la position internationale de Michelin en 2003 à partir de la méthode de Rugman et Verbeke.**

L'application de la méthode de Rugman et Verbeke permet de conclure que Michelin peut être défini comme une « firme bi-régionale » (Europe et Amérique du Nord).

2 **Présentez et caractérisez l'alliance entre Michelin et Apollo Tyres.**

L'alliance formée en 2003 entre Michelin et Apollo Tyres est de nature bilatérale, internationale et capitalistique. Du point de vue du partenaire français, l'alliance est envisagée à la fois comme un support d'internationalisation et d'apprentissage interorganisationnel. Michelin a choisi le mode de l'alliance par rapport aux deux autres modes de croissance capitalistique (acquisition et filiale gérée en propre) pour les raisons suivantes : l'accès rapide au marché indien pour bénéficier de sa forte croissance et pour ne pas se laisser distancer sur ce marché par ses concurrents directs au niveau mondial (Bridgestone et Goodyear); le partage de l'investissement (même si Michelin a les capacités financières nécessaires pour se développer seul sur le marché indien) et des risques ; enfin, la réversibilité (Michelin n'a pas l'habitude de maintenir longtemps ses alliances, en témoigne l'exemple de ses alliances en Chine). La seule réticence importante de Michelin vis-à-vis du choix de l'alliance comme mode d'entrée est la faible protection de ses ressources et de son avance

1
2
3

technologiques. Dans cette alliance avec Apollo Tyres, il y a des enjeux importants de transfert de technologie au niveau local, notamment au niveau de la fabrication du pneu radial pour les véhicules industriels. Le risque est présent pour Michelin de favoriser l'émergence à plus ou moins court terme d'un nouveau concurrent.

3 **Évaluez la contribution de l'alliance au succès de la stratégie d'entrée de Michelin en Inde et concluez sur la performance de la stratégie d'expansion internationale de Michelin en général, et en Inde en particulier.**

Présentée comme un échec en raison de sa courte durée et de conflits apparents entre les deux partenaires, l'alliance indienne de Michelin lui aura été bénéfique à plusieurs niveaux : apprentissage du marché indien, expansion *via* une filiale gérée en propre (qui assure à Michelin une plus forte protection de ses ressources technologiques) et marché radial plus mûr. Nous pouvons considérer que cette alliance a contribué au succès de la stratégie d'entrée de Michelin en Inde, même si celle-ci a pris du temps avant de se concrétiser. Plus généralement, la stratégie d'expansion en direction des pays émergents est un succès en demi-teinte : expansion forte en Asie, stagnation en Amérique du Sud et réduction de la présence en Afrique et au Moyen-Orient.

Cas 2 AgustaWestland ou comment utiliser stratégiquement un portefeuille d'alliances[39]

Fiche de présentation du cas

Ce cas présente la situation concurrentielle paradoxale de la firme italo-britannique AgustaWestland au sein de l'industrie des hélicoptères dans le monde. En effet, AgustaWestland rivalise aujourd'hui avec les plus grands acteurs de cette industrie, comme l'Américain Sikorsky ou le Franco-Allemand Eurocopter, et cela en dépit de ressources financières et de capacités technologiques beaucoup moins importantes que ses concurrents directs. Il vous est demandé de comprendre les raisons de cette situation paradoxale et de la relier à la mise en place d'un portefeuille d'alliances par l'entreprise italo-britannique.

Ce cas est adapté pour un public de formation initiale et continue. Il s'adresse aux étudiants de licence (L3) et de master (master 1 et 2), ainsi que d'écoles de management et d'ingénieur (deuxième ou troisième année). Il peut également être utilisé de manière profitable dans des filières spécialisées en aéronautique.

39. Ce cas est une reproduction de l'analyse du portefeuille d'alliances d'AgustaWestland réalisée par Meschi, P.-X. dans « *Gérer un portefeuille d'alliances de connaissances* », in Dibiaggio, L., Meschi, P.-X., *Le Management dans l'économie de la connaissance*, Pearson, 2010, chapitre 6, pp. 143-158 (l'auteur a accordé l'autorisation de reproduire cette étude de cas dans ce livre).

1

2

3

Exposé du cas

AgustaWestland : un acteur généraliste de l'industrie des hélicoptères

Le groupe aéronautique italo-britannique AgustaWestland est aujourd'hui l'un des principaux concurrents d'Eurocopter, qui est le leader de l'industrie des hélicoptères dans le monde. AgustaWestland est issue de la fusion à 50/50 entre la division hélicoptère (connue sous le nom d'Agusta) du conglomérat italien Finmeccanica et la division hélicoptère (connue sous le nom de Westland) du groupe britannique GKN. Ces deux firmes n'étaient pas inconnues l'une pour l'autre, car elles avaient déjà travaillé ensemble au sein d'une *joint-venture* (ou filiale commune) formée en 1980 et ayant conduit à la conception d'un hélicoptère nouveau, l'EH101. La fusion à 50/50 a été réalisée en 2001 et prolongée par le rachat des 50 % de GKN dans AgustaWestland par Finmeccanica en décembre 2004.

À la différence de son concurrent européen Eurocopter et de ses divisions française (Aérospatiale-Matra) et allemande (Daimler MBB), qui possédaient historiquement les technologies, l'expertise industrielle et les ressources financières permettant de développer seul des hélicoptères, Agusta puis AgustaWestland ont acquis une stature d'« hélicoptériste » grâce à une politique ancienne de production sous licence d'hélicoptères américains. Le tableau 1 retrace l'historique de ces accords ayant permis à Agusta de devenir un producteur d'hélicoptères à part entière.

Date	1952	1968	1972	1993
Partenaire	Bell Helicopter	Boeing	Sikorsky	McDonnell Douglas
Licence	4 hélicoptères[40] légers : Bell 47 (ou AB47 Sioux) 206 JetRanger 204/205 212/412	1 hélicoptère lourd : ICH-47F Chinook	1 hélicoptère moyen : HH 3F Pelican	1 hélicoptère léger : MD 520n

Tableau 1 : Historique des productions d'AgustaWestland sous licence

40. Il existe quatre classes d'hélicoptères selon le critère du poids : (i) les hélicoptères légers avec un poids allant de 1 à 3,5 tonnes et pouvant embarquer jusqu'à sept personnes, (ii) les hélicoptères intermédiaires avec un poids allant de 3,5 à 8 tonnes et pouvant embarquer jusqu'à dix-huit personnes, (iii) les hélicoptères moyens avec un poids allant de 8 à 12 tonnes et pouvant embarquer jusqu'à vingt personnes et (iv) les hélicoptères lourds avec un poids allant de 12 à 25 tonnes et pouvant embarquer jusqu'à trente personnes.

AgustaWestland offre aujourd'hui un portefeuille très large de produits civils et militaires (voir le tableau 2). Il est présent dans toutes les classes d'hélicoptères, du plus léger (le 2,8 tonnes AW119-Ke) au plus lourd (le 20 tonnes Chinook ICH-47F). Ses produits les plus vendus dans le monde sont l'AW109-Power, l'AW109-LUH, l'AW119-Ke (tous les trois appartenant à la classe des hélicoptères légers) et l'AW139 (classe des hélicoptères intermédiaires). Parmi ses clients prestigieux, AgustaWestland fournit l'hélicoptère VH-71 à la présidence des États-Unis.

Léger [1 - 3,5 t]	Intermédiaire [3,5 - 8 t]	Moyen [8 - 12 t]	Lourd [> 12 t]
4 hélicoptères : AW109-Power [C] AW119-Ke [C] Grand [C] AW109-LUH [M]	7 hélicoptères : AW139 [C] VH-71 [C] AW129/T129 [M] Super Lynx 300 [M] AW159 [M] AW149 [M] BA609 [M & C]	2 hélicoptères : Apache AH MK1 [M] NH90 [M]	2 hélicoptères : AW101/US101 [M] Chinook ICH-47F [M]

Tableau 2 : Portefeuille d'hélicoptères d'AgustaWestland (2010)[41]

La politique active de partenariat d'AgustaWestland

AgustaWestland et précédemment Agusta poursuivent depuis leur création une politique active de partenariat avec d'autres firmes de l'industrie. Cette politique active de partenariat poursuivie par la firme italo-britannique au cours des années 2000 est à rapprocher de la croissance spectaculaire d'AgustaWestland qui s'est opérée sur la même période. Partant d'une situation financière difficile au début des années 2000, la firme italo-britannique a vu son chiffre d'affaires doubler entre 2003 (1,79 milliard d'euros) et 2009 (3,48 milliards d'euros).

Cette politique passe tout d'abord par la formation de *joint-ventures* de R&D et de production de nouveaux hélicoptères en commun avec des firmes européennes et américaines : c'est le cas pour le NH90 avec Eurocopter et Stork Fokker, pour le Chinook ICH-47F avec Boeing (accord transféré à Agusta lors du rachat de Westland) et pour le BA609 avec Bell Helicopter (voir le tableau 3). Cela se traduit ensuite par des accords de licence avec des firmes locales de grands pays émergents, dans l'optique

41. [M] correspond à un produit militaire et [C] à un produit civil. Source : www.agustawestland.com/content/products (consultation du 3 décembre 2009).

1
2
3

de faciliter l'ouverture commerciale de ces marchés à des hélicoptères que la firme italo-britannique fabrique déjà depuis plusieurs années : c'est notamment le cas en 1995 avec Kawasaki Heavy Industries pour la production d'AW101 au Japon ; en 1996 avec PZL-Swidnik pour la production des AW109, AW139 et Grand en Pologne ; en 2002 avec Denel pour la production des AW109 et AW119 en Afrique du Sud ; en 2002 avec Changhe Aircraft Industries (filiale d'Aviation Industries of China II ou AVIC II) pour la production d'AW109 en Chine ; en 2007 avec Tusas Aerospace Industries (TAI) pour la production d'AW129 en Turquie et, finalement, en 2009 avec Tata pour la production d'AW119 en Inde et avec Vertolety Rossii (filiale de Oboronprom) pour la production des AW139 et AW119 en Russie.

Date	1992	1998	2003
Partenaires	AgustaWestland, Eurocopter et Stork Fokker	AgustaWestland et Bell Helicopter	AgustaWestland, Lockheed Martin et Bell Helicopter
Pays	Union européenne	États-Unis	États-Unis
Hélicoptères	NH90 Hélicoptère militaire de 11 tonnes	BA609 Hélicoptère civil et polyvalent de 7 tonnes	US101 (version Bell) AW101 (version AgustaWestland) Hélicoptère militaire de 15 tonnes
Livraison	2006	2004	2005
Objectifs	Conception conjointe d'un hélicoptère nouveau avec une chaîne de production en France, en Allemagne et en Italie	Conception conjointe d'un hélicoptère nouveau avec une chaîne de production en Italie et aux États-Unis	Conception conjointe d'un hélicoptère nouveau avec une chaîne de production en Italie et aux États-Unis

Tableau 3 : Joint-ventures de R&D et de production d'AgustaWestland (2010)

Cette politique active de partenariat est pilotée au quotidien par une direction des partenariats, dont la principale mission est de gérer individuellement et collectivement les alliances en cohérence avec la stratégie d'AgustaWestland. Celle-ci se caractérise par la volonté de devenir un acteur majeur de l'industrie des hélicoptères. La réalisation de cette stratégie passe par le développement conjoint d'une large gamme d'hélicoptères civils et militaires (stratégie de gamme) et d'une présence sur les principaux marchés mondiaux (stratégie de présence mondiale). Au-delà des enjeux associés de taille critique et de conquête de parts de marché, cette stratégie de gamme et de présence mondiale requiert une maîtrise élargie à la fois d'un grand nombre de technologies et des investissements financiers importants pour mettre en place des filiales locales. Pour un acteur comme AgustaWestland, qui a longtemps eu une position concurrentielle secondaire au sein de cette industrie, cette stratégie peut paraître irréalisable. Effectivement, au regard des ressources (technologiques, industrielles et financières) historiquement limitées de la firme italo-britannique, cette ligne de conduite est difficilement tenable, sauf si elle s'appuie sur la mise en œuvre d'un portefeuille d'alliances. C'est la mission qui a été confiée à la direction des partenariats d'AgustaWestland. Ainsi, les alliances (*joint-ventures* de R&D et de production et accords de licence) initiées par AgustaWestland ont été systématiquement articulées les unes avec les autres, en cherchant à éviter les éventuelles redondances. Plus précisément, deux portefeuilles d'alliances ont été constitués et gérés en interaction, un spécifique aux *joint-ventures* en lien avec la stratégie de gamme (voir le tableau 3) et un autre spécifique aux accords de licence en lien avec la stratégie de présence mondiale.

Consignes d'utilisation et d'analyse du cas

Étape 1 Individuellement

1 Présentez et caractérisez le portefeuille d'alliances d'AgustaWestland.

2 Évaluez la contribution du portefeuille d'alliances à la performance d'AgustaWestland.

Étape 2 En groupe

1 Procédez comme dans l'étape 1 pour confronter les points de vue et les analyses.

2 Dégagez les points de convergence et de divergence.

3 Proposez une synthèse des analyses et concluez sur l'intérêt de mettre en place un portefeuille d'alliances.

Outils pédagogiques et méthodologiques

Grille d'analyse 1 Caractérisation du portefeuille d'alliances

Il s'agit ici de présenter les différentes caractéristiques permettant d'identifier et de caractériser un portefeuille d'alliances : forme de chaque alliance (dimension capitalistique et objectifs), complémentarité/redondance entre alliances, et renouvellement du portefeuille avec l'introduction régulière de nouvelles alliances et de nouveaux partenaires.

Critères de caractérisation	Identification du critère	Justification et/ou explicitation
Forme de chaque alliance		
Complémentarité/ redondance entre alliances		
Renouvellement du portefeuille		

Grille d'analyse 2   Analyse de la contribution du portefeuille d'alliances à la performance de l'entreprise

L'analyse de l'impact du portefeuille d'alliances sur la performance de l'entreprise initiatrice passe par l'utilisation d'indicateurs et le suivi de ces indicateurs au cours du temps. En termes de méthodologie d'analyse, il s'agit dans un premier temps de déterminer plusieurs indicateurs spécifiques à la contribution du portefeuille d'alliances à la performance de l'entreprise initiatrice. Puis il s'agit de procéder à l'évaluation de ces indicateurs (voir ci-après). Cette évaluation se fera en attribuant un score de une * à trois * (* : faible performance; *** : forte performance) pour chaque indicateur. Le calcul d'un score global synthétisant le niveau de performance associé au portefeuille d'alliances se fera à partir de la moyenne des scores des indicateurs utilisés.

Indicateurs	Mesure et évolution au cours du temps	Évaluation (de « * » faible à « * * * » forte)
Score global		

Pistes de résolution du cas

1
2
3

Grille d'analyse 1   Caractérisation du portefeuille d'alliances d'AgustaWestland

Critères de caractérisation	Identification du critère	Justification et/ou explicitation
Forme de chaque alliance	Dimension capitalistique et objectifs de chaque alliance	AgustaWesland a constitué deux portefeuilles d'alliances comprenant des alliances présentant une forme et des objectifs spécifiques. Il y a tout d'abord un portefeuille de *joint-ventures* (alliances capitalistiques). Chaque *joint-venture* correspond à la fabrication d'une classe d'hélicoptère spécifique (léger, intermédiaire, moyen et lourd) : NH90 (hélicoptère moyen), BA609 (hélicoptère intermédiaire) et US101/AW101 (hélicoptère lourd). Ensuite, un second portefeuille d'alliances d'AgustaWesland articule des accords de licence (alliances non capitalistiques) dans différentes zones géographiques (notamment dans des pays émergents).
Complémentarité/ redondance entre alliances	Systèmes d'alliances interdépendantes contribuant aux objectifs stratégiques	Le portefeuille de *joint-ventures* offre une gamme élargie de produits et celui d'accords de licence permet à AgustaWestland d'avoir une présence mondiale (voir les figures 1 et 2).
Renouvellement du portefeuille	Rythme d'introduction de nouveaux partenaires et de nouvelles alliances	Ce rythme est soutenu, même s'il est plus lent pour les *joint-ventures* que pour les accords de licence.

Grille d'analyse 2　Analyse de la contribution du portefeuille d'alliances à la performance d'AgustaWestland

L'analyse de l'impact du portefeuille d'alliances sur la performance de l'entreprise initiatrice se fait à partir d'indicateurs mesurant le degré de réalisation des objectifs d'AgustaWestland (gamme large et présence mondiale) et la position concurrentielle de l'entreprise italo-britannique. Une évaluation de ces indicateurs est réalisée en attribuant un score de une * à trois * (* : faible performance ; *** : forte performance) pour chacun d'entre eux. Un score global synthétisant le niveau de performance associée à la stratégie de portefeuille d'alliances est calculé à partir de la moyenne des scores des trois indicateurs utilisés.

Indicateurs	Mesure et évolution au cours du temps	Évaluation (de « * » faible à « *** » forte)
Réalisation de l'objectif de gamme large	Présence d'AgustaWestland dans toutes les classes d'hélicoptères, du plus léger (le 2,8 tonnes AW119-Ke) au plus lourd (le 20 tonnes Chinook ICH-47F).	***
Réalisation de l'objectif de présence mondiale	Présence d'AgustaWestland sur les principaux marchés mondiaux (notamment les marchés émergents).	***
Position concurrentielle	Croissance des ventes	***
Score global :	3	

1
2
3

Réponses aux questions posées à l'étape 1

1 **Présentez et caractérisez le portefeuille d'alliances d'AgustaWestland.**

AgustaWestland a été à l'origine de la formation de deux porte-feuilles d'alliances. Le premier portefeuille de *joint-ventures* a permis à AgustaWestland de développer les technologies et les connaissances nécessaires pour être présent sur la quasi-totalité de la gamme des hélicoptères. La figure 1 montre comment AgustaWesland a constitué son portefeuille de *joint-ventures* depuis 1992. Chaque *joint-venture* correspond à une classe d'hélicoptère spécifique (léger, intermédiaire, moyen et lourd) : NH90 (hélicoptère moyen), BA609 (hélicoptère intermédiaire) et US101/AW101 (hélicoptère lourd).

Figure 1 : Portefeuille de joint-ventures d'AgustaWestland (Meschi, 2010)

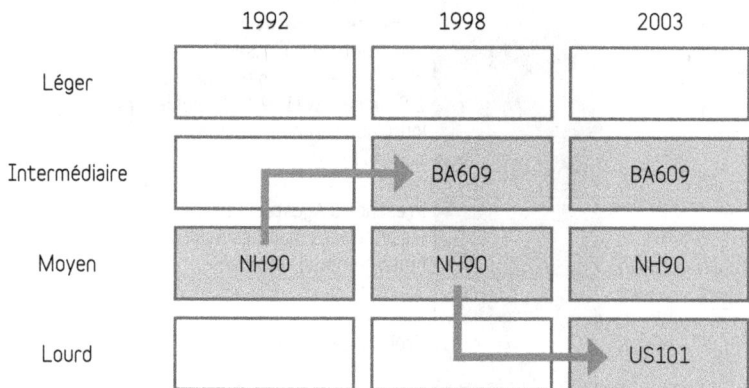

	1992	1998	2003
Léger			
Intermédiaire		BA609	BA609
Moyen	NH90	NH90	NH90
Lourd			US101

Le second portefeuille d'accords de licence comporte une alliance par zone géographique avec un partenaire privilégié. La figure 2 détaille la constitution du second portefeuille d'alliances d'AgustaWesland depuis 1995. La même logique que celle du portefeuille de *joint-ventures* se retrouve dans ce portefeuille d'accords de licence : une alliance par zone géographique avec un partenaire privilégié et une somme d'alliances individuelles, sans redondance, couvrant la quasi-totalité des marchés mondiaux.

Figure 2 : Portefeuille d'accords de licence d'AgustaWestland (Meschi, 2010)

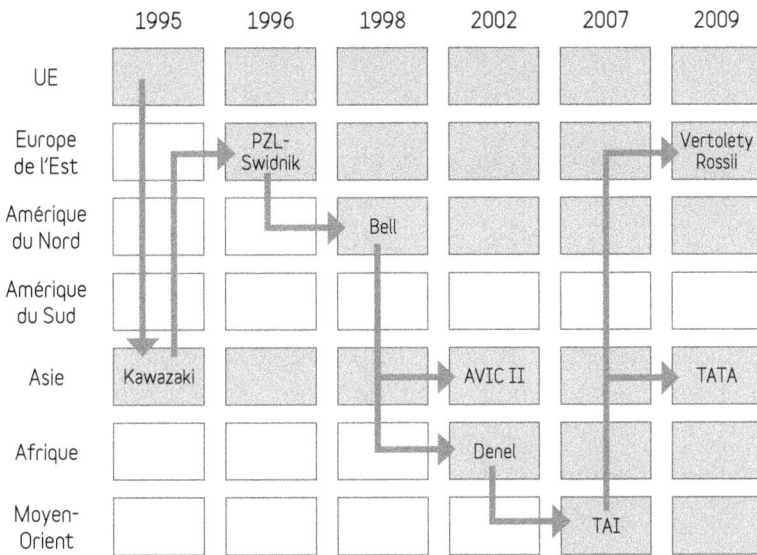

	1995	1996	1998	2002	2007	2009
UE						
Europe de l'Est		PZL-Swidnik				Vertolety Rossii
Amérique du Nord			Bell			
Amérique du Sud						
Asie	Kawazaki			AVIC II		TATA
Afrique				Denel		
Moyen-Orient					TAI	

2 **Évaluez la contribution du portefeuille d'alliances à la performance d'AgustaWestland.**

Grâce à ses deux portefeuilles d'alliances, AgustaWestland a pu fabriquer toutes les classes d'hélicoptère et être présent dans les principaux marchés mondiaux. Le redressement spectaculaire d'AgustaWestland au cours des années 2000 (son chiffre d'affaires a doublé entre 2003 et 2009) peut être expliqué par différents facteurs (organisationnels, financiers, stratégiques, etc.). Néanmoins, il apparaît que le développement concomitant d'un portefeuille d'alliances est sans aucun doute l'une des principales causes du redressement et de la progression récente du groupe aéronautique italo-britannique. Plus précisément, c'est l'apprentissage interorganisationnel lié à ce portefeuille d'alliances qui permet à AgustaWestland de rivaliser aujourd'hui avec les leaders de l'industrie des hélicoptères, en dépit de ressources financières et de capacités technologiques beaucoup moins importantes que celles de ses concurrents directs.

Annexes

Bibliographie

- Ansoff, I., *Corporate strategy*, McGrawHill, 1965.
- Arthur, W.B., « Competing technologies, increasing returns, and lock-in by historical events », *The Economic Journal*, vol. 99, n° 394, 1989, pp. 116-131.
- Atamer, T., Calori, R., *Diagnostic et décisions stratégiques*, Dunod, 2003.
- Bang, V., Joshi, S., « Market expansion strategy performance relationship », *Journal of International Marketing Strategy*, vol. 18, n° 1, 2010, pp. 57-75.
- Bartlett, C.A., Ghoshal, S., *Managing across borders : the transnational solution,* Harvard Business School Press, 1989.
- Batsch, L., « Le recentrage : une revue des approches financières », *Finance Contrôle Stratégie*, vol. 6, n° 2, 2003, pp. 43-65.
- Brulhart, F., *Les 7 points clés du diagnostic stratégique avec la méthode des cas*, Eyrolles, 2009.
- Calori, R., Harvatopoulos, Y., « Diversification : les règles de conduite », *Harvard L'Expansion*, vol. 48 (printemps), 1988, pp. 48-59.
- Desreumaux, A., Lecocq, X., Warnier, V., *Stratégie*, Pearson, 2009.
- Diamond, D., « Monitoring and reputation : the choice between bank loans and directly placed debt », *Journal of Political Economy*, vol. 99, n° 4, 1991, pp. 689-722.
- Dumoulin, R., Guieu, G., Meschi, P.-X., Tannery, F., *La Stratégie de A à Z*, Dunod, 2009.
- Evrard-Samuel, K., « Prévenir les difficultés post-fusion/acquisition en utilisant la gestion de crise », *Revue française de gestion*, n° 145, 2003, pp. 41-54.
- Frery, F., *Stratégique*, Publi-Union, 2000.
- Hamel, G., Doz, Y.L., Prahalad, C.K., « Collaborate with your competitors and win », *Harvard Business Review*, vol. 67, n° 1, 1989, pp. 133-139.
- Hartmann, L., Geismar, L., Leroy, F., *Fusion-acquisition : les défis de l'intégration*, Institut de l'entreprise et Mercer management Consulting, 2003.
- Kim, W. C., Mauborgne, R., *Blue Ocean Strategy*, Harvard Business School Press, 2005.
- Lasserre, P., *Global strategic management*, Palgrave Macmillan, 2003.
- Meschi, P.-X., « Les alliances entre grandes entreprises : le cas des *joint-ventures* », *in* Meier O., *Stratégies de croissance*, chapitre 9, Dunod, 2009a, pp. 109-125.
- Meschi, P.-X., « Les coentreprises », *in* Le Roy, F., Yami, S., *Management stratégique de la concurrence*, chapitre 12, Dunod, 2009b, pp. 133-143.

- Meschi, P.-X., « Gérer un portefeuille d'alliances de connaissances », *in* Dibiaggio, L., Meschi, P.-X., *Le Management dans l'économie de la connaissance*, chapitre 6, Pearson, 2010, pp. 143-158.
- Métais, E., Meschi, P.-X., Shimizu, K., « Fusions-acquisitions : les dangers d'une lune de miel avant le mariage », *lemonde.fr*, 18 avril 2011.
- Noël, C., Redor, E., « Les mécanismes de défense anti-acquisition », *Revue française de gestion*, n° 198-199, 2009, pp. 259-275.
- Palich, L.E., Cardinal, L.B., Miller, C.C., « Curvilinearity in the diversification-performance linkage : an examination of over three decades of research », *Strategic Management Journal*, vol. 21, n° 2, 2000, pp. 155-174.
- Panzar, J.-C., Willig, R.D., « Économies of scope », *American Economic Review*, vol. 71, n° 2, 1981, pp. 268-272.
- Polge, M., « Les stratégies entrepreneuriales de développement. Le cas de l'entreprise artisanale », *Revue française de gestion*, n° 185, 2008, pp. 125-140.
- Porter, M.E., *Competitive strategy*, Macmillan, 1980. Traduction française : *Choix stratégiques et concurrence*, Économica, 1982.
- Rugman, A.M., Verbeke, A., « A perspective on regional and global strategies of multinational enterprises », *Journal of International Business Studies*, vol. 35, n° 1, 2004, pp. 3-18.
- Rumelt, P.P., *Strategy, structure and the economic performance*, Harvard University Press, 1974.
- Simon, H., *Hidden champions of the 21st Century*, Springer, 2009.
- Stopford, J.-M., Wells, L.T., *Managing the multinational enterprise*, Basic Books, 1972.
- Strategor, *Politique générale de l'entreprise*, Dunod, 2005.
- Vernimmen, P., Quiry, P., Le Fur, Y., *Finance d'entreprise*, Dalloz gestion, 2010.
- Thoumieux, X., *Le LBO*, Économica, 1996.

Réponses aux tests

	Tester ses connaissances		Tester sa compréhension	
1	p. 34	Q1 : c ; Q2 : a ; Q3 : c ; Q4 : a.	p. 35	Q1 : a ; Q2 : d ; Q3 : c ; Q4 : b.
2	p. 56	Q1 : a ; Q2 : b ; Q3 : b ; Q4 : a, b	p. 57	Q1 : d ; Q2 : a ; Q3 : a, b, d ; Q4 : a : faux ; b : vrai ; c : faux ; d : faux.
3	p. 73	Q1 : b ; Q2 : a ; Q3 : d ; Q4 : c.	p. 74	Q1 : b ; Q2 : a ; Q3 : b ; Q4 : c.
4	p. 93	Q1 : b ; Q2 : a ; Q3 : d ; Q4 : b.	p. 94	Q1 : c ; Q2 : c ; Q3 : a ; Q4 : d.
5	p. 112	Q1 : b ; Q2 : a ; Q3 : a ; Q4 : c.	p. 113	Q1 : b ; Q2 : c ; Q3 : c ; Q4 : b.
6	p. 132	Q1 : c ; Q2 : d ; Q3 : a ; Q4 : d.	p. 134	Q1 : b ou d ; Q2 : a ; Q3 : d ; Q4 : c

Index

accès aux compétences, 106
apprentissage interorganisationnel, 123
artisanat, 48
avantage concurrentiel, 20

combinaison
    alternée nouveaux clients/nouveaux
    produits, 41
    des modalités de croissance, 30
contrôle, 126
coût de transaction, 125

croissance
    conjointe, 29, 53
    du marché, 50
    organique, 27, 51

dépendance de sentier, 30
différenciation, 23
diversification, 60, 122
    choix, 70
    conglomérale, 64
    reliée, 63
domination par les coûts, 22

économie de champ, 45
entreprise de taille intermédiaire, 48
expansion
    de marchés, 121
    métier, 40
    mission, 38
export, 84
extension de gamme, 120
externalisation, 27

focalisation, 24

fusion égalitaire, 96
fusion et acquisition, 28

grappe technologique, 46

internationalisation, 81, 122
investissement, 126

LBO, 101
logique
    d'acquisition stratégique, 104
    financière, 108

meilleure maîtrise des coûts, 106

offre d'acquisition, 98

performance, 67
position internationale, 77
prise de contrôle, 96
protection des ressources, 126

recentrage, 26
recherche de la taille critique, 43
réplication, 47
restructuration d'une activité
de l'entreprise, 124
réversibilité, 127

spécialisation, 20, 119
structure
    globale, 88
    multinationale, 89
    transnationale, 91

taille du marché et expansion, 50
temps, 125

Conception et mise en pages : ici & ailleurs
Achevé d'imprimer :
Dépôt légal : octobre 2011
N° éditeur : 4349
N° d'imprimeur : xxxx
Imprimé en France